オールド ワークス

フライフィッシング雑文集

黒石 真宏

はじめに

私は2018年（平成30年）に還暦を迎えた。最初にフライロッドを買ってからまもなく45年が経過する。1974年という萌芽期にフライフィッシングを始めたおかげで、得難い経験をすることができたと思っている。新しいスポーツ文化の導入過程を、参加者として目撃することができた幸運には、ただただ感謝しかない。新し物好きには堪えられない半生だった。

類例を考えてすぐに浮かぶのは、正岡子規の出会った野球である。

子規は1884年（明治17年）に入学した東京大学予備門でベースボールというスポーツに出会い、1889年（明治22年）に喀血して止めるまでプレイヤーとして熱中した。

野球がこの国に伝えられたのは1871年（明治4年）、最初の試合が2年後とされていることから想像するに、子規の出会った野球は比較的プリミティブなものだったのではないだろうか。ぼくの少年時代、下校後に空き地でやっていた野球とどの程度違っていたのか。もちろん球速や飛距離は話にならないだろうが、野球漫画やプロ野球中継のおかげで6年生になる頃には戦術やルールの理解と蓄積はかなり進んでいたと思う。

子規が楽しんだ野球に、近代戦法はどのくらい取り入れられていたのだろう。盗塁の一形態であるホームスチールは試みたことがあるかもしれない。日本初のスクイズが1906年（明治39年）、アメリカでヒット&ランが編み出されたのが19世紀末だとされているから、これらを意識してプレイすることはなかったと思う。でも大切なのは、その後に定着する新戦法がまだ生まれる余地があったということだ。戦術に思いを巡らすのは、きっと楽しい時間だったことだろう。

明治の初めに日本に入ってきた野球が進化途上のスポーツだったように、昭和に私が出会ったフライフィッシングも進化変革が進む時期に差し掛かっていた。戦術や用具の進歩はスポーツを変え、プレイヤーをときめかせる。思えば少年時代は、日々新しいことを発見し、消化吸収していく喜びに満ちていた。その心踊る感覚を繋ぎ止め、長く人生に持続させてくれたのがフライフィッシングだった。

いま振り返ると、独学の回り道はほんとうに楽しかった。あの頃は、少数の先達に師事できた一握りの入門者を除けば、大多数はドングリの背比べ状態だった。釣り天狗とはよく言ったもので、まわりより少し上手になった人はセンセイ気取りになる人が多かった。キャスティングのセンセイ、タイイングのセンセイ、釣り方のセンセイなどがゴロゴロいた。周囲を見回しても自分より上手い人が見当たらないのだから、しかたのないことだった。

もちろんこの私も、いい気になっていた者の一人である。自分は釣りが上手いし文章を書くのも好きだから釣りライターにぴったりだ、と思い込んでいたので、調子に乗ってあちこちに書かせていただいた。依頼を断らないから、当時の編集者は渋々ながらも声をかけてくれたのだろう。

還暦を区切りにして、これまで書き散らかしてきた文章をまとめてみようと思い立ったまではよかったが、古い雑誌を引っ張り出してきて読み返してみると、再読に耐えられないものばかりだった。あれだけ書いてきたのだから、本一冊分くらいはセレクトできるだろうという考えが甘かった。というわけで、この本には及第点スレスレでしかたなく下駄を履かせた文章もずいぶん混じっている。お許しいただきたい。

2

オールド ワークス
フライフィッシング雑文集

目次

忍野随想

青春はあの稜線の形なり
梅花藻の花揺れる様なり

フライフィッシング・ジャーナル〈FFJ通信〉より
フライの雑誌「スラックジャーナル」より

オールド ワークス
——フライフィッシング雑文集

フライフィッシング・ジャーナル〈ＦＦＪ通信〉より

辻斬り

　このところオートバイ乗りの間では『辻斬り』の話題で持ち切りなのをご存じですか。その筋で有名な峠道の物陰に隠れていて、ちょっと腕の立ちそうなライダーが通りかかると後を追い、相手がひるんだ隙をついてインコーナーを「刺し」、後塵を浴びせかけるのを無上の喜びとしているスゴ腕ライダーがいるのだそうです。

　ところが最近、我がＦＦ界にもこの辻斬りが現われたのです。以下はぼくの体験談です。

　あれは六月初めの某有料釣り場でのことでした。ぼくは川を溯行していき、とある淵で、ライズを繰り返す一尾の虹鱒を見つけました。ティペットの先のニンフを交換するために、ぼくは淵尻に腰をおろしました。

　そのときです。最近釣り雑誌でよく顔を見かける、新進気鋭と噂される彼が上流の岩蔭から姿を現わしたのは。それは、川は釣り上るものという既成概念を打ち破る不意を突くアッパレな登場でした。

　落ち込みの岩の上に立った彼はすかさず七色の巻き糸を使った彼の提唱する変幻アクションのロッドをひと振りしたのです。「ハイテック・左カーブ・ダウンストリーム・スラックキャト！」

と叫ぶと、まるで定規で測ったかのように引き出されていたラインがスルスルと伸び、フライは絶好の位置に着水し、間髪を入れずに虹鱒が飛び出したのでした。「刺された！」あまりに完璧だったので、ぼくはその一部始終をポカンと口を開けたままで眺めていました。長い時間をかけてリリースを終えた彼が、こっちを向いて一瞬ニカッ！と笑ったので、ぼくはようやく正気を取り戻しました。

そして彼はぼくの前を通り抜け、大きな体をユサユサと揺らしながら下流へ消えていったのですが、その背中では彼の名前の入った大きなワッペンが、やはりユサユサと揺れていたのです。

ちなみに、その後の情報によりますと、顔の判別がつきづらく、まして背中の名前が読み取れないイブニング・ライズ時に限って、彼の出現は確認されていないということです。

（大阪　アンコウ）

ウェディング・トラウト

ニュージーランドには「ウェディング・トラウト」というのがあるそうです。結婚に際して何人かで鱒を釣りにいくのだそうですが、何かにかこつけて鱒を釣りにいく口実のようにも思えます。まあ、釣り好きのお国柄、このほかにも「バースデイ・ブラウン」だとか「XXアニバーサリーデイ・レインボー」なんていうのがきっとあるのでしょう。しかし、これはあくまでNZのお話です。

これがもし日本だったらどうでしょう。例えば「婚約記念ヤマメ」。三日間谷をさまよったあげく、ヘタをすれば婚約破棄なんてことになりかねません。「入試合格必勝祈願ブラウン」。これなどは、父親であるFFMにとっては非常にキケンです。釣果なしに帰宅しようものなら、金属バットを持った息子が待ちかまえているなんていう可能性が大であります。「会社創立五十周年記念イワナ」。いちばん小さいのを釣ってきたやつはクビだ！　なんて言われたらどうします？

釣りはあくまで楽しみの範囲内にとどめておき、外国の習慣をむやみに導入するのはつつしみましょう。

（広島　平和主義者）

以上二編、初出：1984年7月31日発行「フライフィッシング・ジャーナル」第6号

「ＦＦＪ通信」より

イワナの入手法教えます

いやぁ、最近では山奥へ行けども行けども、イワナも釣れなくなってきましたなぁ。都会には、尺イワナを釣ったことがない釣り人や、なかには見たこともない釣り人がいるそうですね。そこで、釣ることはできなくても、なんとか塩焼用を数匹、手に入れる方法をご教授いたします。

エリアは夏の上高地、ここに限ります。もちろんこの一帯は禁漁ですから、自分で釣ると手がうしろに回ります。そこで…。服装はシモフリ柄のニッカボッカに紺色の綿山シャツ。玄人好みのするスタンダードなものがよく、いかにも使い古した風に、何回も洗っておくと効果的です。足回りはもちろん登山靴。これも履き込んだものがよく、なければ登山を趣味とする友人に頼んで借用すること。さらに、それらしいバッジのついたベレー帽などかぶるといいでしょう。そうそう、肝心なものを忘れていました。腕章です。これは墨痕鮮やかに『監視員』と入ったものを自作します。また、『環境庁』だとか『公園管理事務所』など、その筋の公共団体の名称を小さく入れておくとなお効果的です。

服装が整ったら、かの有名な河童橋で張り込みです。多くの登山者やハイカーに紛れて、やけにキョロキョロして落ち着かない人物がやってきたら、すかさずマークします。中身の割に不自然に大きなザックが決め手で、パックロッドをぶらさげているような半シロウトは恰好のカモです。

マークした人物を、着かず離れず尾行します。井上靖の小説で有名になった徳沢園まではハイカーも多く、道も川沿いについているので、相手もまだ行動を起こしません。問題はここを過ぎて

からで、相手が一層落ち着かない様子でしたらまず間違いありません。密漁者です。そうそう、まだ腕章はポケットにしまっておいてください。

しばらく行くと、道が川から離れ、その間が林になっている所がいくつかあります。そこがポイントです。林の中へ入っていった密漁者が、イワナを何匹か釣り上げた頃を見計らい、ポケットの腕章を取り出し、林の中へあとを追って現場をおさえ、イワナを没収します。まるめて放り投げた枯草にさえイワナが飛びついてくる土地柄ですから、待つ時間は10分もあればいいでしょう。

なお、調子に乗って他の道具類まで没収し、逆に恐喝で訴えられるようなことがあっても、当方としては一切関知しませんので、そのつもりで。

（山梨　漁夫の利男）

下界から来た人

先日、ぼくはフライマンという趣味人と初めて出会い、話をしました。昨年の秋のことでした。申し遅れましたが、ぼくはレッキとしたクライマーです。いつも無雪期には剣や穂高方面へ出かけるのですが、あのときは久し振りの沢登りでした。単独で、東京から近い〇×山塊のA沢をやりにいきました。

A沢は、水源はなだらかなのですが、水量が多く、途中いくつかの難所があって、登山者でもビギナーは寄せつけません。

あの日、三つめのゴルジュの出口にある十メートルの滑滝を、小さなホールドとスタンスを伝ってようやく切り抜けたぼくは、目の前の浅瀬にうずくまっている人を見つけました。ぼくは遭難者の幽霊かと思って驚きましたが、彼もハッとして顔を上げました。そして、何やら取り乱しながら、ぼくに懇願しはじめたのです。

―お願いです！　このことは絶対に口外しないでください!!　もう下の方はダメなんだぁ。毛鉤、ルアー、餌、おまけにアミやヒッカケ、果ては行政まで……もう、ここしかないんです。だからお願いです！　どうか見なかったことにしてください。お願いです！

ぼくは要領を得ず、いったいどういう人なのかと尋ねると、彼は答えたのです。

―フライマンです。

よくよく聞いてみると、彼は減少の一途を辿る溪流魚を放流し、その種を守ることを楽しみとし

ているらしいのです。生き馬の目を抜くような下界には、もはや魚の棲み場所はないと、稚魚の入った水槽を担いで、無我夢中でここまでやってきたというその訴えには、悲愴感さえ漂っていました。
世にあまたある、魚を虐待する釣り人に抗すべく、このような、魚の増殖研究を趣味とするフライマンという人たちが登場したのも昨今の社会の多様化の現れでしょう。が、まあとりあえず、ぼくには悪いことではないように思えます。

（長野　下界知らず）

以上二編、初出：1985年2月15日発行
「フライフィッシング・ジャーナル第7号」

フライの雑誌「スラックジャーナル」より

ウラ地図アリマス

先日NHKのドキュメンタリー番組で、消えていく富山の薬売りのことを放映していた。時代の移り変りや後継者の問題が解決できずにやめていくそうだ。そんな中で薬売りたちが商売にしていた地域の得意先の名前や住所その他を書き入れた、長年愛用していた台帳に、薬を扱っている商社が高い値段をつけ、買い取りに血まなこになるという。分厚くて手垢にまみれた台帳は、セールスのための情報がつまっているから、高額の金を積んでも、いずれ元が取れるのだろう。

ところが、これに似た現象が、最近のFFMの間でも見られる。このブツというのが、実は道路地図帳なのである。ページを開くと、そこかしこに赤いペンでチェックや注釈が入ったブツが、プロショップの店頭など照明のあたるところなどには並べられず、裏から裏へと取り引きされている。この記事を読んでいるみなさんが、そんな地図見たことない、と思うのも道理なのだ。ことわっておくがこのブツは、『茨城県・釣り場ガイド』や『栃木県の釣り場』とはちがう。

このブツを購入するにはちょっとしたテクがいる。店がヒマな曜日のヒマな時間帯を狙って出かけていく。先客がいたなら、マテリアルでも捜すふりをして店内をぶらつくことも肝心だ。そして、ほかに客がいなくなったときを見計らって、おもむろに店員に近づき、小声でささやくのだ、

「例のモノ、ほしいんだけど」

あなたがそこの馴染み客でないかぎり、店員はまずとぼけるはずだ。そこですかさず押す。

「わかってるんだからぁ。うまいなぁ、お兄さん。こないだ信頼できる筋の友人から聞いたんだ。それでもないっていうなら、タレ込んでもいいんだよ」

これでもシラをきるようなら、店員はブツの流通を知らないか在庫がないのだ。しかし、たいていはニヤッと笑って奥へ引っ込む。ブツの相場は二万から五万円というところだ。

情報も金になる時代だ。山梨県内に住む、あるテンカラ名人が赤いポールペンで詳細にポイントの情報を描き込んだ道路地図帳に値がついたのがはじまりで、いつのまにか全国各地の名人のブツに白羽の矢が立つようになったという。いまやコレクターアイテムも世に様々だが、このオリジナルは十万以上の値がつくという。ヨレヨレの道路地図帳がだ…。

これに目敏いプロショップが目をつけた。もともとプロショップ店頭では真偽確かでない情報が飛び交うものだが、それさえも金になるというのだからタマラナイ。何軒かのプロショップが大枚はたいてオリジナルを手に入れ、そのコピーを裏で売るようになったらしい。

ところが、カラーコピーなど機械で写したものはコレクターが嫌った。オリジナルと同じ地図帳に手書きで写したものに高い値をつけるようになった。しかし、手作業にまちがいはつきものである。おまけに、時間が経過して釣り場環境が変ったり、どうもオリジナルにもウマイ名人とヘタな名人所有のものがあったのではないかと取沙汰されたり、そこに贋物が流通しはじめたから闇市場は大混乱になった。プロショップ◯◯の『マップル東北版』はガセが多いとか、XX釣具店の『関東道路地図帳』はかなり信頼できる、などという噂が飛びかった。いまでは、一部マニアグループがトリプルAからBまでの6段階で、まるで会社債のように格付けをするようになり、この情報も

裏ルートで五千円くらいで手に入る。が、これにも最近贋物が出まわっているという噂がある。
さぁ、あなたはどうする。投資をして、この情報がいきわたるまで穴場の釣りを堪能するか、それとも贋物をつかまされて泣きを見るか、あるいは飽くまで自分で穴場を捜すか。ともかく裏ルートのスリルを味わうなら、いましかない。

（闇市場評論家）

初出：1987年8月10日発行
「フライの雑誌」第2号

密漁師インタビュー

インタビュアー　本日はその道を極めたといわれている密漁師の方に、いろいろとお話をお聞きしたいと思います。まず、自己紹介からお願いします。

密漁師　お兄さん、のっけからそんなこと聞かれちゃ困るな。オレくらいになると、警察（マッポ）だけじゃないんだよ、狙っているのは…釣り団体や漁協、自治体の水産課、養魚場のオヤジ…いまとなっちゃあ、いったい誰に危害が及んでるかも特定できないんだぜ。そこいらの素人やヒラと較べてもらっちゃ困るんだよ。

イ　素人やヒラっていいますと…。

密　密漁師にも階級があるのさ。素人は素人さ。冬の奥多摩にいるアレよ。取り締まりのアマいところにいるのが特徴だな。その上がヒラで、やっと密漁師の仲間入り。ヒラを卒業するとシマフクロウだ。その上がヤマセミ、その上がカワウソ…とにかく最後が名人オレのことだよ。

イ　な、なるほど。動物名の階級称なんて粋ですね…。

密　自然指向ってヤツよ。この道も長くなると「ヤマセミの達」とか「カワウソのジョー」で通るのよ。

イ　ところで、いままでにどんな、その密漁をなさってきたんですか?

密　やったねぇ。もうほとんどやり尽くしちまったね。最初はね、やっぱり禁漁期にウグイを釣るフリしてヤマメ釣ったりとか、隠れて投網打つなんていうセコイのだったね。そのうちにちょっと

凝りだして、国立公園や禁漁区に忍び込んだりしたな。監視の厳しい場所は、一度下見をしてから迷彩服を着込んで出かけたりしたな。米軍払い下げのやつで、これはいまでも愛用している。こっちからも敵の所在を知る必要があるから、双眼鏡なんかもこの頃手に入れたよ。道具には凝ったね。凝り性で、一流品じゃないと気がすまないから金もかけたけど、山道具屋や作業服屋、軍関係の払い下げを扱う店、ガンマニア向けの店にはよく通ったもんだぜ。アウトドア用具なんてのは、そのまんま使えるね。

イ　……。

密　そのうちに、なまじの密漁じゃつまんなくなってきた。極小ロッドを作って冬の湖に出かけ、監視員がきたら、ロッドを雪の上に放り投げて隠すなんてのもやってみたけどすぐアキたね。毒を流す量にしても、水量と流速で決めるところに深いものがあって、しびれて浮いた魚をイケスに入れて帰り着く頃にはまた元気に泳いでるってのが最高なんだが、これも極めたね。バッテリーだって並列に50個つないで、川の100メートルの区間にいる魚を全部浮かすのにも成功したよ。スリル感がたまらなくて、夜中にマス釣り場に忍び込んで、朝までに200匹釣って持って帰ったことあったな。でも極めた者の悲しさよ。いままでのじゃ満足できなくなるのさ。人間の欲望なんて天井知らずよ。

イ では、そろそろ引退でもなさろうかと…。

密 とんでもねぇ。いまひとつ計画中のがあるのよ。

イ ぜひそれを教えてください。

密 いよいよ海外よ。

イ ……!?

密 お兄さん、口堅いかい? 他人様にいっちゃダメだよ。実はよ、韓国なんだ。これは聞いた話で、まだ確かめちゃあいないんだけどよ、アノ国にゃあ軍事境界線ってのがあるだろ。38度線なんていわれてるけど、実際には曲りくねってるし、ただの一本の細い線じゃあないわけよ。軍事緩衝地帯ってのがどうもあるらしいんだな。そういうベルト地帯をはさんで、北朝鮮軍と韓国軍・在韓米軍がにらみあっているわけだ。で、そのベルト地帯を何本かの川が横切っているんだけどよ、そこがいいっていうんだよ。あたりまえだよな、両側から銃口が向けられてて、いつドンパチ浴びせられるかわからねえところに、釣りに入るヤツなんかいっこねえやね。でも、だからスレてなくて、バカスカでかいのが釣れるらしいんだよ。なんでも体の模様がブラウンで顔がウグイに似た魚がいるらしいんだけどよ、このさい、もうそんなことはどうでもいいんでい。夜も赤外線ナントカで監視してるらしいから、こちとら装備もやっかいだし、計画にも時間はかかるしよ、資金繰りもたいへんよ。だけどスリルから装備、スケール、なにをとってもやっぱり海外は違うね。いまからもうワクワクでよ。こないだやっと、むこうで『M16A1ショーティー』とかいう機関銃を手に入れる手筈が整ったのよ。どうだお兄さん、オレと組んでひと仕事やらねえかい…。

イ え、お、い、いいえ。今回は遠慮しておきますデス。あ、あの、くれぐれも戦争を起こすキッカケにならないよう、お祈り申し上げております。

銘ヤマメ

私のいきつけの釣具店「プロショップ・スカイフライ」では、四方の壁に魚の剝製が多数飾ってあります。その中の61㎝のブラウンと43㎝のイワナは店主が釣ったもので非売品なのだそうですが、残りは売り物で、ちゃんと値札が下がっています。ところが、それがどういうわけか、すべてヤマメ。それもみんな尺上、32~38㎝の体高のある見事なものばかり。

私も釣り師のはしくれ、いつかはこんな立派なヤマメを釣ってやるぞとはじめのうちこそ意気込んでいたのですが、大型ヤマメがそう簡単にヘボ釣り師の鉤に掛かるわけもありません。それでも想いは募るばかり。我が身をふがいないと攻めつつも、そのうちに、狭いながらも我が家の応接間の壁に、せめて剝製でも飾ってみたいと思うようになっていました。値段だって、他店と較べるとずっと割安なのです。

それでもなかなか捨てきれないプライドの大きさには、我ながら驚きました。躊躇しながらも何度か店に足を運ぶうちに、私はあることに気がついたのです。

ヤマメの剥製は常時5〜6体展示されているのですが、モノはたびたび入れ代っているのです。つまり、売れてもすぐに、必ず大型のヤマメの剥製が補充されているわけです。あるときなど、同時に売れたためか3体しか展示がなく、店主はホクホク顔でしたが、翌週出かけてみると、しっかり6体になっていました…これはおかしい…第六感にビンビン響くものがありました。

以前から釣り雑誌で顔に見覚えのある剥製師のAが店にやってきたのは、そんなある日のこと。私は偶然店内にいたのでした。実をいうと、会社が近所にあるため、月に5〜6回は昼食後の暇つぶしに来ているのです。

Aと店主はレジ・カウンターのところで話し込んでいました。大ヤマメの剥製に疑問を感じているところに剥製師が現れたのです。興味が湧かないわけはありません。次から次へと補充される剥製の納入は、このAが一手に引き受けているのだろうか、それとも、他に何人か別の剥製師と取引をしているのだろうか？　もしA一人だけだとしたら、数々の大ヤマメはAが一人で釣ってくるのだろうか、それとも複数の釣り人と契約しているのだろうか…。どちらにしても、超穴場をポロッと盗み聞きできるかもしれない!?　私は素知らぬ顔をして、レジの方ににじり寄っていきました。マテリアルを捜すような、おまえらの話なんか聞いてやらないもんねー、というふりを装いつつ耳を澄ませました。

なにせ、もしかしたら大ヤマメの穴場、超A級ウルトラ・スーパーハイグレード・ポイントを知ることができるかもしれないのです。喉がカラカラになりました。しかし、敵もさるもの、蚊の鳴くような声はほとんど聞き取り不能。わずかにAがつぶやいた「…センターのオヤジ…××川も釣り客が増えてきて…」というのが微かに耳に残っただけでした。

これ以来Aのことが気がかりでしかたなく、とうとう次の日曜日に、釣りをかねてAの住む町まで出かけてしまいました。まずは捜索の基本である、生活範囲内から捜ることにしたのです。

朝5時に出発して、2時間のドライブでした。町のすこし手前で道路地図を確かめると、ヒソヒソ話の中の××川はすぐに見つかり、町はずれを流れていました。とりあえず手がかりもなかったので、私は川沿いに上流を目指したのです。

そこで、私は見つけてしまったのです『××川山女魚釣りセンター』を。事実関係を確認する前から、アリバイを崩した刑事が知るであろう感動と、失望が入り交った気持ちが交錯したまま、茫然と養魚池のほとりを歩いていました。そこへAの言っていたオヤジが通りかかったのです。ここまできたら乗りかかった船です。カマをかけることにしました。自分も剝製師で、Aさんから教えられて訪ねてきたと言ってみました。ダメモトですから…。

「ああ、そうかね。天然物と見まごうヤマメだっぺぇ。Aさんのは特別注文だから神経使うんだぁ。ほれ、あの池さ見てみれ」

オヤジはそう言って、はずれにある小さめの池を指しました。

聞いてみると、Aはヒレの形や体型にうるさいので特別の池を用意し、サカナの密度を薄くして育てているとかで、もちろん餌や病気を防ぐための抗生物質もカクテルにしてドバーッと与えているとのことでした。私はここでもう完全に興醒めだったのですが、ひとつだけ最後に聞いてみました。

「そ、その、そこまでしてオタクさんは割が合うんですかね?」

「Aさんは卸値の五倍は弾んでくれるからねえ、サカナを五分の一しか飼わなくてもいいわけだっぺ。材木にも大量消費材と、杉やヒノキの、なんつったっけか、ホレ、銘木というのがあるっぺさ。Aさん用の魚は、材木でいえば銘木なわけさ。ところでアンタも同業者なら、卸値の五倍弾んでくれればやらねえこともないど。イワナでもブラウンでもニジマスでも、種苗仕入れてきてやっから」

(東京・日曜釣師)

以上二編、初出：1987年11月10日発行
「フライの雑誌」第3号

ある ふらいまんの生涯《しょうがい》

むかしむかしあるところに、ふらいまんがすんでいました。

そのむらには山と川がありました。ある日ふらいまんは、川へつりにでかけました。その川にはいわなというさかながいますが、ふらいまんはころんで石にあたまをぶつけてしんでしまいました。

ふらいまんのたましいは空へのぼっていきました。

ふらいまんが小さなくもにすわっていると、てんしがやってきました。ふらいまんは、

「こっちへおいで」

といいました。

てんしがくもにすわると、ふらいまんの目はひかりました。てんしのせなかのはねをみてから、ふらいまんはいいました。

「これはいいほわいとくいるだ、いっぽんちょうだい」

てんしがにげようとすると、ふらいまんはつかまえ、はねをぬきました。てんしはないてかえりました。

かみさまはおこって、ふらいまんをぢごくにおとしました。

ふらいまんは、ぢごくであくまとなかよしになりました。はさみであくまのしっぽのけを、ちょきん、ときりました。

「これはとてもいいだんりょくだ」

えんまさまはあいそをつかし、ふらいまんをもとのむらへかえしました。

むらへかえってから、ふらいまんはふらいをまきました。『えんじぇるほわいと』というどらいふらいと、『でびるている』というすとりいまあです。

そのふたつのふらいで、ふらいまんはいわなをつりまくったそうです。

めでたし、めでたし。

おわり

初出：1988年2月10日発行「フライの雑誌」第4号

ダイジェスト版／巨大トビケラ出現問題のゆくえ

●9月12日付『バッファロー・ポスト』紙より

トラウト・フィッシングのメッカといわれるイエローストーン国立公園。そこを流れるマジソン川では、今夏いままで見たこともない巨大なトビケラの成虫を見たという釣り人の報告が後を断たず、モンタナ州フィッシュ＆ゲーム局では本格的な調査に乗りだした。

昨日、職員と地元の釣り人ボランティア、あわせて20名を動員し、流域に設けた10カ所の調査地点に2名ずつ分散した。その結果、10カ所中7カ所で噂の巨大トビケラを確認、そのうち5カ所で9個体の成虫と3個体の蛹の捕獲に成功した。

同局では、捕獲したものの一部を独自に調査するほか、成虫7個体と蛹2個体をアルコール標本にして、水生昆虫学の権威である、オレゴン大学ユージーン校のツトム・トライコップ・テラシタ教授に鑑定を依頼する。

●『Fly Fisher's Magazine』誌　秋号の「The Biggest is Wonderful」より抜粋

〝巨大なトビケラが水面を這っているのを見た〟という報告を初めて受けたのは5月末だった。私は初めのうちは何らかの理由で他の虫と見間違ったのだろう、と思っていた。だって、全長が8センチもあるようなお化けトビケラが確認されたなどという報告は、合衆国はおろか世界のどこからも聞いたことがないからだ。（中略）イエローストーン周辺の釣道具屋から、あらゆるメーカーのロングシャンクの#2〜6のフックが消え去った。この最高にエキサイティングな釣りを手に入れるために、一部の釣り人やフィッシング・ガイド、プロタイヤーによって買い占められたのだった。

来シーズンも、このカディスが現われるという保証はない。しかしまた、現われないという保証もない。けれども、また来年も同じようなエキサイティングな釣りができるように望み、いい方に賭けようとすることは、この釣りを知るほとんどすべての釣り人の思うところだろう―モンタナF&G局に協力する会（P・フリーク・トラッタ）

●UBCテレビ・ネットワーク アイダホ支局によるインタヴュー。マジソン川にて地元の釣り人I・W・ハーパー氏

―ここだけじゃあねえだよ。ギャラティン川やイエローストーン川でだって、俺ぁ何度もこの目で見ただよ。ウソじゃない。そうさなぁ、初めて見たのは3年前の夏だ。そのときは〝ジャイアント〟だなんて思わなかったさ。カワゲラのプテロナシスにしてはやけに飛び方がスマートだな、なんて思ったくれえだ。初めは誰でも信じられねえよ。よくわかるだよ、その気持ち。

だけどなぁ、マスは正直さぁね。〝ジャイアント〟がたくさんハッチして、水面をスケートしはじめると、我れ先にと追いかけまわしてむしゃぶりつくだぁよ。でっけぇマドラーを水面でツツーっとやりゃあ、そりゃあおめぇさん、もうガバチョときて、あとはドーンだよ。俺ぁ、今年の夏に何度心臓が止まっちまったと思ったかしんねえ。それがまた、みーんなでかいマスばっかりでよぉ。どおやらこの川のデカマスも、ピチピチのグラマーが好きらしいな、俺ぁとおんなじで

よぉ、デヘ、デヘヘヘヘヘ…。

●T・T・テラシタ教授の論述

—ええ、オホン。というわけで、日々精進し、移りゆく季節は巡り、日夜研鑽を積みました結果、つまるところ、私の手持ちの文献には掲載されておりませんでしたです、ハイ。しかしデス、私の卓越した洞察力をもって察しますれば、〝ジャイアント〟は、ステノサイキ・マルモラータ、つまり、ヒゲナガカワトビケラによく似ています。ただし、大きさは2倍ですが…。

●『エコ・サイエンス』誌より抜粋

〝ジャイアント〟は、ステノサイキ・マルモラータの突然変異体という結論になりそうである。その侵入経路を捜る取材途中で編集部が得た怪情報にこういうのがあった。日本で〝ヒゲナガの釣り〟を経験して、いたく感動したアメリカ人が、合衆国に〝ジャイアント〟を持ち込んだというのだ。これには日本で開発されたカイコの生殖巣を凍結保存する技術（一度グリセリンに浸して液体窒素で凍結）が応用されているという話や、日本と合衆国の一部のＦＦＭの間に強力なシンジケートができているという噂も耳にした。とすれば、放射能の影響と考えられていた突然変異体出現の原因は、凍結による遺伝的変化なども含めて再考される余地がある。考えられなかった水生昆虫の分布の乱れ、水中の生態系への影響を心配し、顔を曇らせる生物学者は多い。

●ある記者の取材メモより 名FFMだった故J・ダニエル氏未亡人の発言

―ああ、そうとも、釣りのためだったら何だってやったからね！　あたしゃあ、いまさらあの人たちが何をやらかしたって驚きゃあしないよ。さあ、とっととお帰り！　もう金輪際あたしの前で釣りの話はしないでおくれよ。もうコリゴリだよ！

初出：1988年5月20日発行「フライの雑誌」第5号

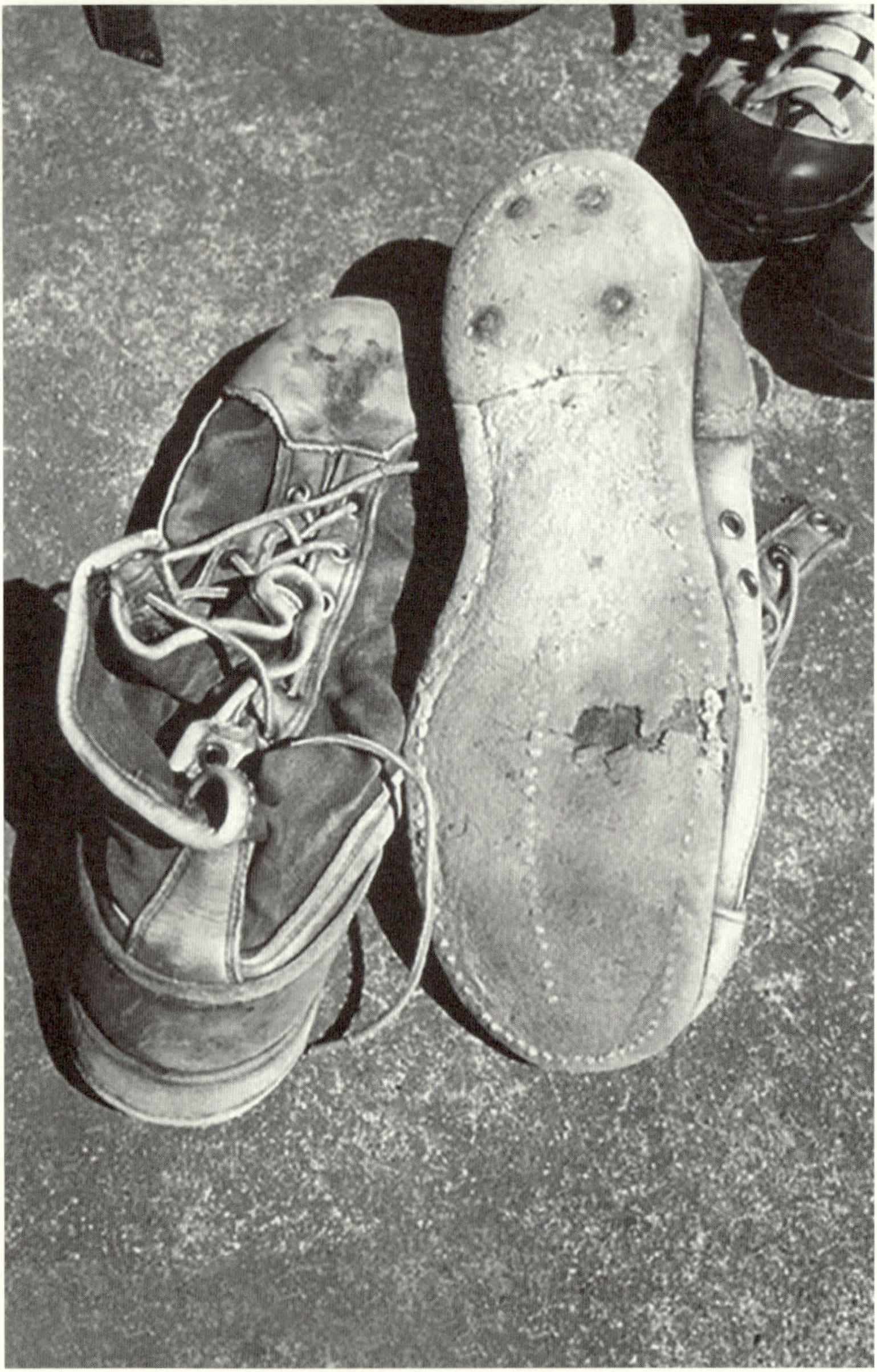

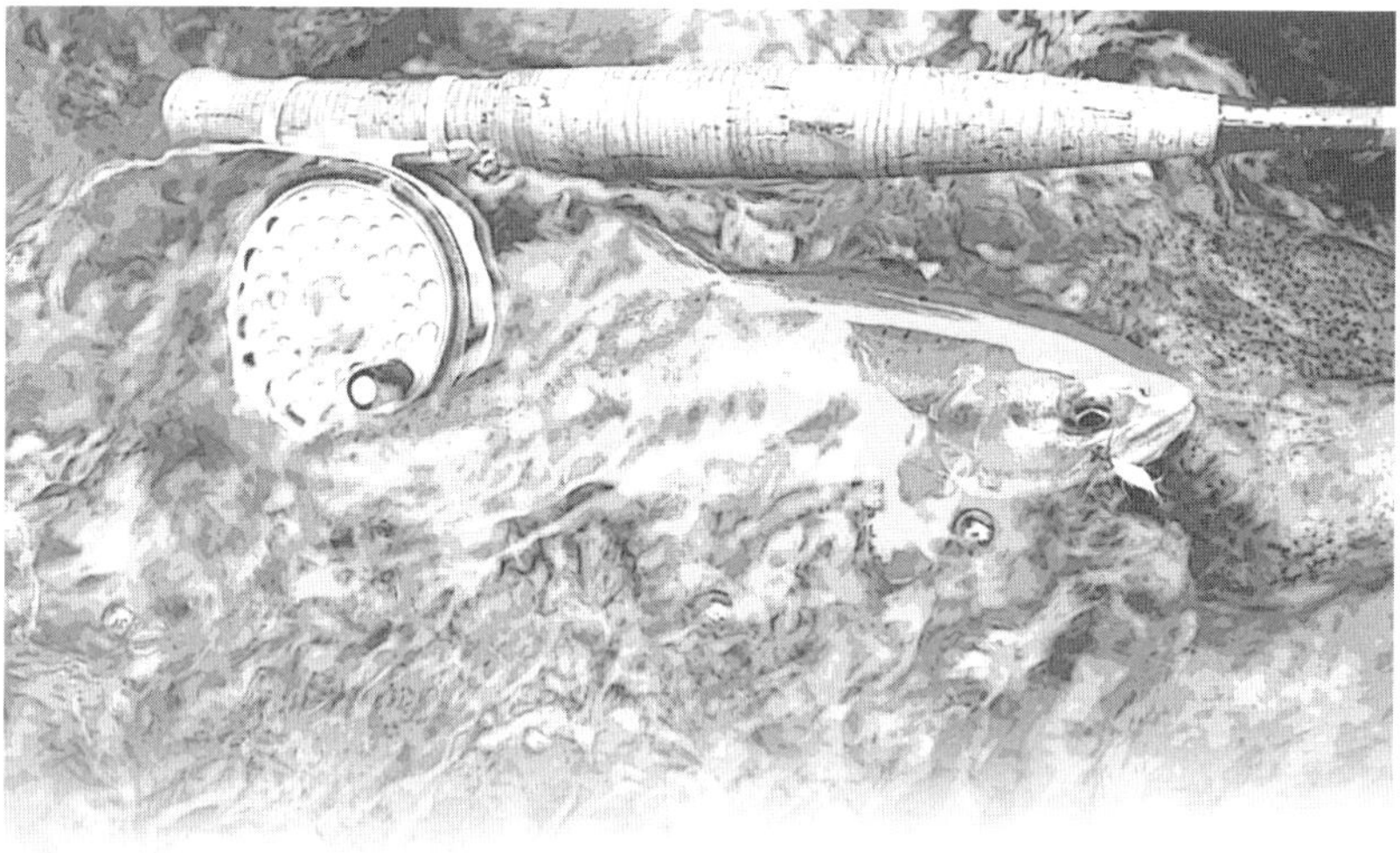

エッセイ選集

インターナショナル・ヤマメ・クラブ

静岡県・御殿場市に「東山湖」という管理釣り場がある。もとは、農業用水のための溜池だったそうだが、いまでは周囲にテニスコートやレストランのある、放流量の多さを売り物にしている管理釣り場となっている。箱根の山麓で富士山の眺望は抜群、古くからの別荘地なのだが、池のほとりにはあまり似つかわしくないプレハブ小屋がひとつ建っている。管理釣り場というだけあって管理人がひとりいる。そのバラック的プレハブ小屋に住んでいる管理人の名は鈴木俊一という。

去年の夏のクソ暑い日に、ボクは東山湖を訪れた。なんのことはない、テニスをしにいったのである。すぐそこにある箱根の山さえ、立ち上がった水蒸気に青く霞みだすんじゃないかと思えるほど蒸し暑い日であった。ギンギラギンの日差しに影がなくなる真昼近くになって、ボクはコートの外周に張られたネットにしがみついている鈴木俊一を発見した。まるでヤル気のない動物園のサルのように両手をネットに掛け、体中の力を抜いて、物欲しげにこちらを見ていた。

ボクが近づいていくと、

「夏は客が少ないからブツブツ…。それなのにナンダ、このクソ暑いのにテニスなんかしにきやがってブツブツ…」

と、まあ手短にイヤミと愚痴をこぼした。それから、

「あ〜あ、ゴミ拾いでもしてこよう。どうせオレはしがない管理人だよ、やってらんねえや」

捨て台詞をはいて夏草の中を去っていってしまった。

この鈴木俊一という男、ちょっと変わっている。いや、いたって正常というべきかもしれない。とにかく、釣り堀という種々雑多な年齢・体格・思考・思想・クセ・懐具合の釣り人が寄り集まってくる場所で生活するうちに、もまれもまれて彼独自のポリシーを持つに至ったのであろう。

釣り人は誰しも広い交際範囲を持っているとは限らない。特に釣り人同志となると、せいぜい小さな釣りクラブに属していればいいほうだろう。釣りに関する考え方や行動様式なんていうのは、とにかくその狭い範囲の中で固まりがちになるのは否めない。そういう意味で、ちょっと特殊な釣り場ではあるけれども、様々なタイプの釣り人が集まる釣り堀の管理人である鈴木俊一は、もしかしたら最もニュートラル&客観的にフライ・フィッシング&フィッシャーマンを見れる人間のひとりであるのかもしれない。

ただ、釣り堀という特殊な釣り場で生活しているだけあって、彼はときどきギョッとなるようなことをいう。例えば、「ウチで釣り上げた魚は、できれば全部持ち帰ってください」

キャッチ&リリース主義ナチュラリストが聞いたらギョッとなるようなことを言う。これは、少なくともボクには、なぜ彼がそんな考え方をするのか、すぐには理解できなかった。彼の考えがそこへ至るまでの紆余曲折を聞いて、ようやくその過程だけが理解できた。だから、折に触れて、鈴木俊一がただの変人なのではないかと思えてしまうのであった。

帰りがけにプレハブ小屋に寄ると、屋内の涼しさに少しは頭が冷えたのか、鈴木俊一の機嫌はだいぶよくなっていた。それでもまだどこか引っかかるのか、「オレはテニスは下手だ。だから夏期の暇な時間は卓球の腕を磨いているのだ。暗いというなら言え、どうだ、ひとつ次回は卓球で勝負しようではないか」というようなことを言った。見れば、プレハブ小屋の壁には、本当に立派な卓球台が立て掛けてあった。受けて立とうと答えると、彼はニッコリ笑ってうなずいただけで、勝負の日時や場所まで話をもっていこうとしなかった。ボクが「ハハァやっぱりな、コイツはなんだかんだいってるだけで、本当は運動神経がニブイだけか…」と納得していると、まったく唐突に、鈴木俊一はこの話を切り出したのであった。

「あのさぁ、こんど『インターナショナル・ヤマメ・クラブ』っていうのを作ったんだけど、いっしょにやらない?」

ボクはその瞬間、ある感動を覚えた。それは、コイツもとうとう行き着くところまでいってしまったのだ、という共感であった。

最近の鈴木俊一の口癖に「ゴテンバしてる・ゴテンバしにいく・ゴテンバの風が吹く」という、一連のゴテンバ・シリーズ+「開かれた釣り堀」というのがある。この際、ゴテンバ・シリーズはどうでもいいのだが、一応説明しておく。鈴木俊一は、適当にサボってしまうという悪い癖が、ついつい出てしまうとき以外は、ときとして悩みながらも真摯な姿勢で釣り堀管理人という職業に臨んでいる。いくつかの小さな挫折はあったかもしれないが、彼はこれこそオレに授けられた職業だと感じ、この仕事に飛び込んだのであった。月日がたち、正直なところ彼の心の奥に浮かびあがってきた三文字の言葉があった。「都落ち」である(断っておくが、これはボクの独断的な想像に過ぎない)。けれどもいま、鈴木俊一は、ゴテンバ・シリーズ…ゴテンバしてる(東山湖で生活している)・ゴテンバしにいく(東山湖へ釣りにいく)・ゴテンバの風が吹く(東山湖へ通じる話をする)という口癖を東京で流行らせようという涙ぐましい努力をしているのである。そこには、なん

とかひとりでも中央の人間の目をこちらに向けようという悲しいまでの心の叫びがうかがえるのであった。が、東京の釣り人の間には、このゴテンバ・シリーズが流行りそうな気配さえも見ていない。

問題なのは「開かれた釣り堀」という口癖の方である。つまり、鈴木俊一が『インターナショナル・ヤマメ・クラブ』の発足を決意するに至る過程を考察することができるからだ。

考えてみると「開かれた釣り堀」とは、少々妙なフレーズなのである。ボクはいままで、ほかより高い入漁料を取られるこの手の特設釣り場で「閉ざされた釣り堀」というのにお目にかかったことがないのである。まあ、釣法はルアーとフライに限るという「限定的に開かれた釣り堀」というのは多く存在するし、どちらかといえば東山湖は「限定的に…」の方なのにである。

これはちょっとおかしいな、と当初からボクは感じていたのだが、口には出さなかった。ところが、何度となく鈴木俊一と会い、話をするうちに、彼のいいたいことや「開かれた釣り堀」という口癖にこめられた意味みたいなものが、ボンヤリとだがわかってきたのであった。

鈴木俊一は、東山湖を自由で開放的な釣り場にしたかったのだ。つまり、最低のルールさえ守れば、匹数制限は何匹だの、キャッチ&リリースしろだの、どういう釣り方が素晴らしいだの、どんなフライが釣れるだの、キャスティングがヘタだのという押し付けがましいことは一切言わない。自分たちで好きなように楽しむのが一番だよ。昼寝するのも楽しけりゃ、一日中竿を振っているのものエライんだ、という自由で開放的な釣り場にしたかったのである。もし自由に幅があるとすれば、鈴木俊一のいう自由は本来の自由の幅からややはみだし気味といえるだろう。それはサカナがタップリ入っている釣り堀だからこその幅の広さであった。けれども、現実に彼の望む「開かれた釣り堀」は実現可能で、着々とカタチができて来つつあった。

ところがである。ヒューマニスト鈴木俊一は「開かれた釣り堀」にやってくる「開かれた釣り人」まで望んでしまったのである。

「いろんな人がいるんだよね」

ときに鈴木俊一は溜め息混じりにいう。

「たとえばどんな?」

「どんなって…とにかくいろんな人がいるんだよ」

そういう話を聞いてから東山湖のほとりで竿を振ってみると、ホモ・フライフィッシャーという人種は、個人であろうとグループであろうとみんなそれなりのカラを持っているような気がしてくるから不思議である。そういえば、ボクが釣り場で出会って話をする見ず知らずの人は、エサ釣りのオジサンや地元のオジサン、オバサンとガキが圧倒的に多かった。

「むしろ、子供や初心者の方がそういう意味では自然体だよ」と言っていた鈴木俊一の言葉を思い出した。なるほど、そういえば、ちょっとデキそうだなとかキマッテルなという人の背中には、みんな「御意見無用」と大書きされた張り紙が…待てよ！　ボクの背中にも強力な超大型のヤツがくっついているような気がしてきてしまった。

ヒューマニスト鈴木俊一は、「開かれた釣り人」が決して多くないことに思い悩んでいた。彼は世渡りがヘタな、かなりの〝パァ〟であるが、その分、少年のような純なところを持ちあわせた青年である。ボクには彼の悩みがよくわかった。なぜなら、ボクも彼の次くらいに「開かれた釣り人」を望んでしまう〝パァ〟だからである。

ボクは思った。最近密かに思いつめた小・中学生の自殺が多い。鈴木俊一は、もはや少年ではないから、自殺するかわりに彼一個人として、日本の多くの「閉ざされた釣り人」を見限ったに違いない。もはや日本のフライ・フィッシャーマンが自慢できるものは何もないと…。そして、ただひとつだけ誇れるものがるとすれば、それは我々が生み出しわけでもなんでもなくて、日本がたまたまその生息圏に入っていて、あのカーター元アメリカ大統領も来日したときに釣りたがったという「ヤマメ」だけではないのか？　きっと鈴木俊一はそういう結論に達してしまったのだろう。そして、そこから出てきたものが「閉ざされた釣り人」への精一杯の皮肉の象徴としての「インターナショナル・ヤマメ・クラブ」発足なのだ。この際、なぜ「インターナショナル・イワナ・クラブ」ではないのか、などということはさておき、これが短慮であろうと曲解であろうと、そう勝手に解釈して、ボクはひどく感動したのであった。

「あのさぁ、こんど『インターナショナル・ヤマメ・クラブ』っていうの作ったんだけど、いっしょにやらない?」

ボクは胸がジーンとなりながらも、一瞬たりとも遅れないように答えた。

「いいねぇ!」

鈴木俊一は実際に顔の表面積も大きいのだが、釣り堀の管理人だけあって、結構顔が広い。「インターナショナル・ヤマメ・クラブ」という壮大な名がついているからには、すでにたくさんの参加者もあるだろう。もしかしたら、ユーメーな人も何人かその中に含まれているのではないか?

そう思ってボクは質問した。

「そのさ、『インターナショナル・ヤマメ・クラブ』には、メンバーはどのくらいいるの?」

「う〜んとふたりだね」

「……」

「あなたとわたしのふたりのゴテンバ、ナンチャッテ!」

「……」

ボクは、いままで考えていたことが、まったく的外れであったのだと知り、目の前が白くなった。鈴木俊一の他愛もない思いつきに深く推理を働かせてしまったことで、ひどい自己嫌悪に陥りそうになった。

「それでさ、ワン・シーズンでさ、釣ったうちの大きい方から三匹の体長の合計で勝負するっていうのはどうかな? もちろんアマゴも入るよ」

そう言って鈴木俊一はニィッと笑った。なぜニィッと笑ったかというと、そこには深い意味が隠されているのであった。

鈴木俊一は去年、某川の某所で記録的な大アマゴを釣ったのである。体長が42センチもあった。その写真を友人知人に見せびらかせたあげく、オマエそんなのこれから先一生かかっても釣れないよ、だの、超ドマグレだの、神様の過ちだの、パーマークがはっきりしてないのだから、なんならビワマスなんだといわれても、そのへんが研究者のあいだでもはっきりしていないだからしょうがないだろコノ野郎だのと、各方面から心温まる酷評を受けた、バカに大きいアマゴなのであった。

とにかく鈴木俊一はニィッと笑ったのである。その品のない笑顔を前にして、ボクには一点の不安が湧きあがってきた。「インターナショナル・ヤマメ・クラブ」というのは、もしかしたら彼が単なる競争心から思いついたのではないか。早い話、テニスでも卓球でも勝てないと踏んだ彼が、唯一ボクに勝っている点を主張してきたのではないか。

けれども、それならそれでいいだろう、と思った。ボクもそれなりに新鮮な意欲を持って、今シーズンのヤマメ釣りに専念できるに違いない。ただ、悲しいのは、そういう勝負でもしなければ初心に帰ってヤマメ釣りをやっていけなくなってしまったふたりである。釣りに関して、慣れてしまうほど悲しいことはない。いつまでもサカナが掛かるたびにドキドキ、ハラハラしていたい。ボクも鈴木俊一も、ウマイかどうかは別として、ヤマメを釣ることにかなり慣れてきてしまっていた。ボクはこの6~7年、釣りにいく前の晩に、興奮して眠れないなどということはない。むしろ釣りがやめられないで、週に一度睡眠不足になってしまう諸々の事情や自分自身を、呪いながら眠りにつくのである。

ところが、鈴木俊一もボクもパァであった。うまく言えないが、自分の精神が歪んでいくような気がしても、なお、その果てには解き放たれた境地が待っていてくれるような気がしてしまうパァであった。だから、いつまでもそのへんのことはクドクドと深く考えないのであった。

誤解のないよう、ここで使われている「パァ」について定義しておこうと思う。

その1　パァは「開かれた人」である。
その2　パァは4回以上女にフラレたことがある。（鈴木俊一は7回）
その3　パァはポリシーを持っているが、それはなかなか他人に理解されない。けれども、自分のポリシーを無理やり他人に押しつけたりしない。
その4　パァはシャレを知っている。
その5　パァはのせられやすい。
その6　パァはあまり世間の役に立っていない。

ここまできて、結局「パァ」は、そう易々とは定義できないことに気がついた。パァはパァであってパァでしかなく、つまりフィーリングや直感、洞察でしか理解してもらえないビョーキのような気もするのであった。

とにかくこの日、ボクと鈴木俊一は、シャレで「インターナショナル・ヤマメ・クラブ」を発足させようという、固い約束を交わしたのであった。

初出：1986年9月発行「フライフィッシング・ジャーナル」第10号

頭がフライフィッシングになってしまった人のものの見え方

あれはたしか一昨年の夏のことだった。

知り合いの永嶋さんから電話があり、

「アレ、手に入ったから、みんなで集まって見ない?」

受話器の向こうの、トーンの高いややかすれた声に、いつもよりすこし力が入っているような気がした。

「アレ」というのは、宮沢りえをモデルに篠山紀信が撮った写真集『サンタ・フェ』のことである。念のために説明を加えておくと、「ヘア・ヌード」と称されている、要するにアンダーヘアが映っている写真がここへきて氾濫をはじめる以前に、当時人気絶頂のアイドル・宮沢りえが惜し気もなく全裸になった写真集である。ゆえに、噂が巷間渦を巻いた。あれだけ話題になりまくったのであるから、まだまだ記憶に新しいという人もきっといるはずだ。

当然本屋さんには予約が殺到、発売日が来ても写真集は入手困難という状況になったが、そこはそれ永嶋さんはカメラマンであるから、そのコネを駆使して素早く入手したらしい。わたしだったらきっと一週間はひとりきりでニヤニヤしながら楽しんだであろう。いや、多少料金をボッて貸し出したかもしれない。

それをである。ふだんは、テメエが釣ってるときは他人のことなんて知っちゃいねえぜ、釣ってないときの話相手にはなるけど釣ってるときはアンタはアンタで楽しみなよ、みたいな個人主義の塊のような釣り仲間たちにまで、どういう風の吹き回しか、このありがたいものを拝ませてくれることと相成ったのである。

集まったのは五人のフライフィッシャーで、もちろん男ばかり。写真集を取り囲んで、永嶋さんが表紙をめるくと、ウォーという、静かだがむさい声が上がった。誰かが生唾をゴクリと飲み込んだ。こういうとき照れ隠しと興奮のため、写真に対する聞きたくもない個人的感想を長々と開陳するやつがいるが、うまい具合にそこにはそういう不粋な輩は混じっていなかったから、ため息のなかをただページがめくられていった。

十点、二十点と見ていくうちになんとなくはじめの気持ちの高ぶりは静まっていった。当初の予想に反して、半分も進んだころには、あとどのくらいで終わるのだろうかなんて考えながら、ただ惰性で眺めているという状態になった。

たしかに写真はきれいに撮れていたのだが、ただそれだけで、宮沢りえのヌードも、角度を変えて写っていたところでヘアやおっぱいの形が変わって見える程度のことでしかないのだった。それ以上にクルものがないのである。つまりだ。べつにぼかす必要なんてないんだってことを身をもって実感することができたというわけだ。はじめのは、アイドルが全裸になるというタブーを覗き見る興奮だったのだ。

もちろん座も倦怠ムードになっていた。そのときである。ページがめくられて見開きいっぱいに写真が広がった。はじめから数えて四十五枚目の写真だった。

「あっ、ライズだ!」

という声が二人からほぼ同時に発せられた。途端に座に緊張が走った。崩れていた姿勢を正して、再び身を乗り出すヤツもいた。宮沢りえの背後には池があり、その水面には小さいがはっきりとライズ・リングがひとつ広がっている。

「おおっ!」

再び歓声が上がった。はじめに表紙をめくったときよりも大きなどよめきだ。直後に五人は顔を見合わせて笑いあった。写真が特別きれいだとか、宮沢りえのヘアの写りがいいだとか、そういう理由ではなくて、そのページはしばらく開いたまま放置されることとなった。そして、ライズの主はどんなサカナであるかなどという話題で、むさい男五人の会話はずいぶんと盛り上がったのだった。

フライフィッシャーという人種は、世間一般と接するときにも、そこから自分たちにだけにしか通じない信号を感じ取ってしまうことがある。それはちょうど瀬のなかのライズのようなもので、普通の人にはわからないものが、我々フライフィッシャーには(捜しているから)見えてしまうのと似ている。まあ、どんなマニアにもそのマニアにしか理解できない信号というのはあって、そのためのアンテナを無意識のうちに張っているのだろう。なかでもより深みにはまっている人ほど、つまりフライフィッシャーでいえば頭がフライフィッシングになってしまっている人ほど、そのアンテナを一般人の理解を越えた場所に密に張り巡らせているような気がする。つまり、かなり妙なことに強く反応してしまうのである。それは「イカレ信号」とでも呼べるものだ。なぜなら、どんなことに反応するかというのは、どの程度オツムをヤラレているかを表すことになるからだ。

まあ、イカレ信号とはいっても、アンテナで感じ取れるのがライズだけというのでは、フライフィッシャーとしてはどちらかというと初期症状である。

家族を乗せてドライブに出かけ、たまたま渋滞中の、大きな川にかかる橋の上で止まったとき、思わず上流の大きな淵に視線が釘づけになってしまい、助手席の奥さんに、

「ほらほら、またぁ！　川を見ない、川を！　まったくもう、すぐこれなんだから。ちゃんと前を向いて運転してよ。ほら、前のクルマ動いたわよ」

なんて言われたり…テレビの、釣り番組でなくても、たとえば十五秒のCMの背景にほんのチラッと出てくる湖や川の水面にライズリングを見つけてニヤッとしてしまっている自分にすこしだけ不安を覚えてしまったり…この程度の人などけっこういるんじゃないですかね。まあ、それよりもっと個性的な「イカレ信号」、これが滲み出てくるようならフライフィッシャーとしても味が出てきたということだし、なんといっても笑えるのがいい。もっとも腹を抱えて笑うようなやつは、やっぱりイカレてる、つまりは同類ということだ。

①

わたしはよく『フィッシュ・マガジン』という雑誌に引っ掛かる。いままでに何度、いきつけの本屋の棚にこの雑誌を見つけ、そのたびにハッとさせられたことか。

つまりこういうことだ。

そろそろ釣り雑誌の新しい号でも出ているころだろうとあてもなく本屋へ寄り、特にこれを買おうと決めたものがない状態で、ああ、これはもう先月買ったな、こっちはこの前立ち読みしたな、なんてボーッと考えているときにこの雑誌を見つけるのである。そして、ええ！　なんだこれ？　と目を丸くするのだ。

（すわ！　新しい釣り雑誌創刊か！）

こ、こんな釣り雑誌なかったよなあ、なんて思いながら手にとって、あ、またヤラレた、とようやく気がつくのだ。『フィッシュ・マガジン』というのは観賞魚飼育マニアのための雑誌である。だから表紙はヤマメやイワナではなく、カラフルな熱帯魚であることが多い。

わたしがよく引っ掛かる伏線として、この雑誌が置いてあるのが趣味の雑誌のコーナーだから、まわりに釣り雑誌が適当に散らして置いてあり、これがまた絶妙な舞台装置になっているということがある。

そしてなによりも「フィッシュ」という文字である。どうもわたしの長年にわたる研究によるところでは、フライフィッシャーという人種は、このカタカナというのに特に弱いような気がする。

まず軽いのからいこう。唯一の例外としてひらがなだが、①を見ていただきたい。

これは今年の正月に、あるスポーツクラブから義父宛てに届いたダイレクトメールで送付された無料券である。嫁さんの実家に年始の挨拶にいき、テーブルの上になにげなく放り出してあったこの透明な封筒を思わず手に取り、封を切りはしないものの、出所と内容を確かめようとまじまじと眺めてしまった。

もちろん気になったのは「ます」の二文字である。これが「升酒無料券」と漢字で印刷されていればおそらく気にも止めなかったろう。ところが①のようであったために、わたしの脳味噌には「ます」と「酒」は分離して認識されてしまい、なに、鱒がどうしたって、正月早々どっかで釣り大会でもあるのかな、という方向へいってしまったのである。ま、実際はもちつき大会のます酒サービスだったわけだが…。

写真②は、昨年十二月、年の暮を飾る恒例のビッグレース、JRA主催の「有馬記念」を予想する競馬新聞である。たしか『競馬エイト』だった。説明不要かとも思えるが、

「ライスの一発に賭ける」

これである。

もう、なんというか、この面を開いて見た途端に、わたしはハッとして息を飲み、それが紙面の片隅にあるこの短い一行のせいだと気づくか気づかぬうちにすでに目はそこに釘づけになっていた。大きめとはいえ、このたった十の活字のために頭のなかは大混乱で大騒ぎ。

〈ええ、なんだなんだ、どこだよ、どこでライズしてるって、サカナはなんだよ、デカイのか、フライは、何時頃だろうな、どこだよ、どこに書いてあるんだ、教えてよ、教えてくれてもいいで

しょ、誰にも言わない、約束するから）

愚かにも、わたしはそれが競馬新聞であることを忘れ、記事を、尺上のヤマメが昼間からどしゃんばしゃんライズしている秘密の釣り場のことが書いてある釣りの記事を、捜してしまっていたのである。

「ライス」というのは、当日有馬記念に出走したライスシャワー号のことである。レースは、長期休養明けのトウカイテイオーが並みの競馬マニアの予想を大きく裏切って優勝し、二着にはビワハヤヒデが来た。ライスシャワーはたしか六着にも入らなかった。「ライスの一発に賭ける」と予想した人、および、この一行を見て馬券を買ってしまった人はどんな気分であったろうか。一日歩き回ってもサカナの顔を拝めず、イブニングライズの一発に賭け、それも不発に終わって落ち込んでいるフライフィッシャーの気分と同じだとしたら、「ライスの一発に賭ける」という予想も、まんざらまるっきりのハズレともいえないかもしれない。

先日、ここまで書いてきたような話を、電話で、静岡県三島市在在の森村義博さんにしていた。森村さんとの電話は、釣り場の情報交換や一緒に釣りにいく相談を手短に、という具合にいったためしがない。ど

ちらかの都合が悪いときでもなければ必ず、どうでもいいような話を含めて延々と長電話になってしまうのである。まあ、わたしはこのとき彼の感想を聞きたかったという消極的な理由を持ってはいたのだが。

「どうですかね。今度記事にでもしてみようかと思うんですが、おもしろいですか?」

するとの森村さんは、

「いえね、ぼくにも同じような経験、あるんですよ」

と言うではないか。彼は、どうやらこれがまだ「イカレ信号」だということに気がついていないようであった。とにかく、その話には、森村さんもかなりキテるな、と思わせるものがあった。あまりおもしろそうだったものだから、わたしは、三月に釣りを兼ねて、伊豆の修善寺にあるという森村さんが見間違えたという看板を見学しにいくことにした。それが写真③である。

この「ニジマス」じゃなかった「ニシジマ」は、修善寺駅を狩野川の下流方向へすこし戻ったあたりから、ちょっとした山の斜面を越えて大見川へ抜ける細い道の途中にある。森村さんがはじめてこの看板の下を通ったとき、どうしてこんな山の中腹に養鱒場があるのだろう、と思ったそうである。おそらくこのときも、パッと看板全体を目にしたときに「ニシジマ」=「ニジマス」の四文字だけが森村さんの頭に残り、「健康指導サロン」の方はどこかへ消えてなくなってしまったのだろう。

実際に現地に行ってみて、まじまじと眺めてみれば別だが、クルマでこの下をさっと通過してチラッと見ると、どうしたって我々にはこれが「ニジマス」に見えてしまうのである。これもカタカナで、もうひとつ縦書きがポイントかなと思ったが、こうしてワープロを打っていると、おそらく横書きでも効果に変わりはないと思われる。

結局のところ一番重要なポイントは、頭がフライフィッシングになっているかどうかなのだ。釣りをしない、ましてやニジマスなんてサカナも知らない一般人は、この看板が「ニジマス」に見えないどころか、きっと無反応のまま、気にも止めないで通過していくことだろう。

初出：１９９４年7月25日発行フライの雑誌第27号、フライフィッシング中毒11

固まらなかったプリン

昨年の十二月にパソコンを買った。コンピューターを使ってやってみたいことが一度に四つも思い浮かんだからだった。でも、そのきっかけになったのはあるパソコン雑誌だったから、ただブームに踊らされただけかもしれない。ブームだけあって、希望の機種を手に入れるのにしばらく時間がかかった。

一度在庫が確認できると、コンピューターは呆気ないほど簡単に我が家に届いた。それから三日、夜毎睡眠時間を切り詰めていじくりまわし、概要を掴んだところでまず最初にハマったのが、案の定ゲームだった。

OSは「ウィンドウズ95」である。知っている人も多いと思うが、これには「ソリティア」というカードゲームが付属している。遊び方はカミさんが知っていたので教わった。彼女にいわせると、これは「占いみたいな一人遊び」なんだそうで、単純なルールによって進行する。しかしこの単純さが曲者だ。数字と、赤か黒かということしか考えないので、頭の中はほとんど空になり、単純作業を延々と繰り返してしまうのである。やめるきっかけが見つけられなくなるのだ。

「ソリティア」にハマってから数日が過ぎたある晩、ぼくはようやく、音楽CDを聞きながらゲームもできるはずだ、ということに気がついた。それで「ジョンデンバーＢＥＳＴ」というCDを持ってきて、ゲームをはじめた。

最初の『故郷へ帰りたい』がかかったときには、ただ御機嫌な気分だった。

「ボーっとゲームをしながら、音楽が聞けるなんて最高だな」

なんて考えていた。しかしすぐにまた頭は空になった。

二曲目の『ロッキーマウンテンハイ』が流れはじめてすぐに、なにかこみ上げてくるものを感じた。どういうわけか、ポワーッという気分に満たされはじめたのだ。この妙に暖かくて、懐かしくて、幸福な気分はどんどん濃くなっていった。

十一曲目の「緑の風のアニー」をジョン・デンバーが歌いはじめると、ついに涙がこぼれてきた（注・オジサンが、自分の涙がこぼれてきた話を書くのは相当に恥ずかしい）。このあとも、CDが終わったと気づくまで二度ほど涙が滲んできた。なんというか、結構メロメロになった。

これは、濃～いノスタルジィみたいなものだったんじゃないか、とあとで考えた。いわばコンピューターゲームと音楽に導かれた「ノスタルジックトリップ」（注・べつにクスリやハッパは使用していません）。もちろんこのあと何度も同じ組み合わせで試したが、最初のときほど濃いのはやってこない。その代わりと言っちゃなんだが、ジョンデンバーをよく聞いていた二十歳前後の風景をいくつも思い出して、胸がキュンとなった。でもまあこのくらいがちょうどいい。はじめのは濃すぎたんだな、きっと。


いままで、過去を懐かしむような文章なんて書くまいと思っていた。そんなのはきっと書いた本人しか楽しめないだろうし、まあ書くにしても、ジジイになってからの楽しみに取っておけばいいと思っていたのだ。でもぼくはいま、書きたい気持ちを押さえ切れない。

それほど遠くない過去の自分といまの自分はまだつながっている。いまの自分はちょっと前の自分の延長線上にある。けれども、ノスタルジィを感じるというのは、その間に明確な線が引かれたということを意味する。「あの頃」とはもう区切りがつけられ、けしてそこへは戻れないということだ。

十八歳の夏。ぼくはまわりの同年代のやつらと同程度に生意気な若僧だった。「シラケの世代」といわれただけあって無気力な一面も持ち合わせていた。でも、十八歳の若僧がただシラケていられるわけがない。ぼくらはイデオロギーを持っていなかった。つまり理念がなかった。理想的な未来がこれっぽちも描けなかった。どこに立って、どっちを向いて、どこまで進んでいけばいいのかわからなった。まあ、若僧はみんなそうなんだろうけれど、こういう閉塞状況が重くて容易に壊れそうにないとなれば、そうそう元気が出るわけないよ。そのへんを探りもせず、ただ「シラケの世代」と括ったのがペラッペラのマスコミだ。あんたら、金儲けしたい資本と結びついて俺たちを一生懸命躍らせようとしたり、表面だけ見て面白がってただけじゃねえか。

若僧だったぼくに関していえば、共産党支持の先生が大集合しているという噂の高校で過ごした、死ぬほどつまらなくて退屈だった三年間が、そのまま共産主義国の社会生活そのものなんだろうと思っていたし、現実に眼前に広がっている資本主義社会の競争、機械・物質文明もまったくバラ色には見えなかった。

自分たちをその一部と認めて、余計な手を入れずに自然環境の中に生きていくこと、まあ一言でいうなら「自然との共生」（こういう言葉をまじめに使うと、どういう訳か恥ずかしくてしかたがない）をテーマに取り入れた文章や記事に人一倍反応するようになったのが十八歳の頃だったと思う。ぼくは、若僧の前段階である小僧だった中学生の頃から釣りにハマっていたので、そういう情

報や現実に接する機会があったせいもあるが、やはり近代社会に疑問を持っていたということなのだろう。そんなこと考えてる暇があったらいい学校といい会社へ入ることを考えろ、というのが周囲の雰囲気だったから、当然ぼくは毛色の変わったやつとして孤立する。

こんなふうに書くと、なんだか一人で国を憂いて悩んでいたみたいだが、実態は全然違う。ただカブレていたのだ。当時はこの手の思想がアメリカ西海岸から発信されるのだと思い込んでいて、そこに住む一部の若者の、自然に入り込んでいくようなライフスタイルにあこがれていたのだ。彼らの生活こそが、開放的で自由で光り輝いていた。ぼくは勇気を出してデイパックを背負って登校することにした。デイパックを背負ってくる者はクラスにぼくを含めて二人しかいなかったし、一人もいないクラスの方が多かった。だからよく同級生の女の子に「どこまで遠足いくの!?」なんてからかわれたりした。

この頃から、ぼくは自然保護思想へと傾倒していくことになる。行動が伴わない割に、はじめのうちはずいぶんラジカルな考え方をしていたような気がする。突き詰めると人間の存在を否定するような方向へ行ってしまったり、他人様のことを陰で「軟弱だ！」なんて批判するだけの陰険な人間になったりした…そんなものが長続きするはずもない。若僧の思い込みはそういうふうに突っ走りやすいのだ。

けれども、いまここでこうして考えてみると、あの頃の影響を否定できない。同じ人間なんだから当たり前なのかもしれないが、いつもこの厄介なヒトという生物がはびこった環境がどう変化していくのかということを、なにかを考えるときに、意識に上るか上らないかというあたりで「土台」にするようになってしまった。

『1000マイルの夏』という本がある。コリン・フレッチャーというアメリカ人の書いた本だが、たしか邦訳はされていなかったと思う。断っておくが、ぼくはこの英語版を持っているわけではない。どこでどうして知ったのか憶えていないが、たぶんバックパッキングの先駆者で、当時からそのへんの情報をたびたび紹介されていた芦沢一洋氏の記事あたりではないかと思う。で、本の内容はさておき（もちろん知らないのだが）、とにかくこの『1000マイルの夏』というコピーが、当時のぼくのバックパッキングに対して抱くイメージの凝縮だった。生活に必要な最小限の道具を背中のザックに詰め込んで、大自然の中をどこまでも歩いていく。そんなのをやってみたかったんだ。そうすればなにかが見つかるかもしれない。自分を変えられるかもしれない。いけるぞ、きっと、どこまでも歩いていける。

ほんとうは『20マイルの夏』くらいだったのだが、十八歳の夏にぼくは『1000マイルの夏』

を気取って北海道まで出かけていくことにした。ちょっと情けないが、一人でいくほどの度胸も経験もなかったから、大学の釣りクラブの先輩たちと一緒だった。ひょっとすると、あのときはフライフィッシングよりもバックパッキングの方が重要だったんじゃないかと思う。ともかくフライフィッシングができればいいというのではなかった。バックパッキングで入り込んだ先でこそ、フライフィッシングを楽しむべきだったのだ。

入り込んだ先は、日高山脈最南部の幌満川と猿留川の流域。はじめに幌満川のほとりにテントを張ったのだが、そこはもう、それまで知らなかったあらゆる刺激に満ちていて、ぼくは二日過ごしただけでノックアウト状態だった。本物のニジマスの引きがどれだけすごいのか。尾鰭の大きなイワナがドライフライに飛び出してくるときの驚きだとか、イブニングライズの衝撃。釣りだけではなくて、目の前に現れる野鳥や小動物、まだ見ぬヒグマの幻影の恐怖、名もない滝が漂わせる霊気。川や森のなにもかもが新鮮だった。正直これほど面白いとは思わなかった。それに比べたら、街のゲームセンターなんてクソ食らえだった。

幌満川で六日を過ごしたあと一度下山し、えりも岬を回って「日高目黒」という停留所でバスを降りた。そこでわずかばかりの食料を仕入れ（どういうわけか、新鮮な野菜とかジュースみたいなものではなくて、インスタントラーメンとかパン、レトルト食品だった）、再び猿留川の上流へ続く道を歩いた。重い荷物を背負った炎天下の歩行に肉体はあえいでいたけれども、ぼくはヘロヘロになった自分に酔っていた。もちろんそこに『1000マイルの夏』のイメージを見ていたからだ。

猿留川の本流と馬蹄湖の釣りは水温が高すぎて芳しくなかった。支流の沢は、橋の下ですぐに四十センチのイワナがドライに飛び出してくるほど、イワナに関しては魚影が濃い様子だったが、平坦な深い森の中を流れていたので、ヒグマが恐くて奥に入れなかった。

幌満川の五日間で、あれほど盛り上がっていた我々の釣欲はずいぶん静められていたし、標高が低いせいでキャンプサイトはかなり暑かった。だからぼくらは怠け者の集団と化し、あまり釣りにいかず、木陰でごろごろしたりした。

お楽しみは夜だった。日が暮れかかると必ず涼風が吹いてきた。毎晩、河原に散らばる流木を集めてきては火を焚いた。酒を飲むわけでもなく、ただ火を見ていたり、バックパッキングや釣りの話をしたり、ヒグマ避けのつもりで持ってきた爆竹を鳴らして遊んだり、みんな思い思いにくつろいでいた。昼間の眩しい太陽に照りつけられた、まだその温かさが残っている河原の石の上に寝そべって、東京育ちの若僧には薄気味悪いくらいの満天の星を眺めた。

きっとそのうちにみんなは気づくはずだ。我々を生かしてくれるこの地球環境を守ることの大切さにも気がつくだろう。無意味な自然破壊はなくなり、我々がときとしてそこに入り込んで、いろいろなことを知り、見つけるだろう。緑に溢れた都市ができるだろう。リサイクル社会が戻り、クリーンなエネルギーも開発されるだろう。それで補えない分は、我々が不便な生活に戻ればいい。なに、ほんの二、三十年前の生活に戻るだけだ。我々は欲の皮を突っ張って走りすぎた。もうそろそろ引き返すときが来たんだ。引き返さないまでも方向転換しないと、崖から転落する途中で気がついても後の祭りだ。若僧は気がついた。あのとき、河原の上で気がついたんだ。

猿留川最後の夜。余分な食料としてプリンが二箱残されていた。プリンといっても粉末の、自分で湯に溶いてから冷やし固めるインスタントである。食後のデザートとして二回は楽しもうということになっていたのだが、ほかにやりたいことが多すぎて作りそびれていたのだ。明日の朝なんか

作ってられないから、いまからそれを作ろうということになった。

二回分を一度に作るというので気が大きくなっていた。どうせなら一人に丼一杯作って食おうということになった。説明には牛乳で作った方がベターだと書いてあったが、ないので当然水だけにした。一人に丼三分の二しか行き渡らなかったので、マニュアルを無視してなんとか固まりそうな程度に水増しした。冷やすことになった川の水温は二十度くらいあった。それでも、ほかに冷やす場所もないので、とりあえず川に浸けておくことにした。

若僧は、猿留川の河原でいろいろなことに気がついたまではよかったのだが、まだまだ甘かった。やっと見つけた理想的な未来を、彼はいつかきっと誰かが実現してくれるだろうと思っていたのだ。ただ信じて待っていれば、そのうちにたくさんの人が理想に気がついて実現してくれるにちがいない、と楽観的だった。若僧は、政治なんてこれっぽっちもわかっていなかったし、自分と同じ人間という生き物に関してもそうだった。

わかっていなかったということでは、焚き火やプリンについてもそうだった。ぼくらはその夜、広い河原からとっておきの巨大な流木をかき集めてきて高く積み上げ、残った灯油とホワイトガソリンをすべて降りかけた。はじめはひねった新聞紙に火をつけて投げつけたりしていたのだが、なかなかうまく火がつかなかった。おっかなびっくりのぼくを尻目に、Iさんは右手に百円ライターを持ってスタスタと流木に近寄っていった。丸く組んだ石の内側の新聞紙に直接点火。その瞬間に「グワッ!」という腹の皮を震わせるくらいの音と衝撃波（爆風?）がいっしょになったのがやってきた。すぐに、自分の周りの河原が真昼より明るくなった。光は熱線だった。焚き火の方に向いた剥き出しの皮膚がカッと熱くなったので慌てて後ろに飛び退いた。思わず「うわっ!」っという声を出していた。三、四メートルも下がったところで、一拍置いてからみんながみんな焚き火に向かって「ウォー!」という感嘆の声を上げた。おかげで火は背丈より高く燃え上がったが、Iさんは一人河原にうずくまっていた。彼は右手の体毛とまつ毛を焼失していて、その晩水を張ったコッフェルに手を突っ込んで朝まで苦しんだ。

プリンはなかなか固まらなかった。時間を置いて確かめにいったが、三度目にはなんとか固まるかという期待を抱かせる程度には変化をはじめた。しかしそこまでだった。それ以上には硬化しようとしなかったのだ。手で触れればそれなりにややひんやりとしたコッフェルの中のプリンになるべき液体は、それでも固まろうとする意志は持っているんだといわんばかりにゲロ化、あっ、いや違った、ややゲル化していた。もはや打つ手はなかった。互いに責任を擦りつけあった。

みんな、ゲル状プリン液を前にして逡巡していたが、やっぱり捨てるのはもったいないということになった。一口啜ると、コクとか深みがまったく感じられない、明らかに安物とわかる粉っぽいけどドロドロしたバニラの香りの甘い液体がズルズルと喉を落ちていった。それでもうまかった。甘いものに飢えていたからだろう。

いま思い返すと、あのドロドロしたプリンは、あの頃の若僧の姿そのままだった。若僧もまさか二十年後に、不気味なゲル状プリンと自分がそっくりだったと気がつくなんて想像だにしていなかった。

翌朝ぼくらは山を下り、途中ダンプカーに便乗させてもらったりして、昼までに日高目黒に辿り着いた。バス停の前の店で、おそらく生涯で一番うまいジュースと冷やしトマトを味わった。それから国道の橋の下の河原で、バスが来る時間までビールを酌み交わした。

その日の夕方、広尾線のディーゼルカーの車窓から日高山脈の後ろに沈んでいく美しい夕陽を見た。いままで見たこともない夕焼けの雄大な景色を、若僧は取り憑かれたようにいつまでも眺めていた。旅はまだ終わりではなかった。

あの夏が、いままでで一番自由だったような気がする。いままでで一番、ぼくを束縛するものが少なかったような気がする。

初出：1996年9月20日発行「フライの雑誌」第35号

スレた魚との遊び方

スレた魚の楽しみ方っていっても、人様にああしろこうしろっていうの、どうも苦手でね。自分はこういうとこ面白がってる、くらいのことしか言えませんねぇ。

だいたいこういう少数派の楽しみ方が、この釣り始めたばかりの人にうまく伝わるかどうかわかりませんよ。初心者の人って、とにかくたくさん釣りたいって思うのがふつうだし、実際たくさん釣った方がうまくなりますからね。スレた魚を狙うのって、やっぱりある程度集中力や忍耐が要るんで、向き不向きってのはあると思いますね。ネチッこくて、粘着質の性格の方が、はまりやすいってことはいえると思います。

まあだいたいスレた魚を釣るのが好きだなんていう人は、この釣り長くやってきてヒネちゃってる人ですよね。実際自分のまわりでも、この釣りに二十年以上入れ込んでたりする人がけっこういるけど、みんなしつこいですよ。まあ、長くやってる人にもいろいろなタイプがいるんだろうけど、一度入れ込んでも半分くらいは、スレた魚の方が面白いなんていいだすころに、だいたい熱も冷めて、すこしは飽きるはずなんですよ、この釣りに。

それで、釣りに行くペースが落ちて、極端な話、年に一、二回になったりね。ほんと、たまにしか釣りしないんなら、どんな釣り方しても刺激があって楽しいですよ。あるいは、ほかにもっと面白そうな遊び見つけてそっちにいっちゃったりする。それ乗り越えてきてるんだからね。キテますよ。相当に。だから、素直な初心者から見るとちょっと変人っぽかったり、えらく執念深く見えたりするんじゃないかと思いますね。ひと流し目で釣れると怒るヤツいますからねぇ。

ライズ見つけるでしょ。もちろんその魚、釣ろうとして始めるわけですよ、最初から。で、どうせてこずるんだから最初はちょっと手前流れて、ドラッグの掛かり具合でも見れりゃあいいやなんて気楽な気分で流すと、あっさりそのフライが食われちゃったりする。そうすると「バカヤロウ！なんで食っちゃうんだよ！」なんてね。「あーあ、つまんねぇな」なんていったりするんですよ。気持ちが入る前に釣れちゃだめなんですね。

だから、とにかく釣れりゃあいいってわけじゃない。なかなか釣れない魚と向き合って、ああでもないこうでもないって試行錯誤しているうちに、ようし絶対釣ってやるって、気持ちが盛り上がってくるんでね。このメンタルな部分が大事。緊張感が出てきてから釣れてくれないと、どうも満足感が薄いです。釣ったっていう結果が一番なんだけど、やっぱり内容の濃いプロセスがあってこそ、その結果が輝くっていうのかな…どんなやり方でも簡単にバンバン釣れるとかえってしらけちゃうわけですよ。結果が付いてくれば途中はどうでもいいやってならないんですね。

よくプロ野球の選手でも、自分のバッティングに厳しい人っているじゃないですか。そういう人って、とにかくなんでもいいからヒットになってくれればラッキー、儲け儲け、とはならないらしい。不完全燃焼みたいな気分だっていうんです…。ところが、速球派のピッチャーがツー・ストライクから外角にカーブ外してきて、次に予想したとおりにインコースに渾身のストレート。これを完璧なスイングで、バットの芯で捉えて弾き返して、左中間フェンス直撃の二塁打。これですよ。

もっとも、プロセスといってもあくまで気持ちの問題ですから。一匹の魚を釣り上げるまでに時間をかけた方がいいってことじゃないんですよ。はじめから気分が盛り上がるシチュエーションが

あって、集中できていているなら、第一投で決めるのがベストです。ほんとのことといえばそのほうがより完璧ですね。スレッカラシ狙いについ熱中しちゃう人って、どっかでこういう理想を求めてるんじゃないですか。ただネチっこいだけじゃなくて、理想主義者や完全主義者の顔、持ってる人もけっこういるんじゃないですか。

こういうネチッこい釣りを好むかどうかは、楽しみ方のスタイルの違いによるんでしょうね。これは長所なんでしょうけど、難しさに挑戦するような釣り方をしていると、釣りに行く回数はいつまでたってもあまり減りませんね。逆にいうと欲張りなんでしょうね。たくさん釣りに行ってたくさん楽しみたいってなると、この手の釣りに行き着くような気がするんですけどね。

このフライっていう釣りは特に、緊迫感の抑圧に耐えるのと、そこから解放されて興奮が爆発するのと、そういう静と動が繰り返されて、その節目節目でスリルを味わうでしょ。で、それって…そのおもしろさを感じる仕組みって、初心者の頃とほとんど変わらないと思うんですよ。ただ、同じような魚を同じように釣っていてもだんだん緊迫感も興奮も小さくなっていく。谷が浅く、山も低くなっちゃう。つまり、慣れる、飽きるってことですね。

だけど、忘れられない。初めの一匹や大物を釣り上げたときに感じたはずの興奮や陶酔感だとか、集中しているときの無我の境地やいい緊張感だとか、そういう一度味わってしまった気持ちよさは忘れられないんですよ。フライにずーっとのめり込んでる人って、ある種の中毒なんじゃないかと思うんですよ。

例えば、魚にアプローチするときに欲しいっていうか、無意識に求めちゃってるのが「心臓バクバク」ってやつ。抑圧の方ですね。あとの興奮を大きくするには、はじめに受ける抑圧も大きい方がいい。

それにはなにが大事かっていうと、釣ろうとする魚に惚れてるかどうかってことですね。この場合、釣ろうとしている魚が決まっていないのは論外です。不特定多数を相手にしていると、ラッキー！という偶然のおもしろさはあるかもしれないけど、不特定多数を狙って漠然とやっていても心拍数は上がらない。例えば椅子がふたつ並んでいて、ひとつに自分が座っている。もうひとつの椅子に、恋愛の対象外のおばさんが入れ替わり立ち代わり座ったところで、べつに血圧上がらないですよね。だけどそこに「おお、タイプじゃん！」って女性が座ると、途端にドキドキしはじめるでしょ。だからせめてライズしていて、大きさの想像くらいはつかないと…惚れようにも惚れられないでしょ。

惚れるには、やっぱり魚の姿態ですかね。「大きい」と「きれい」、これに尽きます。はじめて見つけたっていうのもいいけど、前からどこかそこいらに隠れているのは知ってて、だけどなかなか姿は見せてくれなかったヤツが、ある日なんの期待もしないでふと流れを覗くと、そこに悠然と泳いでいたなんていうシチュエーション。こういうのもバクバク度高いですね。それから本題の「スレている」ってことですね。この要素が入ってくると、自分でもちょっとヘンタイがかってくると思うんですけど…例えば35㎝はあるきれいなヤマメが現われて、目の前で悠然とライズを始めたとするでしょう。はじめは祈るような、惚れたんだからしかたない、付き合ってくださいお願いしますみたいな、一方的にこっちが頭下げるような気持ちで釣り始める。ところがそうはいかない。取替えちゃ流すフライを片っ端から、平然と無視し続けられたとする。と、そのうちに、「憎い」って感情が芽生えてくる。

この憎たらしいって感情がポイントですね。高飛車な態度が憎らしいけど、そこに強く惹かれちゃうみたいなね。思いっきり付き合ってほしいんだけど、生意気なところを懲らしめてもやりたい、みたいなアンビバレントな感情がたぎってくる。このサド&マゾ・コンプレックスがいいんですよ。こういう魚、鉤に掛けて取り込んだとき、シビレますね。

昔、小学生の頃、グループサウンズなんてのが流行ってた頃かな。「シビレルー」っていう言葉流行ったですよね。あれですね。身体の芯がジンジンして、まさにシビレちゃうって感じ。たまんないですね、心臓バクバクのあとにシビレちゃった日にゃあ…。刺激が強すぎるときは「シビレル」通り越して「真っ白」ですからね。で、後から来る。指が震えて止まんなくなっちゃったりします。

シビレる釣り方っていったら、断然見釣りですね。魚の行動の一部始終が見えていた方が面白い。魚がフライ見たのがわかれば、それだけで心臓バクバク来ますからね。「ちらっ」と見たのか。行く先をちょっと追った「流し目」なのか。近くならそれもわかる。もちろん流し目の方がいいですよね。脈がある。もっとも流し目させるってことは、フライがコースを外れてるんだから、ヘタだってことかもしれないけど…。

とにかく釣りたい魚を決めることが大事。絶対アイツがいいってね。だから、やってることはまるでストーカーと同じですね。相手が魚だからいいけど、これが若い女の子だったりしたら立派な犯罪ですよ。だって、場合によっちゃ半日も後つけ回して、ちょっかい出し続けるんですから、魚の方にしてみりゃ、えらい迷惑なんだろうけど、申し訳ないけどやめられない。

極端にスレた魚を相手にするときって、ほんのちょっとしたミスも許されないんですよ。アプローチから魚がフライをくわえるまで、完璧に近くないとうまくいかない。ここにもちょっとした、ストイックなおもしろさってのがあるんですよ。だけど最後の最後は、これがまた運なんですね。スレッカラシって、５㎝ズレると全然結果が違ってきます。まず５㎝のコントロールができる腕があるのかって問題があるけど、とりあえずそれは置いといて、風の強弱でフライの落ちる位置が５㎝ずれたり、ちょっとした水のよれ具合で５㎝早くドラッグが掛かるとか、魚の方が左右に５㎝動いちゃうとか、そういう自分じゃどうしようもない要素が入り込んでくるんです。

「なんだ。じゃあ、結局運なんじゃん」と思うかもしれないけど、それは違ってて、やっぱり腕の方が大きい。ひと流し目は運が悪くても、もう一度はじめから、ノーミスを積み上げてフライを届けるところまで持っていく。で、運をこっちに呼び込むまで、最後まで致命的なミスを避け続けられるかってこと。釣りたい魚を見つけて、行動を観察し、釣りやすいけど魚には気づかれにくい場所を決め、チャンスを見計らって最良のプレゼンテーションをする。こういう一連のアプローチの中で、魚を驚かすことが最もいけないですね。せっかくのチャンスを自分で消すことになりますから。

極端な状況の場合、五分や十分に一回しかフライを流せないこともあるでしょうね。ごく緩い流れの大場所では、魚の方が広い範囲を移動しながら餌を捕りますからね。射程に入ってくるまで、物陰でじっと待つしかない。そして一投。神経を集中してプレゼンテーション。驚かさないために、次のフォルスキャストやリトリーブができないこともある。で、一投でだめならまたじっと待つ…。気が長いのか短いのか、自分でもわからなくなることありますね。

フライを繰り返し流せるような状況でも、のべつ幕なしサカナにフライ見せればいいってわけでもないですよね。できればひと流しごとに、魚がどういう位置関係で流れ去るフライを見たかとか、その時にどういう反応をしたか、というあたりを観察できればいいですね。そこから、フライを落とす位置を変えるとか、ティペットを替えるとか、フライそのものを替えるとかのヒントを得られることがよくあります。

無駄なことは一切やらない。どんどん無駄を省いていく。頭の中に錆かかったナイフを、ゆっくり研ぎ上げていくようなイメージがいつも浮かんでくるんです。とにかくそういう完璧さを積み重ねていく。一投一投、一匹一匹、一日のうちにどれだけ積み重ねられるか。人間ていうのはミスをする動物ですからね。

特にスレッカラシをつけ回していると、こうやってずっと集中していても、なかなか相手にしてもらえないこと、けっこう多いですね。ろくにキャスティングさせてもらえないこともあります。端から見るとわからないかもしれないけど、それでも本人は十分に楽しんでるんですよ。

※これはインタビュー記事に思えるかもしれませんが、自分で、そういう雰囲気に書いています。

初出：1999年5月「ストリームサイド」創刊号

ブラッディ&ブラウニー

英語は、片言しか話せない。とにかく中学英語からひとつも進歩していない。わからない単語が出てきたら端から辞書を引き、文章全体を眺めて、なんとか意味が通じるよう考える。中学以降ずっとこれを繰り返してきたような気がする。これじゃあ、時事問題だとか流行り言葉といった、英語の「いま感覚」なんてことはまったくわからない。

英語、特に会話習得には、机上の学習じゃなくて実地訓練なんだと実感したのが、最初の海外、ニュージーランドに出かけたときだった。南島・クライストチャーチでオーストラリア在住の友人と待ち合わせて、成田からひとりで出かけたのだが、まず北島・オークランドに飛行機が遅れて到着し、乗り継ぎに失敗した。のっけから英語社会にひとりきりで放り出されたわけだが、むしろこれがよかったのかもしれない。

こっちには、待ち合わせがあるから、とにかく一刻も早くクライストチャーチまで行かなきゃという強い使命感がある。はずかしいとか、失敗したらなんてことはいってられない。結果、身振り手振り、単語の羅列だけでも最小限の意思疎通はできるという感触をつかんだ。

「あなたは、ウエリントンまで飛びなさい。そこで飛行機を乗り換えれば、クライストチャーチに一番早く着きます」

その30分後に、混雑のない飛行場を飛び立つ飛行機は、滑走路の端で管制官の指示を待ったりしないことをぼくは知った。その軽快さと、ちょっとしたピンチをひとりで切り抜け、すべてが上手

くいきそうな予感にひどく興奮した。

「このゲートから、クライストチャーチ行きの飛行機に乗れますか?」

最小限ではあっても意思疎通のできる喜び。その勢いで、ウエリントンの空港で、帰りの飛行機のリコンファームも済ませた。

あとからわかったことだが、次のオークランド発クライストチャーチ行き直行便との到着時間の差は、わずか15分程度だった。でもそれは、とにかく「一番早く」とぼくが発した英語が通じた証明であり、対応してくれた空港職員の誠意も、そこに感じられた。

ということで、ぼくが最初に触れた生きた英語は、ニュージーランド英語ということになった。ニュージーランドの英語には、よく知られたことだが、オセアニア訛りがある。「a」を「エ」と発音せずに「ア」というのである。例えば「ウエンズデイ」が「ウエンズダイ」という具合だ。しかし、そこにさえ注意すれば、後にロスアンゼルスで耳にした英語よりはずっと聞き取りやすかったような気がする。

このほかに、ぼくがより興味を持ったのは、ニュージーランド（オセアニア？）特有らしいスラングだ。例えば「ブラッディ（Ｂｌｏｏｄｙ）」

この単語の本来の意味は「血まみれの」「血なまぐさい」「残虐な」である。このスラングは、日本語の「こん畜生！」のような使い方をするのだが、それに対応するのは「ファッキン」とか「シット」があるし、ほかの国でも一般的だ。

南島のワナカという町で雇った、釣りガイドが使っていた「ブラッディ」をぼくなりに解釈すると「えれえ！」というような感覚を表現していたような気がする。例えば「ブラッディ　グッド！」は「えれえ、いいぜ！」、「ブラッディ　ビッグ！」は「えれえ、でけぇ！」

もちろん、この手の言葉は「汚い言葉」「下品な言葉」とされている。特に女性の前では使ってはいけない言葉、女性が忌み嫌う言葉とされているようだった。しかし、ガイドたちは、一緒に釣りに出かけているあいだ「シット！」とか「ブラッディ！」を連発しているのだ。ふだん使い慣れた言葉を抑えるのはむずかしい。これが、例えば彼らの奥さんと、手作りの夕食を囲む席などで急に引っ込むわけがない。今日の釣りの話だとか、昔話だとか、盛り上がってくるとつい口が滑ってしまう。

「…ブラッディ…」

横に座っている奥さんが、ガイドの顔をじっと睨みつける。それに気がつくと、いい歳をしたガイドが、叱られた子供のように急にしょぼくれた顔になる。その様子を傍で見ていると、なんともおかしくてしかたがない。笑いをこらえるのが精一杯だ。

ワナカのふたりの老ガイドは、ニジマスのことは「レインボー」と呼んでいたが、ブラウンのことは「ブラウニー」と言った。へぇ、と思った。ちょっといいかもしれない。で、そのあとぼくもブラウントラウトのことをブラウニーと呼んでみた。もちろん、ガイド自身がそう呼んでいるのだから、お互いの言葉のやり取りに、まったく違和感はなかった。

ハウエア湖の、かつて流れ込みだったのか、それとも増水すると流れ込みができるのか、とにかくそういう地形のちょっとした入り江で釣ったとき、岸辺のすぐ近くに大きな倒木が沈んでいて、その陰に大きな魚影が見えた。

「フィッシュ!」

竿の先で、その影を指しながらガイドが教えてくれる。

「ブラウニー?」

そう尋ねると、

「イヤッ(Yes)!」

という答えが返ってくる。

このニュージーランド以来、英語で言うときには、ぼくはブラウントラウトのことをブラウニーと呼ぶ癖がついてしまったようだった。

翌年の夏に、アメリカのイエローストーンへ出かけた。二度目の英語社会への旅行で、前回よりはすこしだけ自信と余裕があった。もちろん、レンタカーを借りるときの保険の説明なんてのはまったくわからなかったが、飲み食い、買い物程度はどうにかなった。朝食をとりに街中のカフェテリアに、ひとりで出かけたりした。

何日目だったか、ちょっと時間が空いて、やはりひとりでみやげ物を探しにウエスト・イエローストーンの町をぶらついたことがある。「ブルーリボン・フライズ」という釣り道具屋に入り、ショウウインドウの中にブラウントラウトのピンバッジを見つけた。

「このブラウニーの、見せてください」

そういって店員を呼び、ピンバッジを手にとった。特に問題もなく気に入ったので、このブラウニーください、とぼくはいった。

そのときはじめて気がついたのだが、店員はぼくのことをギョッという顔で見ていた。まるで異星人を見るような、なんだコイツ薄気味悪いなというかんじだった。それでも、ちょっとギクシャクはしていたが、つとめてふつうに対応してくれたので、買い物を済ませることはできた。

あとから考えたのだが、店員は聞きなれない英語「ブラウニー」と、その使い方に違和感を憶えたのではないだろうか？　つまり聞き慣れない母国語から、方言だとか、田舎くささといった類のことを感じたのではないだろうか。これがかえって異国的な違和感なら、ギョッとはならなかったのではないか？　たしかに、イエローストーンでは「ブラウニー」といういい方はしていなかったような…みんなちゃんと「ブラウントラウト」と呼んでいたような気がする。つまりこのときぼくは、日本語にするとこんな感じで言っていたのではないだろうか？

「オラァ、このいとしのブラウンちゃんがほしいだぁよ」

まあ、旅の恥は掻き捨てというし、ひと昔前のことを、いまさら恥ずかしいとも思わない。けれども、ちょっとした疑問は残っている。アメリカの田舎モンタナと、ニュージーランドでは、はたしてどちらの言葉がより田舎くさいのだろうか？　モンタナでニュージー訛りで話すのと、ニュージーでモンタナ訛りで話すのとでは、いったいどっちがどっちをどのくらい田舎くさいと思うのだろうか？　場所がニューヨークならどうなのか？　これに東洋訛りが加わったら？　そのへんのセンスというのは、やはり現地に住んでみないとわからないのだろうか。

初出：自作ホームページ2001・2・4

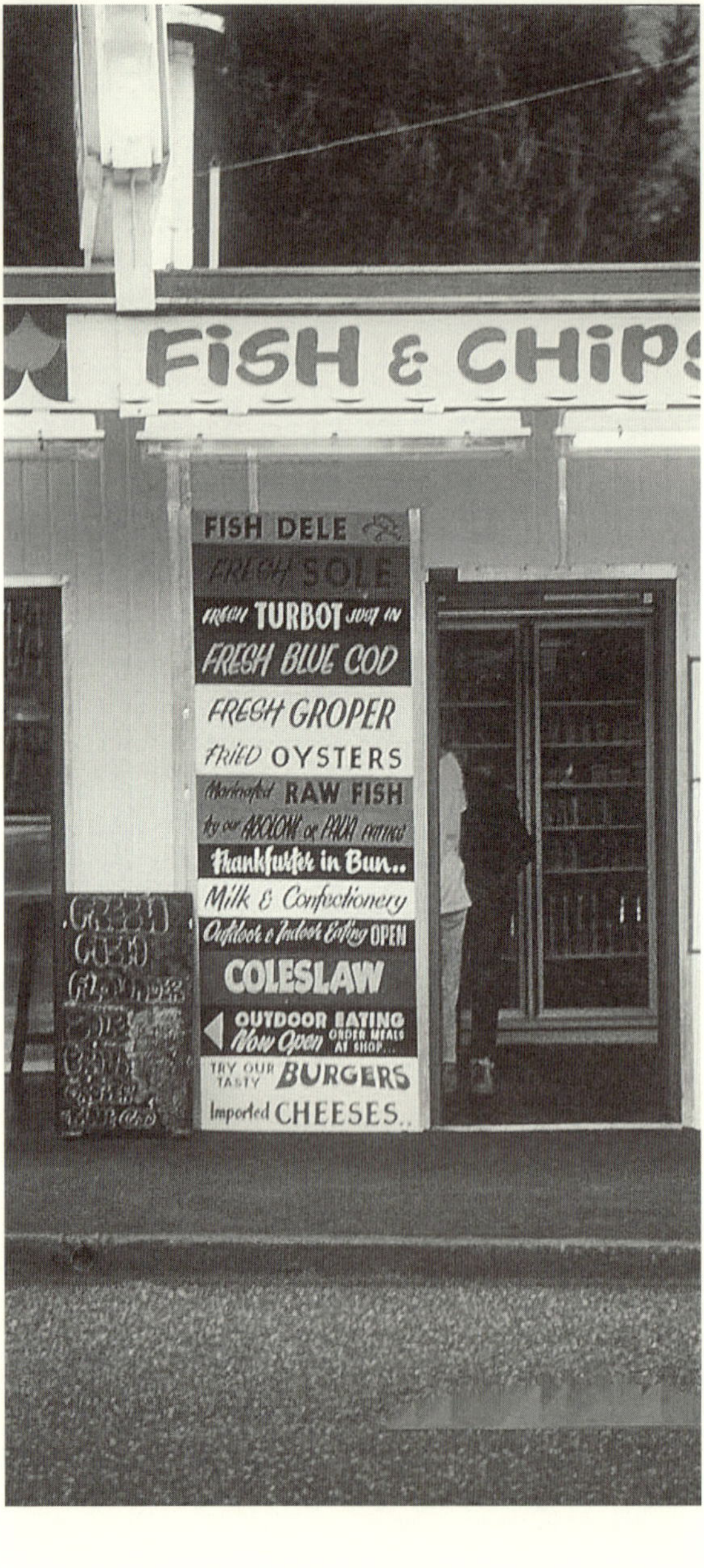

導師「小川ちゃん」

比喩、つまりもののたとえ方に「直喩」と「隠喩」というのがある。

直喩というやつは、「○○のような××」というふうに、なにか別の事物との類似性をはっきりと表現すること、とされる。これを毛鉤の名称になぞらえるとすれば、イミテーション・フライのネーミングなどまさにそれだろう。まあ、多くの毛鉤が、直喩的に名づけられているとは思うのだが、特にイミテーション志向が強い毛鉤ほど、厳密に名づけられる傾向があるんじゃないだろうか。「ヒゲナガ・アダルト」とはつまり「ヒゲナガの成虫のような毛鉤」ということであるし、「モンカゲロウ・フローティングニンフ」とは「モンカゲロウの幼虫が水面に達して羽化しようとしているような毛鉤」ということだろう。つまり、この毛鉤は、どんな虫の、どのような状態を模したものですよと、名前にうたってあるのだ。記号的、といってもいいかもしれない。

このように用途指定のネーミングをされ、それがその筋の大家の作だったりすると、指示通りの使い方をしている限りにおいて安心感を覚えることがある（ただし、そうしていればいつもよく釣れるとは限らない）。しかし一方で、人間にはプライドがあり、他人様に枠をはめられるのをひどく嫌う人もいる。ぼくなどはこの手のあまのじゃく傾向が強く、最近よく見かけるアタマに名前やイニシャルを付けたパターンには、まずは拒否反応を示してしまう。「ちぇっ、アンタの世話にゃならねえよ」となってしまうのだ。

これに対して、隠喩の方はもうちょっとひねってあるというか、ある事物をそのまま言い表さずに、直接関係のない事物に置き換えることで暗示的に表すことである。毛鉤に関していえば、こっちの隠喩的な名前の方は現在では少数派と言っていいだろう。全体の印象だとか、作者の思い入れなど、あるイメージを名前に託すことが多いようで、ウエットフライ、サーモンフライ、ストリーマー系のフライには割合多く見られる。「グレイゴースト」「サンダー・アンド・ライトニング」「プロフェッサー」など、たしかにこっちの方が詩的というか、ちょっとカッコイイなと思えたり、ネーミングの妙を感じることがある。ところが、いくら作者がカッコイイと思う名前であっても、送り手と受け手のセンスが共鳴しなければ伝わらない。早い話、好みの問題だから、カッコイイかどうかは人それぞれだろうし、第一、気に入った名前が付いていることと、よく釣れるかどうかはまったくの別問題だ。

隠喩的なネーミングのいいところをあげるとすると、それはあえて「こういう虫に似せた」などとうたっていないところだと思う。つまり、隠喩的な名前の毛鉤をハッチ・マッチャーとして使うときには、いったいこれはどんな虫のどういう状態に似ているか、ということを自分の頭で考えなくてはならないのである。

真正面から高圧的に、いかに自説が正しいかということを論理的にこんこんと説かれたら、それがどれほど正しかろうとつい反発したくなるのが人情だ。これに対して、自分の頭を使って考えたなら、いかに周囲からとやかくいわれようとも、導いた仮説や推論を実際に検証しないではいられないものだ。つまり、イミテーション・フライの直喩的な名前には、こちらに使い方を強制してくるような堅苦しさがある。一方の隠喩的な名前はそのへんが曖昧だから、使い手の「このフライは○○に似ているんじゃないか」という解釈を受け入れてくれそうなところがあるのだ。

例えば、「カジュアルドレス」という毛鉤がある。〝ポリー〟ロズボロウの作で、ロング・シャンクのフックに、マスクラット・ファーをラフに撚りつけ、テイル、ボディ、カラーの三つのセグメントを形作り、ヘッドに黒のオーストリッチ・ハールをあしらう。ちょっと独特のプロポーションをしている。しかし、ひと目見てそれとわかるパターンであっても、細部まで特定の虫に似せられていないそれは、どの虫にもソックリではないかわりに、見ようによっては、複数の虫に似ているのである。もっと正確に言えば、虫だけではない。ロズボロウは、サイズによって、マス（だけでなくパンフィッシュやバスも）が餌にする生物全般に似るかもしれないという。元々4番や6番の大きなフックに巻いていたらしく、著書の中では溺れた子ネズミに見える可能性にも言及している。

直喩的か隠喩的か…。どちらにせよ人間側が一方的に付けた名前である。だから、人間同志に通じるものはあるかもしれないが、それがそのまま魚に通じるかどうかは、毛鉤が巻かれた時点ではまったく未知数といっていいだろう。いつどう使えば、マスが「サンダー・アンド・ライトニング」にビリビリ痺れちゃうのか。「モンカゲロウ・フローティングニンフ」が水面に張りついたゴミから、いつ生きた最終段階の幼虫に変化するのか。もしはじめから魚の目を持つ天才（教えを乞えるなら「導師」と呼んでもいい）がいるとすれば、他人様が付けた名前など意に介さないにちがいない。

ここからがやっと本題なのだが、最近ついにそういう人物に出会うことができた。マラマッドの短編に、近くにいる風采の上がらないオジサンが実は天使だったというのがあったが、ほんとうに人は見掛けによらない。

いままでに何度か出会った場面で、たしかに彼のフライ選択は既成観念に縛られず、自由で、なおかつここが一番肝心なところなのだが、魚の目で判断しているように見えた。そのことに、ぼくはひどく感動したのだった。彼の名は小川博彦という。通称「小川ちゃん」。すこし前に「フライフィッシャー」誌で一緒に連載記事を書いていたので、心当たりのある方もいるだろう。職業はカメラマン。しかしただのカメラマンではない。その前に、ヒヤヒヤとかギリギリとかスレスレなどという形容詞を付けた方が正確だと、ぼくは思う。

小川ちゃんに初めて感動させられたのは、ヒゲナガへのライズを狙おうと待ち構えている早春の夕暮れ。彼が小さなボックスからつまみ出したのが10番くらいのウーリーワームだったときだ。はじめ「ヒゲナガ（の毛鉤）持ってないから、ウーリーワームでいいや」と言ったのを聞いたときには、ほんとうに冗談だと思った。しかし小川ちゃんはなんのためらいも、すこしのてらいもなく、まるで口に運んだごはんを咀嚼するようにそれをティペットに結んだのだった。テールに赤いウールをあしらった緑のウーリーワームは、これは5回は使ったな、というくたびれ方をしていた。

それを見て、哀れみを禁じ得なかったぼくは「アダルト、使うんだったら1本あげようか？」と申し出た。彼は「うん…これでいい…」と、まるでおとぼけタレントのように断った。ぼくは、このときまだ疑いを捨て切れず「ま、なにかの間違いってこともあるし、個人の自由は尊重されるべきだ…だけど、俺はしっかり釣るぞ」と、心の中でつぶやいていた。

5分もするとライズがはじまった。すぐにぼくの疑いも消え去った。ちゃんと釣れたのだ。ライズに向かって、小川ちゃんがウエイトを巻き込んでいないウーリーワームを流しこんでいくと、水飛沫が上がり、同時に竿がしなったのである。冬を越した幅広の、見事な尺ヤマメだった。ライズの起こった時間が短かったので、このときはお互い尺ヤマメ一匹ずつに終わったのだが、ウーリーワームで釣れたのがなにかの間違いかどうかは、その一部始終を見ていればわかった。「小川ちゃん」は「導師」へと変身したのだ。このとき、くたびれた緑のウーリーワームは、ヤマメにとってヒゲナガ・ピューパだったのである。

毛鉤の外観が、図鑑的な虫の写真にどれだけ似ているか。外観上の細部にまでこだわりすぎても意味がない、という、これが好例だろう。むしろ直喩的なネーミングに柔軟な思考をさまたげられればマイナスというほかない。

魚がほんのわずかな違いを見分ける例にはちょくちょく出会うので、毛鉤を巻くときに細部にこだわる必要がないとは言えない。ただこの場合、毛鉤の細部まで写実的に似せることと、毛鉤の細部にまでこだわったデザインというのはまったく別のことであると言っておかねばならない。空気中で我々人間が見る外観上の細部と、水面や水中で魚が本物と判断するときの決め手にしている細部とでは、本質的に違うことが多いんじゃないだろうか。人間の目と魚の目とのギャップ、それを埋めようとする一種の翻訳作業が、毛鉤をデザインするときには欠かせないと思う。

その後しばらく小川ちゃんが導師に変身することはなかった。なぜなら、小川ちゃんはヒヤヒヤとかギリギリとかスレスレなどという形容詞を付けた方が正確なような気がするカメラマンだったから、虫を採集するためや撮影のために川辺に立つのはいいけど、釣りをすると肩身の狭い思いをするようになってしまったからだった。

6月に入ってしばらくしてから、夕方ぼくが川へ行くときに小川ちゃんもついてきて「…今日は釣りをする」と言った。並んで竿を振るのはほんとうに久しぶりのことだった。

そのときにはやや大きめのミドリカワゲラモドキの遡上飛行が観察できた。みんな卵を抱えたメスで、イブニングライズ時の流下が予想された。

しばらくするとかなりやる気のありそうなライズがいくつか確認されるようになり、ぼくは迷わずストーンフライ・アダルトをティペットに結んだ。「あるの？」と小川ちゃんに確認すると、案の定「ない。けど、どうにかする」という答えが返ってきた。同じパターンを複数持っていたので一応勧めてみたが、やはり返事は「うん…これでいい…」だった。彼が何を結んだのか知りたくてたまらない衝動が来た。導師は、12番のインチワームを選択されていたのだった。ぼくがライズするヤマメを1匹、手を焼きながらもものにするまでに、導師は立て続けに、2匹のイワナにこのインチワームをくわえさせたのだった。

たしかにサイズはぴったりだ。黄緑色のボディも、本物の黄色に近いといえばいえる。夕暮れ時に魚が嫌うほどの差ではないのだろう。ボディハックルも、こういう結果を出されたあとでは、水面に干渉する開き気味のウイングやレッグを表現しているように見えてくるから不思議である。

これ以後も導師の活躍は続いている。

梅雨もそろそろ終わろうかというころの夕暮れ、対岸すれすれを流れるフタスジモンカゲロウのダンを捕食するライズを見つけた導師は、すかさず大きなエルクヘアカディスを取り出したのだ。そのパターンを考えた人が、わざわざ「これはエルクヘアを使ってカディスに似せた毛鉤ですよ」と名前で表現しているのに、この場合、そんなことはまったく気にも止めていないということだろう。しかし、ライズの主は答えを出した。本物のフタスジ・ダンの次にくわえたのが、導師の投じたエルクヘアカディスだったのである。

『『インチワーム』という名のカワゲラ」や『『エルクヘアカディス』という名のフタスジモンカゲロウ」。既成のパターンをこういう風に使える人はスゴイ。人様のつけた名前なんか気にも止めず、振り回されることもない。その毛鉤の本質だけを見抜き、誰にも邪魔されない自由な発想で毛鉤を使う。そういう超然としたところを必要とするはずだ。こういう人はきっと、なにかを乗り越えて悟ってしまったのか、あるいは、几帳面さなどほど遠い、すごくズボラな人間か、そのどちらかにちがいないのである。

だいたいこういうものなんだろう、と固めてしまったものの見方をがらがらと壊されてしまう。こういう感動は強烈だ。それがフライフィッシングという、人生の楽しみの半分を占めようかという「生きがい」についてならなおさらである。まさに宗教的な開眼に近い感覚だと思う。あるとき忽然と目の前に自分を導いてくれる人が現われ、実はすぐそばに隠されていた新世界を見せてくれる。いつのまにか灰色になりかけていた行く道が、突然極彩色に変わる。つまらなくなりかけていた人生が、俄然面白そうな気がしてくる。

フライフィッシャーが持ち歩く毛鉤の数というのは、いわば煩悩のようなものだ。我々には毛鉤を持たない不安というのが常につきまとう。各部の色の違いからはじまって、サイズの大小、どうやって浮くのか、どうやって沈むのか、こういった組み合わせを考えて隙間を潰していくと、いくら毛鉤をボックスに詰め込んでもきりがない。生涯かけて出会えるかどうかの魚を目の当たりにしたときに、肝心要の、選ばれるべき毛鉤を持っていなかったら、という不安を煩悩といわずしてなんというべきか？

　そこをさらっとやる。ベテランならば、このあたりを多少は振り払うことができているはずだが、なかなか身軽になるところまではいけないものだ。

　ウーリーワームをヒゲナガピューパにしたとき、小川ちゃんはフライボックスをひとつしか持っていなかった。しかも小さかった。そのシンプルなこと。身軽さ、執着のなさ。なにもかもが飄々としていて、俗人の何倍もの濃密な経験、あるいは修行を積んだあとにようやく辿り着いた諦観に支えられているかのようだった。

　カッコイイじゃないですか。フライボックスを七つも八つも詰め込んだベストを着て、キイキイ歯ぎしりしながらスレ鱒のライズを狙っている人たちが居並ぶ忍野の岸辺に、アロハシャツ一枚にサンダルという姿（真夏の話です）で現われる。胸のポケットには、間仕切りが六つしかない小さなフライボックスがひとつ。それも振ったが最後、カタカタ音がするんですぜ。おもむろに毛鉤を一本摘まんでティペットに結ぶ。フロータントをつけるなんてとんでもない。唾をつけるんですよ、唾を。で、炎天下の沈黙を破って、一投めでスレ鱒を掛けたりする（こともあった）。このカッコよさ。わかるかなぁ？　わかんないやつは、きっとカタログ釣り雑誌しか読んでないんだろうなぁ。あの頃、ぼくには膨れ上がったベストを着ている人が、まるで執着心の固まりを着ているように見えたものです。

「あんた、細かいこと言うんじゃないよ。魚のフライ選択なんて所詮この程度さ。それを難しくしてるのは、人間の方じゃないか？」

　彼が導師に変身したとき、何度もそう言われたような気がした。そして、何度も頭をガーンとやられたようなショックを受けた。こうしてぼくは信心を深め、いままでに何度もこのまま小川ちゃんについていこうか、と考えた。

しかしそのたびに、いつもひとつの疑問が湧いてくるのだった。それは、小川ちゃんは主体的に煩悩を切り捨てていったのだろうか、ということだ。仮に魚の目を持っていたとしても、毛鉤を切り捨てていくときに不安はなかったのか。魚の目を持っているならなおさら、必殺フライを数揃えたくなるのではないか。ほんとうのところ、別に小川ちゃんは自由だったわけでも、魚の目を持っていたわけでもなく、選択肢があまりに少なかったために、ほかに選びようがなかっただけなんじゃないのか？人間、出会った人の人となりを正しく理解するには時間がかかるものだ。そしてたしかに小川ちゃんはズボラであった。

こうしてみると、どんな新興宗教も、はたまた大宗教であっても、その始祖とか教祖様といわれる人がほんとうに大した人物だったのだろうか、という疑問が、私の中で急に湧き上がってくる。ほんとうはアーパーだった教祖様がたまたまつぶやいた戯れ言を、センス抜群の弟子がものすごくイマジネーションを膨らませて、ありがたい教えとして感じ取り、わかりやすく噛み砕いて広めたのかもしれないではないか。こうしてみると、民の心を開き、大衆を救うことができるかどうかのカギは、教祖様よりも、取り巻きの弟子たちにあるかもしれないではないか。つまりだ、教祖様は小川ちゃんかもしれないが、その優秀な一番弟子はこのオイラなんじゃないか？

教祖様とのあいだにある絶対的に越えられない壁。それは、持ち歩く毛鉤の数を20本以下にしても平気かどうか、それで釣りを楽しめるか、というあたりだと思う。

初出：自作ホームページに掲載２００１・２・４

インスタントラーメンを食いに出かけた

我が家ではあまりインスタントラーメンというものを食べない。うちの奥さんは、インスタントラーメンというものをいわゆるジャンクフードだと思っているらしく、買い置きさえしていない。実は、食事として評価していない点は私も同じで、朝昼晩三食のどこかでインスタントラーメンが出ようものなら、すかさず、

「こんな物を食わせるのかよぉ」

とクレームをつけるにちがいない。おそらくそれがわかっているのだろう。うちの奥さんは体調の悪いときにさえ、彼女のプライドをかけて、インスタントラーメンを供しようという気配さえ見せない。

誤解のないように断っておけば、私は別に、インスタントラーメンを忌み嫌っているとか、一切拒絶しているとか、そういうことではない。一日三度の食事のどこかに出されるのは勘弁してほしいが、間食としてなら別にかまわない。いやむしろ好物だと思う。

私のイメージにあるインスタントラーメンは、なにを差し置いてもまず夜食である。家族が寝静まった頃に台所へ忍び込み、インスタントラーメンを作る。そしてあたりをうかがいながら鍋のまま食す。健康診断で肥満を注意される身として、これはけして誉められたことではない、と思いつつも、かえってこの後ろめたさが背中を押すような、旨味を増すような役目を果たしている気がするから不思議だ。買い置きがないのをいいことに踏みとどまってはいるが、この歳になっても、年

に一度か二度無性に食べたくなり、わざわざコンビニまで買いにいくことがある。

我が家の子供たちにとっても、インスタントラーメンはちょっと特別なメニューであるらしい。先日キャンプに行ったときも、手抜きしてカップラーメンを食べようかというと、小躍りして喜んだ。考えてみれば、テレビで日々流されるコマーシャルを見ているから、いくら家で食べないといっても、その存在を知らないはずはない。いや知らないどころか、コマーシャルに乗せられて興味津々なのかもしれない。例えばこれが週一くらいのペースで食べてでもいれば「ああ、あれか…」程度に受け流すのだろうが、なまじ滅多に口にしないだけに興味を膨らませてしまうのだろう。さんざん買ってほしいとねだられたオモチャを買い与えてみると、三日もしないで飽きてしまうといった程度の好奇心にちがいないが、ここはひとつ子供を利用してみようという気になった。

インスタントラーメンを昼間に、正々堂々と、しかも美味く食べるにはどうすればいいのか。これは、ここしばらく私が考えてきたテーマのひとつだったのだ。口には出さぬともふだんから「インスタントラーメンを正式な食事とは認めない」という素振りを示している私としては、休日の昼に、今日はみんな揃ってインスタントラーメンを食べよう、などと提案することはできない。これこそ、夫として、父親としての沽券にかかわるというものだ。

いや、そういうくだらないプライドを抜きにしても、「スローフードで行こう」を目標にしている我が家としては、家族揃ってインスタントラーメンというのは、やはりいかにも寂しい気分になりそうな気がする。できれば、家庭が寂しい気分になるのは避けたい。

インスタントラーメンに、地味だとか寂しいというイメージを持つのは、私のこだわりにもよるのだと思う。私にいわせれば、インスタントラーメンにチャーシューやメンマ、ナルト、玉子など

という、いわゆるトッピング類を乗せるなんてことは邪道なのである。インスタントラーメンは「ラーメン」ではなく、「インスタントラーメン」という別種の食い物なのだ。どんなに着飾ろうとも、中身が変わるわけじゃない。
　いやもしかすると私は、もっと積極的に、インスタントラーメンに貧乏臭さを求めているのかもしれない。食べているときに、ふと感じられる侘しさがほしい。食べ終わった後に、どこからか胸に忍び込んでくる微かな寂しさがいい。ひょっとすると、これが「侘び」「寂び」というものか…。
　それに気づいたとき「ああ、山へ行きたいな」と私は思った。山の飯には侘び寂びがあるじゃないか。最小限に切り詰めた食材と装備の潔さ。それをゆっくりと味わう喜び。これだけで十分に事足りるのだというちんまりとした充足感。贅沢を追い求めていっても幸福には辿り着かないという悟り。
「山へ行こう」

といえば、運動大好きの次男は二つ返事でついてくるだろうが、私に似て肥満気味の長男は同行を渋るかもしれない。しかしそこで、

「山に行ったらインスタントラーメンを食うぞ」

といえば、食べることに最大の興味がある長男もついてくるだろう。いい運動になる。腹も減るはずだ。空腹は最高の調味料である。それに汗をかいて水分補給をすれば体内の塩分が不足する。これ以上にショッパイものを美味いと感じるコンディションはない。それを晩秋の山の清冽な空気といっしょに食する。現在私が考えるに、昼間に正々堂々とインスタントラーメンを、それもできるだけ旨く味わうのにこれ以上のシチュエーションがあるとは思えなかった。

十一月の某日の朝、山へ向かった。目指したのは東京近郊の定番ハイキング・コース高尾山〜陣馬山縦走路。人気のあるコースだけに人が多いのが欠点だが、子供連れでエスケープ・ルートのことなど考えると、ほかに選択肢はなかった。うちの奥さんは運動が苦手であり、あいかわらずインスタントラーメンにも興味は薄く「遠慮する」ということだったが、陣馬山から下った和田峠まで「クルマで迎えに行ってあげる」という。サポート役を買って出てくれ、子連れハイキングをするこちらとしては精神的にずいぶん楽になった。クタクタになったグズグズいう子供を連れ、バスと電車を乗り継いで家まで帰ってくるのは、相当に難儀だと思っていたからである。

折りしもあたりは紅葉の盛りだった。年端の行かぬガキ二人と風采の上がらぬ中年親父の三人組というのは、行き交うハイカーの中にも見かけない。たいていは子供と両親がそろっている。なんだかまるで自分たちが、病弱な妻に先立たれた父子のような気がしてくる。秋晴れの空の下、緩やかにうねる尾根を歩きながら、思わず渥美清の「チンガラホケキョーの歌」を口笛で吹いてみる。

実は私は、こういう寂しがりごっこも大好きだ。もちろん、ほんとうにそうなったときの苦労などまったく省みてはいない。

高みに雲が見られるだけのすばらしい晴天で、晩秋にしては暖かい日和だった。標高は低いといっても山の上である。休憩時に汗が冷えるといやだなと思ったが、休むたびにいちいち上着を羽織る必要もなかった。そのかわりによく汗が出た。長い登りにあえいだときなど、ずいぶん汗をかいた。なにしろ私は、日帰りの割にはけっこう背負い込んでいたのである。

コンビニのおにぎりで済まそうと思えば済むところを、インスタントラーメンを作るために、水とストーブを背負わなければならなかった。水は料理用に余裕を見て二リットル、三人分の飲料として、ほかに飲み物を三リットル。ストーブは適当なのがなかったので、コールマンのスポーツスターを持参したが、せめてピークワンか、できればもっと軽いガスボンベ式を手に入れておけばよかった。しかし、子供の前でそんな泣き言をいうのはカッコ悪い。「このくらい重いの背負わなきゃ、山に行った気がしねぇよ」くらいの素振りで、ぐいぐい歩いた。実は私は、こんなふうに大袈裟に振る舞うのも大好きだったことを思い出した。若いころ、おまえは南極の越冬隊長かよ、とでも突っ込まれそうな格好で冬の街を歩いていたことを思い出した。

さんざん歩いて見せびらかす根性も残り少なくなったころ、日当たりのいい、ということは見晴らしもいい場所にザックを降ろし、いよいよ昼飯を作ることにした。

ほかのハイカーを観察するに、ほとんどがベンチに腰を下ろして持参した弁当を食べたり、山頂や峠の売店で買ったものを口にしている。だから山道の脇にストーブを据えて大きなコッフェルを乗せ、湯を沸かそうとしている様子は目立つ。ましてやその脇で、

「早く沸け！　腹減った！」

と二人の子どもが囃しながら体を揺すっていたりすると異様に目立つ。しかしこういうとき、私はいつも他人の迷惑にならない限り放っておく。すると、休日の人気ハイキングコースのけっこうな往来のハイカー達が、みなジロジロとこちらを見ながら通り過ぎる。すこし驚いたような顔、微笑みを浮かべた顔。

「ねぇママ、あの人たちなんか作ってるよ！　ねえ、ねえってば！」

などと母親の服を引っ張りながら通り過ぎる子供もいる。

しかし私は、いままでにさんざん「コイツなにやってんだ」という目で見られる経験を積み上げてきたので、恥ずかしいだとかそういったことは感じなくってしまっているのである。というか、ふつうの人と恥ずかしいと感じるポイントがずれてしまっているようなのだ。父親のこういう態度が子供にどう影響するかは未知数だ。こう見えても私は恥ずかしがり屋の子供時代を過ごしたが、その後恥ずかしい体験を積んだ部分では不感症の鉄仮面を手に入れた。我が子達はそんな父親を見て育ち、逆に成長しながら恥ずかしさを覚えていくことになるのだろうか。

などと考えているうちに、麺がほぐれだした。ここですかさず、持参した切り餅を投入する。山で作るインスタントラーメンの侘び寂び度を増すには、なんといっても餅である。例えばチャーシューなんてものは豊かさを誇張してしまう贅沢アイテムだが、餅は違う。餅には、とにかく腹をすこしでも膨らませるにはどうすればいいか考え抜いてたどり着いたような貧乏臭さがある。実はこれ、学生時代に所属していた釣りクラブの、その中でももっとも貧乏臭かった渓流釣り愛好グループ「渓流班」が好んで取り入れていたメニュー「カラーメン」というものなのである。筋金入りの貧乏臭いメニューなのだが、餅を入れるタイミングだけはけっこうむずかしい。早く入れると餅がふやけて麺と絡み合うし、スープにもとろみがついてしまう。遅きに失すれば餅は固いままだが、どちらかといえばまだ遅い方が救われる。火を止めるのを遅らせればいい。しかしそこは昔とった杵柄。バッチリのタイミングは逃さない。

沈んだ餅の上で、麺がいい頃合いになってきた。粉末スープを入れてかき混ぜる。割り箸で持ち上げるとたくさんの湯気と味噌のいい香りが立った。チャルメラにするか塩ラーメンにするか迷ったが、サッポロ一番の味噌ラーメンにしておいてよかったな、とこのとき思った。

持参した椀に取り分けると、椀を手にするが早いか麺を啜り上げた子供たちはすぐに、「うまい!」といって笑顔を見せた。

私もすこし出遅れて麺を啜ると、まずは絡み合ったすこし濃い目に出来上がったスープの味を舌に感じた。平均的なスープなら物足りなさを感じただろうが、ふだんなら塩辛いくらいの濃度に仕上げていたのでよかった。やはり運動の後には、このくらいは味にインパクトが必要だ。もさもさと噛んでいくと、麺にはいつもより甘みが感じられた。水分不足気味の体には、腰のない麺のやわらかいのど越しもいい。すぐに胃が温まった。それはやはりラーメンなんかじゃなくて、どうしたってインスタントラーメンだった。

初出:自作ホームページに掲載2003・12・5

JP

連載エッセイ

フラ馬鹿オヤジの子育て日記

その一、父親になるということ

この数カ月に、音信不通だった旧友と続けざまに会う機会があった。私の働いている店を訪ねて来てくれたり、あるいは電話がかかってきたりというのがキッカケだったが、いずれにしても先方から誘ってくれたということが共通していた。

二十年ぶり、三十年ぶりという旧友たちに会ってみてわかったことがある。それは、人生にはどうも昔の友人に無性に会いたくなる頃合いというものがあるらしいということだ。そして、どうやら私たちのジェネレーションがそういう頃合いに達しつつあるらしかった。青年期からガムシャラに突き進んできた道を振り返ってみたくなるという、どうもそういう年代のようなのである。

驚いたのは、誰もがみな、昔が懐かしくてしかたがない、と言ったことだ。そのたびに私は思わず、おいおい、と言っていた。俺たちはもうそういう歳なのか、と。そんな後ろ向きの姿勢でこの先どうする、と思ったが、後ろ向きになるなんて、人それぞれの事情があるのかもしれないと考えると、同い年で説教めいたことを言うのもはばかられた。

唐突だが私はかつてものすごく寂しい高校時代を送った。いい歳こいた親父になったから告白もできるが、高校時代と対照的にすごく楽しかった中学時代をいつも振り返り、懐かしみながら、釣りだけを唯一の楽しみにしていたそれはそれは暗〜い青春の三年間であった。そのとき、まったく後ろ向きの時間をすごしてしまった反省から、以来私はずっと前を向いて生きていこうと誓い、実践してきたのである。だから、旧友たちがしきりに昔を懐かしがるのを見たとき、ははあ、やはりな、ここはそれ、自分の実践してきた前向き人生の効用が四十五歳という年齢に達したいまになっ

てじわじわと現われてきたに違いない、といったんは確信した。ところが、どうもそういうことではないらしい。

よくよく話を聞いてみると、昨今の大不況のあおりもさることながら、子育てが一段落したということも、その大きな理由のひとつであるようだった。子どもというのは、子育ての最中こそ煩わしさも感じられるが、いざ離れていってみると、その空虚感は思いのほか大きい、という話は、私よりも先に親となられた先輩諸兄によく聞かされてきたことだった。なるほど、それならわからないこともない。私の子どもは二人ともまだ小学生である。つまり、現在前向きでいられるかどうかは、子どもを持つのが早かったか遅かったか、ただそれだけの違いなのかもしれなかった。

なつかしいとかそういうことではなく、自分の前向き人生を点検する意味で、私もこれまでに何度か来た道を振り返ってみたことはあるのだが、そのたびに自分はつくづく釣りしかやってこなかったんだなぁと思い知っただけだった。青春期以降あまりに一途だったために、実は自分はまだ世間知らずなのではなかろうか、とか、ひょっとしてなにか、大人として当然身につけておくべき大切なものを見落としてきてはいないだろうか、などといまでもすこし不安を覚えるほどである。

この一直線の釣り馬鹿にブレーキが掛かりはじめたのは、いま考えると、子どもを持ったからだというのがよくわかる。私に最初の子どもが生まれたのは三十五歳のときだった。父親なんて勝手なもので、子作りの協同作業に励み、十カ月間ずっと妻のお腹が大きくなるのを眺めたうえに、陣痛の苦しみも出産現場も目の当たりにしてきたというのに取り上げられた赤ん坊を見せられて、「おめでとうございます。元気な男の子ですよ」と看護師さんに言われても、自分の子どもがこの世に出てきたという実感にはまったく乏しかった。正直に言ってしまえば、自分の子どもであろうと他人の子どもであろうと、生まれたてのしわくちゃの赤ちゃんに、私はかわいらしさというものをあまり感じられない。新生児室に並んだベッドをガラス越しに眺めて、女性が「かわいい」といって微笑むときの感情を百分の一に薄めた程度のかわいさしか、おそらく私は感じていないと思う。

だから、初めての我が子を目の前にしても、これからこの赤ん坊のためになにをすればいいんだろう、という戸惑いのほうがよほど大きかった。触れることもできない自分がただ不甲斐ないと感じるだけだった。生まれてからしばらくは、入浴やオムツ代え、ミルク作りといった仕事を申し訳程度に分担したが、私が渋々そういったことをこなしていたのは、父親としての責任感や義務感でしかなかった。

しかし、子どもの成長は早い。半年もしないうちに簡単なコミュニケーションができるようになる。向こうもなんとはなしに、こちらを父親として認識しているようだ。しかも、生命や将来を百パーセント全面的に預けられた形だから、これは守ってやらなければという気持ちが湧いてくる。日に日に父親としての実感が強まるのである。

けれどもそれじゃあ、なにもかもうっちゃって子ども中心に生きていくのかといえば、そんなことはない。釣り馬鹿一筋で来た人間が、そう簡単に路線変更とはいかないのだった。なんといっても、私はそのころ人生で最初の本を書いていたのである。もちろん釣りの本だが、ウィークデーの空き時間は、ヨチヨチ歩きの子どもを相手にしながらワープロに向かっていたのを思い出す。夜、妻と子どもが早くベッドに入るので、それから深夜までが、自分の自由になる貴重な時間だった。週末が近づくとせっせとタイイングや釣りの仕度。それから週末は肝心の釣りと、まったく、いま考えてもいつ仕事をしていたのか不思議に思う。

そんな忙しい日々を過ごしながらも、子どもとできるだけ長く接していたいという気持ちは日毎に増した。ただ、親馬鹿と釣り馬鹿のバランスを取るのはなかなかに困難だった。欲張りだから、どちらも完璧を目指そうとしてしまうのである。次男が生まれたのがちょうど、忍野通いにどっぷりとはまっていたころだった。妻が次男に掛かりっきりになるので、長男の面倒はどうしてもこちらに回ってくる。仕事と釣りのとき以外はよく連れ歩いていた。以前は、子どもを連れたお父さんを見かけると、休日に子どもを押し付けられて貴重な時間を無駄にしている尻に敷かれたかわいそうなお父さん、というイメージを持ったものであるが、いざ、そういう役目が自分に回ってきてみると、まんざらでもなかった。いやむしろ、子どもとともに過ごすことで精神的にリラックスする時間が持てた。おかげで仕事や趣味への情熱をいつもリフレッシュすることができていたのだと思う。いつかこいつを連れて釣りに行きたいと思った最初のころだ。

次男は、悪いことに生後九カ月で小児喘息の発作を起こし、以後入退院を繰り返した。しかし釣り馬鹿親父は、シーズン中はデータを取るために三年間は毎週欠かさず忍野に通う、という誓いを立てていた。入院した国立小児病院が完全看護で、面会は午後三時からしか許されないのをいいことに、面会時間までには戻ってくるといって早朝から忍野に出かけ、妻に呆れられた。

これが「忍野ノート」としてフライフィッシャー誌に連載され、「サイトフィッシングの戦術」としてまとめられた。が、欲張りな私はそれ以前からすでに、活字では伝えられない部分を伝えるため、という口実をつけて忍野をテーマにビデオ撮影をはじめていた。

長男が幼稚園の年長組のとき、たしか夏休みになる直前の七月に忍野に連れていった。このときは特別な事情ではなく、ただ私が連れていきたくて連れていったのだった。昼間は山中湖でボートに乗ったり、釣りをしたりして遊んだのだが、夕暮れの一時だけはどうしても撮影をしたかった。まだ撮れていなかったケニスの流下とライズシーンが撮れる可能性が高かったからである。

ここで、長男を撮影現場に連れて行くかどうか迷ったのだが、結局子どもの声が入っては困ると思い、クルマの中で待たせることにした。室内灯を点け、大好きな漫画雑誌「コロコロ・コミック」を持たせた。これで三十分は持つだろうと高をくくっていた。

その日、幸運にもケニスの大量流下が起こり、マスたちの頻繁なライズシーンを撮影することができたのだが、撮影に夢中になっていたせいで、気がついたときには小一時間が経過していた。急いでクルマへ取って返したのだが、近づいていくと自分のクルマの後部ドアが少し開いており、そこからカップルのフライフィッシャーが心配そうに中をうかがっている。

長男はそこで泣きじゃくっていた。車内に一人残され、待てども父親の戻る気配はなく、あたりが暗くなってきて心細いとなれば当然の結末。責任はそういう事態を招いてしまった自分にある。見守ってくれていたカップルには、ただ頭を下げて詫びることしかできなかった。そのころ続けざまに、炎天下のパチンコ屋の駐車場に停めたクルマの中に子どもを残したまま、親が長時間パチンコに興じてしまい、その結果脱水症状で子どもが死亡する、という事件が報道されていた。自分もその親と本質的に何ら変わりはないと気づいたとき、愕然とした。まぬけなことに、ようやく自分の身勝手さを思い知ったのだ。

これ以降、私ははっきりと区別をするようになった。これからすることは自分のためなのか、子どものためなのか、自問自答することにした。そして、自分のために出かけるときには、けして子どもは連れて行かないことにした。

そうしてみて、親が楽しいときは必ずしも子どもが楽しいとは限らないが、子どもが楽しいときはだいたい親も楽しい、ということがわかった。最近になって、年毎に私の釣行回数は減ってきている。その分子どもを連れてどこかへ出かけることが増えた。

それは、釣りに行くのと同じくらい、子どもと遊ぶのが楽しいからである。結局のところ「釣り馬鹿」である自分を矯正したのは同じ自分の内なる「親馬鹿」だった。子どもが手を離れて再び完全な「釣り馬鹿」に戻るまで、しばらく「親馬鹿」も同居させるつもりである。

AMENITY

その二、子どもと遊ぶのはフライフィッシングと同じくらい楽しい

子どもと接するときに、こちらが感じるおもしろさだとか楽しさというものは、子どもの年齢によってかなり違う。ただ「かわいい」というだけならば、世間一般にいわれるように三歳くらいまでがいちばんだろうと思う。

けれども、そのころまでの子どもとの関わり方というのは、こちらが一方的にお世話するというカタチだから、母親だからこそという場面はあっても、父親はアシストに回ることが多くなり、ちょっと影が薄い。子どもの世話なんてまっぴら御免、できるだけ自分の時間を確保し、思いどおりに使いたいという父親であれば、これはむしろ好都合なのかもしれない。

しかし、子どもと積極的に関わりたいと思っている父親はそうはいかない。私などは、自分も親である以上母親と同程度には存在感を持たせたいと思っていたので、なんだか割にあわねえなぁ、とか、どうも釈然としないなぁ、などと感じることが多い時期だった。

実は、父親の出番が増えるのはそれからだった。子育てに関して、父親の存在意義が大きくなってくるのは、子どもにある程度の運動能力が備わるころからだと思う。それは、早くとも三歳くらいからではないだろうか。

実際に子どもと遊ぶ楽しさも、私の場合はそのころを境に急に変質していった。愛玩対象に近い存在から、まだまだだけど一応認めてあげられないこともない半人前の遊び相手、という存在に変わっていくと、遊び甲斐も増したような気がした。それにはもちろん、こちらも相手の年齢に近づくべく、精神年齢を下げてあげる必要があった。おそらく、こういうことを苦痛に感じる人もいる

だろう。成人男性の、それもいい歳をしたオジサンが子どもっぽい振舞いをしているところなど、他人に見られて格好のいいものではない。しかし私は、気がついたときにはもう子どもと一緒になって遊んでいる、そういうタイプのようだった。

長男が六歳で次男が三歳くらいのころ。三人で、近所の坂を駆け上がる競争をしたときのこと。親としてはもちろん、自分が勝つことなんかよりも、子どもたちがどんなようすで走るのかを見たい。ヨーイドンでスタートしたとき、私は無意識に「バァーッ」と声を出しながら走っていた。しかし、併走しながら見ていると、子どもたちは無言のまま走っている。

（えっ、どうしてだ？）

私の戸惑いなどまったく気づかずに、子どもたちは最後まで走りきった。息を切らしながら、いつも走るときには声を出さないのか、と子どもたちに聞いてみた。二人とも「出さないよ」と言って首を横に振った。

「友達もか？」とさらに聞いてみる。友達も声は出さないという。どうしてだ？　私には、子どものころ仲間たちと一緒に走るときには、みんなが「ガァー」とか「ゴォー」とかいう声を出していたような記憶がある。

（それじゃあ、あれはなんだったのか？）

しばらく考えているうちに、はたと思い当たった。あのころの私や遊び仲間たちが発していた擬音は、鉄人28号や鉄腕アトムのジェット噴射の音だったのだ。走りながら、頭の中ではどこか体の一部に取り付けられた超小型ジェット・エンジンの噴射をイメージしていたのである。そうか、そういえば最近のヒーロー・キャラクターにジェット噴射で空を飛ぶものなどないのであった。

私はどうも、子どもと遊んでいると自然にスイッチが入ってしまうようだ。ただ、精神年齢が下がるといっても、せいぜい小学六年生くらいまでなのだろうと思う。話が遠回りになるが、子どものころ、私が育った家の横の路地では、いつも近所の子どもたちが集まって遊んでいた。学年に関係なく一年生から六年生まで一緒に遊ぶのである。その中ではやはり六年生がガキ大将や副将になり集団を取り仕切るのだ。私も六年生のとき、ガキ大将をやっていた記憶がある。ただ、私が中学に上がったころから、子どもの数が少なくなったことや塾通いをする子が増えたこともあり、路地に集まる子どもの数は急に減ってしまった。一年生から六年生までを仕切るガキ大将として私はきっとその路地で最後のガキ大将になってしまったのだ。

実は、子どもたちと遊んでいると、いつのまにかガキ大将だったころに戻っている自分を発見するのである。それはそれでいいのだが、いつもついつい夢中になって子どもと遊んでしまうので、そこを第三者の大人にじっと見られているのに気づいて、はずかしくなることがある。つまり、このオヤジ、いい歳して子どもと夢中になって遊んでやがるぜ、みたいに見られているような気がするときである。しかし、それで自分を取り繕ったりはしない。いつも開き直ってそのまま遊ぶことにしている。

長男が幼稚園に入り、次男がある程度歩けるようになって、二人を引き連れてはじめたのが、近所の探検であった。まあ、子どもの興味を引くために「タンケン」と称してはいたが、その中身は散歩や買物、公園へ遊びに行くことだった。私は仕事柄、昼休みを小一時間ほど取ることができるのだが、これ幸いにと、季節にかかわらずよく連れ回した。

ママチャリの前後に二人を乗せて、あちこちの公園を目指してよく出かけたものだ。公園に遊具があれば、そこで遊ぶ子どもを穏やかに見ていることができた。しかし、原っぱだとか、林がそのまま残されているところで、宝探しだとか、木登りだとかその場で何か考え出した遊びをするときはそうはいかなかった。端から見れば四十面を下げた中年オヤジだったかもしれないが、その内側にはまだ小学六年生のままの自分がいることを何度も、はっきりと確認した。こうして夢中になって遊んだ後は、気持ちがとても爽やかになった。子どもとの時間が、どれだけストレス解消に役立ったかしれない。

そのうちに長男も成長し、補助輪付きの自転車に乗るようになる。おかげでママチャリをこぐときの負担は減ったが、あまり遠出ができなくなった。幼児のこぐ補助輪付自転車の移動に多くは期待できない。しかたなく近場の公園や、おやつを求めにドーナッツ屋や鯛焼き屋、コンビニなどを目指すようになった。

けれども、幼児を連れているとどうしてもクルマの多い道は避けたくなるものだ。特に交通量が多く、歩道と車道の区別がっていていない道路は危険極まりなかった。おまけに次男の持病の喘息を考えると、排気ガスも願い下げだ。しかたなく近所の路地から路地へとこぎまわるうちに、狭くて独特な雰囲気のある、安心して自転車をこげる路地を見つけた。

はじめは、その路地の成り立ちなど考えもしなかった。とにかく、自転車がようやくすれ違える程度の細い道の両側に家の軒先が迫り、なんともいえない狭苦しい空間を作り出していた。その路地へ五、六歩入って行っただけで、まるでよその家の裏庭に踏み込んでしまったような、ちょっとした罪悪感さえ覚えてしまうような空間がそこにはあった。

ところが、子どもたちは私とは正反対に喜んで、はしゃいでいた。彼らにしてみれば、大人と違ってそれほどの圧迫感がなかったのかもしれないし、その適度な狭さにこそ探検らしさを感じたのかもしれない。路地が一般的な車道に面しているところには必ず車止めの柵があり、歩行者と自転車しか通れないところもよかった。

その路地は、ときにまっすぐに、ときに曲がりながら、ずっと続いていた。はじめは遠慮がちだったのだが、雰囲気に慣れるにしたがって歩きやすさが感じられるようになった。自然と歩みが前に出ていくのが不思議だった。

ある日の昼休みに、その路地がいったいどこまで続いているのかを突き止めたくて心して出かけた。車道と交差するたびに現れる車止めの柵を長男は嫌がった。補助輪つき自転車では通り抜けにくいので、しまいにはそこに自転車を置いていくと言いだした。自転車を脇に寄せてカギをかけてあげると、子どもたちは路地を駆けだした。そういえばこのあたりに、子どもたちが思い切り駆けだせるような道はあまりないな、と思った。しかし、昼休みに子ども連れで歩いたくらいでは、とても終点にまで行きつけなかった。

その帰り道、同じ路地を戻りながら、緩いS字カーブに差しかかったときにはっと気がついた。これは水の流れた跡だと。この緩やかな傾斜とカーブの具合は、まさしく流れが蛇行してできたものだ。いまは塞がれて小道になってしまっているが、ここには小川が流れていたのだ。遅まきながらすこし感動した。自分はつくづく川に縁があるらしい。

長男と次男と私の三人は、この暗渠の上の狭い路地を「タンケンの道」と呼んだ。そして、これから三人でタンケンにいくときには、長男が「タンケン1号」次男が「タンケン2号」そして私が「タンケン3号」になり、お互いにそう呼び合うことを三人で相談して決めた。

帰宅してから妻を「タンケン4号」として隊員に加えてあげたのを皮切りに、その後もこちらから一方的に指名して、メンバーをタンケン8号くらいまで増やしたのだが、予想通り実質的に活動するメンバーは家族の四人だけであった。タンケン隊の結成当初は、当然のことながらその場限りのお遊びのつもりだった。ところが、意外にもこれが長く続くのである。その後、山では俺のほうが登るのが早いのだから、山に行くときは俺を「タンケン1号」にしてくれとタンケン2号から申し出があったり、いろいろとすったもんだした挙げ句に解散の危機も何度かあったのだが、そこはそれ家族のこと、長男が小学校高学年になり、お互いをタンケン何号などと呼ぶのが恥ずかしくなっても、まだ実質的にタンケン隊は解散していないのである。

その三、子どもの頃の湧水と小川

子どもたちと偶然出会い、そう呼ぶようになった「タンケンの道」。最初はただの狭い路地だと思っていたのに、それが実は、かつて流れていた小川をふさいで作られた道だと気づいたときには、まさか親子三人でその先もずっと、そんな暗渠の上の道とかかわるとは思ってもみなかった。

そうだと気づいてみれば、たしかに両岸の家の表玄関は反対側にあるらしく、どこも裏口をこちらに向けて並んでいた。狭く、圧迫感があったが、そこは生活臭が漂う気どりのない空間だった。歩いていくうちに、薄れかけた記憶にある昭和三十年代の街角の空気や、まだ幼かった自分と接してくれた人たちの面影が、突然よみがえりそうになり、胸がいっぱいになった。

子どもたちもそんな小道を歩くのが大好きで、先を争ってどこまででも行きそうだった。季節が春だったこともあり、裏庭の植え込みにはチューリップやパンジーの花がたくさん咲いていた。自転車のペダルが触れそうなところに水槽が出してあり、魚が飼われていた。大きな犬がつながれていた。おばあさんたちが、日向ぼっこをしながら話し込んでいた。一年生になったばかりの長男は、そのたびに自転車を止めて、生き物のようすを確かめたり、おばあさんたちに話しかけたりした。

「ぼくたちこれからね、林試の森まで行くんだ」

「そうかい、よかったね。林試の森の公園、よいとこだってね。気をつけて行っといで」

まだ三歳半だった次男は三輪車にまたがり、私はいつでもその三輪車と次男の両方を乗せることができるママチャリ、長男は補助輪が外れたばかりの自転車だった。私たちはいつものように「タ

ンケン」と称して、わざわざ遠回りをして途中まで川の道をたどり、そこから目黒区と品川区の境界にある林試の森公園を目差した。そこで弁当を食べ、夕方近くまで遊んだ。体調が悪くて留守番に回った妻には、子どもたちの希望で、帰途に揚げ饅頭のお土産を買った。同じ休日でも、時間が経過する感覚がこうも違うのかと思った。夜明け前に釣り場に向けて出発し、食事のとき以外はずっと釣りに集中していると、あっという間に一日が過ぎてしまったし、いつからか心身ともに疲れを感じるようになっていた。それとは対照的に、なんてゆっくりとした長い一日だろうと思った。

我々が最初に見つけた「タンケンの道」の入り口は、駒沢通りの交差点近くにある焼き肉屋の脇にあった。誰かがその前に立ったとしても、その存在を知っているか、そうでなければよほど注意を払わない限りそこは隣家との隙間にしか思えないはずだ。ただ、かつての小川がそこから先に続いているのはわかるが、反対側の上流から水が流れて来ていた形跡はどこにも見つけられなかった。はたしてそこが水源だったのか、あるいは道路を作ったときにでもその痕跡が消されたのか。自分でも、そんなことを知っていても知らなくてもどちらでもいいとは思うのだが、若かりし頃に水源を目差すような釣りや沢登りをしていたせいか、いつからか気になるようになっていた。

何年か後になってわかったことだが、そこには昔、沼があったのだという。そう教えてくれた地元の老人によれば、その沼は東京オリンピックのときに駒沢競技場までの駒沢通りを拡張整備するときに埋められたのだそうだ。それを聞いた私は、そこに水源があったことにようやく納得がいった。小さな胸のつかえが取れた気分だった。おそらく焼き肉屋の近くに沼があり、そこから溢れ出した水がちょろちょろとした細流になっていたのだろう。

仕事で配達などに出かけたときに、気をつけていると、ここはもしかするとかつて水流があり、それを暗渠にしたのではないかと思えるような路地がいくつかあった。地図で確かめると、家の周辺には小川を塞いで作った道が、予想以上にたくさんあることがわかって驚いた。タンケンの道がそこにあるかどうかは、コツをつかめば簡単に見分けることができた。特徴は蛇行である。計画的に整備された道路が、直線化しようとする設計者の意図が表われているのに対して、かつて自由気ままに流れていた水の跡は、直線化工事を免れた部分については伸び伸びと、くねった姿を現在にとどめていた。蛇足だが、起伏の多い土地なので、古くからの道筋も、残っていれば大概くねっていた。それは、余分なエネルギーのなかった時代に、その地形に逆らわず、人間が歩きやすいように自然にできた形だからにちがいない。

それまで、我が家周辺の風景を、いくら時間を遡って思い出そうとしたところで、せいぜい密集した古い町並みが脳裏に浮かんでくるだけだった。しかし、たくさんの小川が近隣に流れていたことを確かめてからは、それまで眺めていた平たい地図がまるで起伏のついた立体模型のように感じられるようになった。すると空気が湿り気を帯び、それまでただの坂だと思っていた地形が、谷になり丘になった。武蔵野の森の名残があり、畑があるのが見えるような気がした。おそらく明治時代あたりまでここにあったであろう田園風景を、麗しい緑の土地としてはじめて実感することができた。

タンケンの道を歩いているときにも、これと似たようなことが起こった。そこにあるがままの姿で流れていた小川を彷彿とさせる、なにか引き金になる風景に気がついたときにそれは起こる。フラッシュバックのように、かつてそこにあった風景をリアルに想像してしまうのだ。

これら小川は、どれも目黒川の支流にあたる。五月の連休に、タンケン隊の一号から四号までのメンバーで目黒川を目差したとき、道が左に九十度曲がった場所ではじめてそれを経験した。ふつうの道路のように直角な曲がりではなく、そこは川らしく大きくゆったりとした弧を描いていた。弧の内側は空き地になっており、雑草が伸び放題になっていた。弧の外側は崖だった。いかにも川が削ったという急斜面の上は公園になっており、大きな木が茂っていた。そこにさらさらと音を立てて流れる川が見えるような気がした。カーブした道の内側は石混じりの土手になり、密集した雑草が風に揺れる姿が見えてくる。向こうの崖は、水際から木が斜めに生え出すまでがローム層の赤茶色で、岩盤のある水中には水が湧き出している。丸い小石が敷き詰められた瀬があり、砂地に藻が揺れる浅いトロがある。湧き水を集めた流れは澄み、そこにたくさんの魚影がきらめいている。

湧水が豊富で水温の安定した川ならば、ひょっとするとサクラマスが溯ってきていたかもしれないではないか、などと考えてしまう。水源付近に限れば少数のヤマメが生息していた可能性はないだろうかなどとさらに想像は膨らんだ。ヤマメは無理だったとしても、フナやウグイはたくさん棲んでいたに違いない。

「おとうさん、どうしたの?」

突然ブレーキをかけて止まってしまった父親を、妻と子どもたちが振り返っていた。

最初のタンケンの道は、残念ながら山手通りのあたりで不明瞭となり、それが目黒川とつながっていることをはっきりと確認できなかった。最後に水路は地中に潜ったようで、目黒川の側面のコンクリート壁に、それらしい排水口を見つけることができただけだった。これでは、すくなくとも子どもたちには、支流と本流の関係がうまく理解できなかったと思う。それが残念だった私は、東急東横線祐天寺駅の西側から目黒川の支流につながる細流があることを地図で確かめ、一人実地検分に向かった。駅から坂を下っていくと、そこには絶好のタンケンの道があった。

ああ、そういえばここにはたしかに流れがあった。地図を見てすぐにピンとこなかった私には、見慣れた風景の中にいま一度タンケンの道を見つけ直したことで、腑に落ちるものがあった。いままでは、ふさがれてしまった川など気にもせずに、この坂を歩いたり、走り抜けたりしていたのだ。駅の西側の坂は、いったん下ってからまた同じくらい上り返す、見事に谷を横断する形になっている。そうか、こんな小さな流れだけども、この谷はこいつが削って作ったものだったか、と私は妙に感心してしまった。

昼休みの残り時間が惜しくて、私はその細い道を上流側に向かった。ようやく自転車が通れるくらいの狭い道だったが、ふつうの車道と交差するたびに進入避けの柵が立てられており、そこを通り抜けるのに苦労した。高架下は階段になっていて、無理矢理自転車を押し上げた。そこで振り返ったとき、まだ東横線が地面の上を走っていたころ、ここで線路の下を水路が横切っていたことをはっきりと思い出した。

そのすぐ先で、道は消えた。人間が立ち入れないフェンスの向こうの細長いスペースに間を置いて桜の木が続いていて、それが流れの跡にちがいないと思った。しかたなく、ふつうの車道を使って追いかけた。人家の裏側に、それらしきものが続いていた。最後は、溝をふさぐコンクリートの蓋が並べられているだけで、それも再び東横線の高架下の駐車場で消えていた。線路の反対側の塀の向こうは、私が卒業した五本木小学校の敷地で、校庭とこちら側の駐車場の舗装面との間にはかなりの段差があった。そこに水門のような、大きなバルブの取り付け跡のようなものがあった。そういえば、かつてそこには池があったのだ。いまは埋められてしまったが、私がまだ小学生のころには校庭の隅に池があったことを思い出した。どうやら、その池が水源のようだった。そこに池があり、小さな水路があったという、部分的な水の流れは子どもの頃から知っていた。しかしそれが目黒川支流の蛇崩川まで一本の線でつながったのは、四十歳を過ぎたそのときが初めてだった。

その四、川の上のタンケンの道

子どもたちの体力低下が著しいという統計は、もうここ何年も繰り返し報道されている。自分の子ども時代と比較すればその原因は明らかで、子どもたちが外で体を動かして遊ぶことが少なくなったことにつきると思う。体力面を別にしても、年齢差のある子どもたちがいっしょになって遊んでいた小学生の日々を、私はほんとうに貴重な時間と経験だったと思っている。それは生涯の大切な思い出であると同時に、社会や人間関係を学ぶ機会でもあった。いま思い返しても、集まって遊ぶ子どもたちというのはそれはそれで立派な小社会を形成していた。

すばしこいやつ、力があるやつ、頭のいいやつ、気の強いやつと、一人として同じ子どもはいない。肥満児であること以外に取り柄のなかった私でさえ、馬跳びをするときにはその体重の破壊力でヒーローになることができた。もちろん、ズルイやつもいじめっ子もいた。それこそさまざまな個性が寄り集まり、その中で揉まれることで、人間関係の間合いや頃合いを学ぶことができたのだと思う。大人たちは口を挟んでこなかったが、周囲にいてそれとなくようすを見守っていたものだ。

私はかつてのように子どもたちが集って遊ぶのが理想だと思っているが、社会の変化をただ待つわけにもいかない。子どもはどんどん成長していくからだ。親にできることは限られているが、せめて子どものためにできることをするしかない。

人間まずは体力だ、と常々子どもたちには言い聞かせてきた。四十五歳になって周囲を見回したとき、一流大学を出たから幸福になったというやつよりも、健康で働けるから幸せだというやつの

ほうが圧倒的に多い。そのあたりを、はたしてどの程度理解できるのかはわからないが、運動しなきゃだめだと言ってきた以上、父親が言いっぱなしでごろ寝しているわけにはいかない。かといって、星一徹のような父親になるつもりもない。小学生のころから肥満児でカケッコはいつもビリ争いだった父親が子どもにスポーツ選手を目指せなどといえるはずもない。

そこで、これまで考えてきたのが「楽しい運動」である。かつて横丁の溜まり場に集まった子どもたちが、夢中になって遊んでいるうちに、それが運動にもなっていたというのと同じ仕組みである。テレビゲームの楽しさは放っておいてもわかるようだが、外で遊ぶことの楽しさと大切さは、誰かが教えてあげなければわかりにくい時代になってしまったらしい。

祐天寺駅の西側に新しくタンケンの道を

見つけたときも、今度はちょっと趣向を変えてみよう、と考えた。この小道の下を流れるのは、目黒川の一大支流である蛇崩川のさらに支流だった。この道を行くと途中から目黒区が整備した蛇崩川支流緑道となり、蛇崩川に合流する。この蛇崩川も暗渠になっていて、その上に整備された遊歩道はちょうど東急東横線中目黒駅の近くまで続き、流れのほうは線路のすぐ下流で目黒川に合流するのだった。

今度はそこまで歩いてみたらどうだろうか、と考えた。自分が湧き出した水になったつもりで歩けば、三歳の次男には無理だろうが、六歳の長男には、小さな流れが集まって大きな本流になっていく、その仕組みがもう理解できるのではないかと考えた。それに、帰路に電車で戻ってくれば、自分たちが一駅分歩いたのだということも実感できるに違いない。

歩いて中目黒まで行ってみようと言うと子どもたちは一も二もなく賛成だった。長男も次男も、自転車か徒歩かなんていうことよりも、新しいタンケンの道が見つかったことに大興奮だったのだ。

次の休日、天気予報もよかったので、その計画はさっそく実行に移された。歩きはじめてすぐに、ちょっとした谷にさしかかる。渓流の源流部を遡行していくとき、峡谷の悪場を抜けると水源付近は案外なだらかな草原だったりするが、まさにそれと逆の展開だ。水源からチョロチョロと流れはじめた水が太くなり、いよいよ谷を削りはじめたというように、両側の傾斜が急で、おまけに家も建て込んでいるものだから薄暗い。ひんやりとした空気といい、忘れてしまっていた渓谷のゴルジュの底を思い出す。道はよその裏庭から裏庭へと続き、水路として矯正された形跡はあるものの、ときに川らしく向きを変える。途中に急な階段があったりする。もしかして、ここには小さな滝があったのかなどと考える。子どもたちはすぐに興奮状態になり、早足で先を急いだ。

予想よりもずっと早く、蛇崩川に達した。子どもたちは広い道に出て、今度は開放感を覚えたようだ。蛇崩川緑道はよく整備されていて、両側に植え込みが続いている。赤や紫、白いツツジの花が咲き誇り、アジサイは小さな蕾をつけはじめている。花が集まっているせいか、モンシロチョウやアゲハチョウが飛び交うので、虫好きの次男はそちらに気を取られだした。

中目黒までは、予想以上に楽な行程だった。いまでは一駅でも電車に乗る習慣がついてしまったけれど、子どものころは隣の駅までは徒歩圏内というのが周囲の大人たちの常識だった。そういえば近所に、中目黒に新しくできたスーパーまで歩いて買い物に行っているおばさんがいたっけ。

蛇崩川の遊歩道は、最後に自転車置き場になっていた。けれども、この下に川は流れているはずだと子どもたちに言い聞かせ、辿っていく。山手通りを横断して、なおそれらしき路地を進んでいくと、ついに目黒川に出た。最後のほんの数メートルは、蛇崩川の流れも陽光を受けて鈍く光っていた。水は薄く濁って泡立ち、周囲もコンクリートでがちがちに固められている水路だが、それでも水が流れているのが見える川はよい。

合流点の一角は、いまどきめずらしい原っぱになっていた。自由に遊べる場所として開放されているようだ。その一段低い場所へ、子どもたちとともに階段を下りていく。風が吹くと、川から洗剤臭が漂ってくる。場所も裏町の一角といった感じで、日頃からここで子どもたちが遊んでいるような様子はない。いままで見てきたかぎりでは、現代のふさがれてしまった川は、利用価値のない「裏」として扱われていた。かつて目黒川にも流通機能があったころは、きっとたくさんの人にとっての「表」だったはずなのだが。

子どもたちは、目黒川まで達したことにはたいした感慨もないようすだった。体力的にはまだ余裕があり、歩き足りないのだろう。

原っぱを囲う柵の隙間から、子どもたちに合流点を眺めさせた。

「ほらな、あそこで二つの流れが合わさっているだろ、わかるか」

「うん」

三歳の次男ならまだしも、六歳の長男までもが、それがどうした、という風である。

「こうやってさあ、流れが合わさって、川っていうのは大きくなっていくんだよ」

「ふーん」

はじめはあんなに細い川だったのに、歩いていくうちにだんだん大きくなってきただろう、と説明してみるが、わかったようなわからないような素ぶりだ。まあまだ一年生じゃしょうがないか。そう考えて、私は最後の説明のつもりで、

「もう目黒川は、自分より大きい川とは合わさらないんだよ。このままずっと海まで行って、海に注ぐんだ」

そう言って最後に、ふざけたつもりで「それじゃあ海まで歩いて行ってみるか」と言ってみた。

すると突然、長男が、

「行きたい！　おとうさん、行きたいよ。ぼく、海まで歩いて行ってみたい」

と、興奮ぎみに言いだした。どうやら「海」という言葉に心が動いたようだ。

「いや、だけどまあ、海といってもなあ…」

私はあの東京湾奥の薄いグレーを思い浮かべた。

「ぼく、行ってみたい。いまから行こう！　おとうさん、いっしょに行ってよ、おねがい！」

まさかここで、長男がそんなことを言いだすとは予想もしていなかった。親バカながら私は、六歳の我が子の冒険心に感動してしまった。せっかくだから、この勢いを削ぎたくない。よほど、いますぐこれからでも歩き出そうかと悩んだ。都会のどこへ行こうと、交通手段に困ることはない。

けれども、海まで行くといったら品川の先まで歩くことになるんじゃないだろうか。そんな心の準備はできていなかったし、この先の地図も見ていなかったから、距離も歩けばどのくらい時間がかかるのかといったあたりも見当がつかない。もう昼近くになっていた。それになにより、三歳の次男はさすがに海まで歩いていくことは無理だ。ここは途中であきらめるような体験をするよりも、ぐっとこらえて出直そう。そう思い直した。

「おとうさんは歩いて海まで行けるといったけど、それはほんとうのことだけど、海までは遠いぞ。おまえが歩いていくのはきっとたいへんだと思うけど、歩いていけるのか？」

「だいじょうぶ、ぼく歩くよ」

「かなりがんばらなきゃ海まで行けないぞ。たいへんだけど平気なのか？」

「ときどき休んでもいいの？」

「それはいいよ。休まないで歩いていくのはおとうさんでも苦しいよ」

「それならだいじょうぶ。ぼくはがんばって歩くよ。だからおとうさん、いっしょに海まで行こうよ」

「わかったよ、じゃあいっしょに海まで行こう。だけど今日はだめだ」

いまこれから行きたいのだと食い下がる長男に、小さな次男は無理だからとなんとか諭した。そのかわり、そのうちいつかきっといっしょに海まで行こう。おとうさんもいっしょに歩いていくよ。そう約束し、指切りげんまんをした。

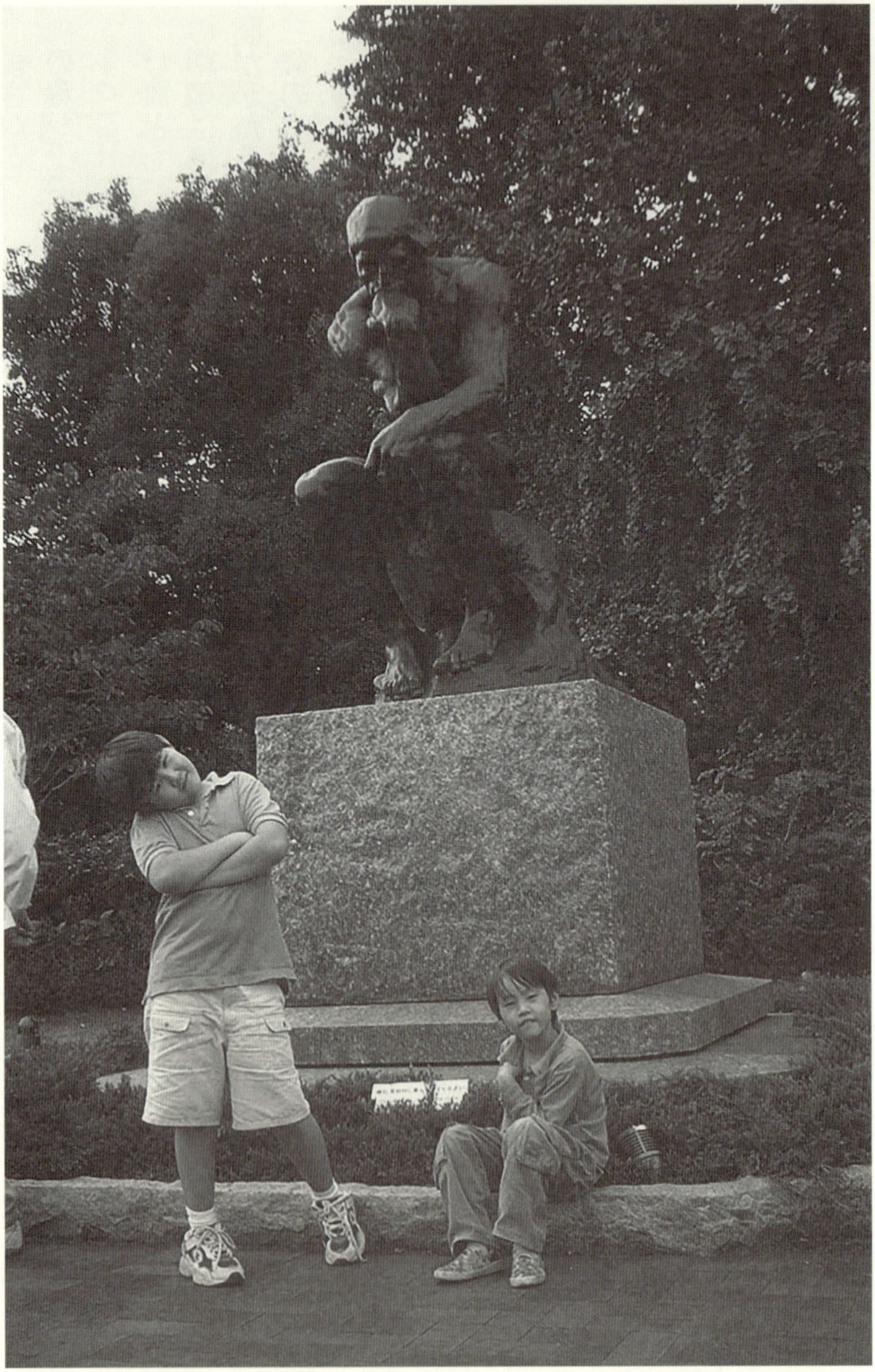

その五、歩いて海まで行こう

このところ年毎に、東京の夏は暑くなってきたような気がする。だがそれも、そろそろこのへんで止まってもらわないと困る。なんといっても我が家には、極力エアコンは使わないというポリシーがあるのだ。おまえの家一軒くらいが電気を使わなくたって、世の中なにも変わらないぜ、という御説ごもっともです。しかし私のような偏屈な人間はエネルギーという麻薬に冒された現代文明にささやかであっても抵抗していないと、逆に気分が悪くなってしまうのです。

だいいち、夏に汗をかかないですまそうというのは、ちょっと虫がよすぎやしないだろうか。子ども時代からずっと空調の効いた室内で育ったせいで、体温調節がうまくできない大人が増えているという。どうもそれはエアコンが普及した時期を境に世代がスパッと別れているらしい。暑さ寒さから安易に逃げてはいけないのである。そんなことをしたところで、ひ弱な大人とエネルギーの浪費しか生み出さないだろう。政治には、夏にエアコンなしでも我慢できる都市環境を整備してもらいたい。

それでも昼の暑い盛りには、エアコン普及世代の妻がスイッチを入れる回数が増えてきた。しかし夜にはエアコンの電源は切られる。それもそのはず、寝室にはエアコンが付いていないのである。扇風機の風だけで家族全員、熱帯夜に抱かれて眠るわけだ。唯一の救いは、寝室は風通しがよく、隣家が寄り集まった方角から夏の季節風が入り込んでくることだ。アスファルトを這ってくる風と、樹間を抜けてくる風にはかなりの温度差がある。

床に就く前に子ども部屋にようすを見にいった。二人とも汗をかいていたが、扇風機の微風を受けてよく眠っている。寝顔を眺めながら、私は、もういいかげんに約束を果たさなければならないな、と考えていた。

長男と、目黒川を海まで歩いていく約束をしてから、もう一カ月以上が経過していた。小学校はすでに一学期が終わってしまい、夏休みに入っていた。あれからずっと、私の頭の中は釣りのことでいっぱいだった。当時はまだ、私の忍野出席率は非常に高かった。そろそろクロマダラのハッチが来るとなれば、なにがなんでもスーパーハッチに出会おうと通い詰め、次はケニスだ、ミドリカワゲラモドキだと、その勢いは衰えなかった。なんといってもゴールデンウィーク明けから夏休みに入るくらいまでは、忍野のハイシーズンなのである。

それにしても真夏のこの時期に、太陽が照りつけるアスファルトの上を歩いていくのはどうかと思われた。そんな灼熱地獄徒歩行にチャレンジしても、子どもにはただ苦しいだけだろうし、こちらのほうもまいってしまいそうだ。かといって、長男を秋が来るまで待たせるのも忍びない。考えた末に、できるだけ朝早く出発し、午前中の少しでも涼しい時間を歩くことにした。

かくして八月の第二土曜日に、私と長男の「川のはじまりから目黒川を歩いて海まで行こう計画」は実行に移された。

ところがこの「歩いて海まで行こう計画」を、長男は夏休みの宿題にすることにしたのだという。それならきちっと証拠写真も撮らなければなるまい。ということで、前日の昼休みに五本木小学校の水源の池があった場所まで行って写真を撮っておいた。早朝に学校に忍び込むわけにはいかないからだ。

ついでに、翌日の本番で歩きはじめるところまで水路を確認させた。

「ほらねー。最初はこんなに狭いコンクリートのふたの上がタンケンの道のはじまりなんだよ」と、説明はしてみた。しかし案の定、この一年生は、まだ流程による水量の変化なんてことにはほとんど興味を持てないようだった。まあ、それでもいい。以前ここに水が湧いていて、それが池になり、溢れた水が流れ出していた。つまり、ここから川がはじまったということがわかればそれで充分だった。

出発は午前五時だった。長男だけをそっと起こし、二人で表へ出た。真夏のヒートアイランドの只中といえども、朝の空気には涼しさを感じた。

暗渠の上を歩きはじめたのは、家からほどない祐天寺駅の近くからだった。タンケンの道に入ると、そこはさらにひんやりとして感じた。

朝の涼しいうちに距離を稼いでしまいたかったのだが、そう思いどおりにはいかなかった。長男が、いちいちメモを取るためである。

「しゅっぱつ。ごぜん5じ」

「たんけんのみちいりぐち。5じ10ぷん」

というぐあいに、買い与えた小さなノートに書き込んでいく。

なにしろ小学校入学からまだ四カ月であるから、判別不能に近い文字をゆっくりと書いていくのである。これをちょくちょくやられると、セッカチな私はかなりじりじりする。

これにまた、写真を撮る作業が加わる。タンケンの道から学校が見えるからそれを撮りたいだとか、蛇崩川支流緑道の看板の前で撮りたいといって、子どもだけにやたらめったら撮りたがるのである。ふだんならばそのあたりはこちらでさっさと仕切ってしまうのだが、夏休みの宿題なので我慢することにした。自分の子どもだから我慢することもできるが、こんなのを何十人もまとめていかなければいかない学校の先生というのも、よほど忍耐強くなければ勤まらないだろうな、などと考えた。

そんなわけだから、出だしはとにかく引っ掛かりの連続だった。しかし、中目黒の目黒川との合流点でメモと撮影をすませてしまうと、どんどん距離を稼げるようになった。あとは海まで川沿いの一本道で、子どもが気に留めるようなチェックポイントが少ないせいだった。

太陽がだいぶ高くなり、コンクリートの壁の底を流れるような格好の目黒川にも日が差し込みだした。直線化された都市河川の、川沿いの真っ直ぐな歩道を、子どもと並んで歩いていく。二人で汗をかき、てくてく歩きながらとりとめのない話をする。学校は楽しいか。仲のいい友達はできたか。今度どこへ行こうか。おとうさんは子どものころ、こんなことをして遊んでいたよ。

一年生というのは、表面的にひねたところが見えたとしても、中身は実に素直にできている。質問をすると、まだ少ないボキャブラリーを使って一生懸命に答えようとする。聞き返せば何度でも説明しようとする。

歩きながらの道々、青ヶ島に釣りに行ったときの話をした。海が荒れて八丈島で何日も足止めを

食ったこと。あきらめかけたときにチャーターされた漁船に乗らないかという電話がかかってきたこと。大荒れの海を漁船で渡ったこと。うねりに船がサーフィンしたこと。防波堤のない一本桟橋に、決死の覚悟で飛び移ったこと。友だちは大きなイシダイを釣ったのに、おとうさんには釣れなかったこと。自分の中では風化しかかった出来事も、子どもにとっては大冒険談のようだった。私がしゃべることをひとことも聞き漏らすまいと、長男は夢中で聞いていた。

最初の休憩は、ちょうど目黒雅叙園の対岸あたりでとった。次が五反田の池上線の高架下だった。そこから先へ進むにしたがって、休憩を取る間隔は狭まった。それまでは「だいじょうぶ」といっていた長男も、そろそろ休むかという問いかけに素直に従うようになった。さすがに疲れてきたのだろう。しかし、休憩をとろうと立ち寄った公園に見たことのない遊具があると、長男はそこで遊ぼうとした。

「それじゃあ休憩にならないよ」と言っても、

「ちょっとだけ遊びたい」と、言うことを聞かない。

子どもはこういうエクストラ・パワーを持っているものだが、結局、休憩にはなっていなかったのだと思う。途中で一度、じっとさせるために、持参してきた梅の砂糖漬けを食べさせた。我が家では毎年、青梅の実と氷砂糖で梅ジュースを作る。これはそのジュースの中に残った実である。しわしわに縮んだものはだめだが、ふっくらとした実は、たっぷり砂糖とジュースが染み込んでいる。子どもたちはこれが大好きだし、クエン酸と砂糖が疲労回復に効くだろうと思いつき、出発直前に慌ててビニール袋に入れて持ってきたのだった。

東海道新幹線の下をくぐり、第一京浜を越えると、長男はさらに疲れたようすを見せた。足がすこし痛いと言い、口数も少なくなった。川の流れていく先にお台場の観覧車が見えるようになっていた。海はもうすぐだよ、と励まそうかと思ったが、私はそれをぐっとこらえた。

品川橋のそばで缶ジュースを買い、最後の休憩とした。ここは旧東海道が目黒川を渡っていたところで、品川宿の中心だった橋である。江戸時代は、このすぐ先に遠浅の海があったはずだ。いまはいなくなってしまったアオギスなんかも、きっとたくさん泳いでいただろう。いまでも遠浅の海が残っていたなら、アオギスはミニ・ボーンフィッシュとしておもしろいゲームフィッシュになったのではないか、なんてことも考えた。やっぱり釣り馬鹿の頭は変わりようがないようだ。

品川橋の案内板を見ると、かつての目黒川はもっと蛇行しながら海に注いでいたらしい。現在はただ真っ直ぐな水路となっている。目黒川最後の橋は、旧海岸通りが横切る昭和橋という。

「あの橋が最後の橋だ。橋の向こうが海だよ」

と言うと、疲れ切って渋々歩いているように見えた長男が、突然走り出した。どこにそんな力が残っていたのか。しかたなくこちらも走り出す。横断歩道を渡り、橋の真ん中まで行って下流を眺めた。

「ついに来たなぁ」と私は言ったが、長男はにこりともしない。

予想していたことだが、目黒川が注いでいる京浜運河を海だといっても、長男にはピンとこないようだった。

「ここはもう川じゃないんだよ。向こうにあるのは埋め立ててできた島で、あそこに並んでいるビルの向こうに、もっと大きな海があるんだよ」

そこに青い海、白い砂、打ち寄せる波、沖には大きな船、そういう景色が広がっていたなら、どれほどわかりやすかっただろう。

「よくやった、よくやった。ここはもう海なんだから、とうとう歩いて来たんだから。おまえはがんばったんだぞ。えらいぞ」

そう声をかけると、ようやく長男は満面の笑みを浮かべた。

「ぼく、やったの。ここが海なんだよね」

「そうだよ」

ほんとうは海の水をなめさせて、しょっぱさを味あわせたかった。それができないのが残念だった。

その六、自転車の補助輪を外すということ

長男は、私に似たおかげで、運動が得意ではない。いつだったかテレビで、人間が生まれた瞬間に持っている運動能力は同程度で差はないから、その点で神様は平等なんだ、というような話をしていた。けれどもこんな話は慰めにもならない。

問題は生まれ落ちたあとなのである。どれだけ体を動かそうとするか、どれだけ向こう見ずでバランス感覚を養えるか、結局のところ、そういう持って生まれた性格、個性で個人の運動能力は形成されるのではないか。だから、放っておいても気がついたときには足が速かったとか体操をやらせてみたら最初から上手かった、ということになる。もちろん長男の場合これとは正反対だった。子どもは三歳くらいになれば、だいたいそのあたりのところはわかるものだ。そこに気がついた私は、これはほかのことは差し置いても、まずは運動をさせなければならないな、と考えた。

もちろん私に、長男を運動で一番にさせようなどという気持ちはなかった。自分がそうだったからわかるのだが、運動の得意でない子どもは、誰かに誘われることがなければついつい家の中で遊んでしまうものだ。将来は壮健な身体を手に入れてほしい。そのためには、別に上手でなくてもいいから、運動の好きな、健康な子どもになってほしい。

「カケッコでなんとかビリから二番目になってくれたらうれしいね」

私と同じように運動会で辛酸を舐めてきた妻とは、よくそんなふうに話しあった。

赤ん坊のころから大きめだとは思っていたが、幼稚園に入るころになると、長男の体格は同年代の子どもに比べて二回りも大きいことがはっきりしてきた。体が重いせいか、敏捷性が必要だった

り、重力に逆らうような運動が苦手だった。早い話がまあ、陸上でする遊びや運動のほとんどが苦手分野に入ってしまうということである。かろうじて十人並みにできそうなのは水泳と自転車くらいだった。苦手なことを続けろ克服しろといっても子どもには苦しいだけにちがいない。人並みにできることなら好きになり、楽しみながら続けられるのではないか。そう考えて、水泳と自転車は特に時間を割いて教え、その後も続けさせている。

自営業は休日が少なく、なにかと近所付き合いも多くなるという欠点がある。その代わりに、一日の内でやりくりすれば多少は時間を捻出することができる。我が家も昼休みと称して一時間半ほど食事を含めて時間が取れるので、平日でも子どもと接することができた。この九十分は、私の父親としての存在価値をずいぶん高めてくれたと思っている。キャッチボールやボール蹴り、釘差し、メンコなどなど、下校時間の早い小学校低学年くらいまでは、ほぼ毎日といっていいくらい子どもと遊ぶ時間が取れたのである。だから、子どもとはいつも接しているという自信があった。子どもたちと日々接する時間が取れたから、週末毎に釣りに出かけることもできた。たいしたクレームも出ずにここまでやってこられたのも、自営業だからこそだ。

昼休みのおかげで、子どもたちには自分で水泳を教えることもできた。近所に区民プールがあるのを幸いに、子どもが泳ぎを覚えかけたときには「いまだ！」とばかりに週二回くらいのペースで通ったものだ。仕事の途中に抜け出して泳ぎに行くような格好になるので、当初は疲れてしまわないかと心配もしたが、夏の暑いときなど、軽くひと泳ぎしてくるとむしろさっぱりとリフレッシュできて、再び仕事にも集中できるのだった。

長男が自転車に乗れるようになったのは、幼稚園を卒園する少し前だった。これも昼集中して練習に通った。近くにある世田谷公園の広場で、平日の人の少ない時間に練習させることができた。仕事で使っている軽自動車に自転車を積んで出かけた。ここでは、近所の自転車屋さんに教えてもらった練習方法が大いに効果を上げた。

私が自転車に乗れるようになったのも、たしか一年生のときだった。自分で考えた、補助輪を少しずつ地面から離していくという方法で体得した。補助輪が地面から離れていると、回転音がしなくなる。これを耳で確かめながら、できるだけ音を立てないように乗り回すわけである。それでもカーブで曲がるときは傾くので音が出る。そこで、自信がつくと、誰か周囲にいる大人に頼んで、さらに補助輪を地面から離してもらう。臆病な性格だから、うしろに跳ね上げていったステーの角度がかなり水平に近づいても補助輪を外さなかった。そのせいで、いよいよ思い切って補助輪を外してもらったときには、すでにまったく違和感なく自転車を乗り回すことができた。

親というのは、ついつい自分のしてきたことなら子どもにさせても大丈夫だと考えがちである。私も今回、この「段階的補助輪跳ね上げ作戦」で長男にも自転車を体得させようと考えた。ところがいまの自転車は補助輪を少しずつ後ろへ跳ね上げるような微調整ができない。走行中に強い力が加わっても補助輪が動かないように、金具でしっかりと固定されているのである。補助輪の角度を変えられないものかどうか、近所の自転車屋さんに尋ねにいくと、

「おとうさん、そんなことをするよりも補助輪を外しちゃったほうが早いですよ」

と言われてしまった。その店主が、教え魔というか世話好きというか、そこで自転車の練習方法を半強制的に教えられたのだが、聞き進むうちに、直感的にこれならうまくいくにちがいないと思った次第である。

これは短時間での習得法であるから、もちろん最初から補助輪は取り外しておく。自転車をまたいだときに両足がべったりと地面に着くことが、練習する子どもの不安を少なくする上で重要だ。最初は、両足で地面を蹴って自転車を進める練習をする。はじめのうちは転ばないように足をちょこまか動かして進めばいいが、慣れてきたら大きく足を動かしてできるだけスピードを出すようにする。足が地面から離れ、惰性で進んでいく自転車を操作することで、補助輪のない自転車のバランス感覚を少しずつつかんでいく。

次に自転車にスピードがついたときに、ペダルの上に足を載せられるように練習する。はじめはわずかな時間でもいいが、これに慣れて、ペダルに足を載せたまま二〜三ｍも進めるようになれば、もうほとんど乗れたようなものだ。そのままペダルをこいでいけば、止まらずにずっとどこまでも進んでいけるのだ。

生まれてはじめて自分で操れる乗り物を得た喜びはどうだったか、もう自分では忘れてしまっていた。長男の場合には、すぐには自分で自転車の操縦ができていることに気づかないようすで、倒れないようただひたすらペダルをこいでいた。

「やったやった、ほら、もう一人で自転車に乗れているじゃないか」

私がそう声をかけると、長男はようやくブレーキをかけて止まり、驚いたような顔を見せた。それから、居ても立ってもいられないという風に体を揺すって喜びを表現した。

なにかを体得するとき、その教え方というのはほんとうに重要だと思う。やはり思い出すのはフライキャスティングのことだ。私の場合、周囲に教えてくれる人も場所もなかったので我流ではじめざるをえなかった。それはそれで楽しかったのだが、いま思い返してもずいぶん遠回りをしたと思う。初心者同士でアドバイスしあったりもしたのだが、キャスティングのなんたるかもわかっていない者が寄り集まってああだこうだいっても、たいした進歩は得られなかった。

正しい練習法のおかげで、長男が自転車に乗れるようになるまで要した時間は、予想よりずっと短かった。自転車屋の店主に感謝したい。六歳と四カ月という年齢も、周囲と比べて特別早くも遅くもなかったと思う。自転車の補助輪を外したかどうかなんてことも、幼稚園の年長組になるとお互いに意識しあうようで、保育が終わったあとに、補助輪のない自転車を友達といっしょに得意満面で乗り回していたのを思い出す。

けれども、小学校に入学してからしばらくは、まだ自転車に乗るのに危なっかしさがあった。個人差はあるのだろうが、小学一年生になりたてのうちは、まだまだ力も弱く、バランス感覚もいまいちで、おまけに注意力散漫ときている。自転車は手が届かないだけに、こちらがいくら注意していてもどうしようもない状況ということがありえる。そのため、遠出をすることはまだ考えられなかった。

長男が、だいぶ自転車を乗りこなせるようになった、と思えたのは一年生の終わりころだった。ふらふらする場面が少なくなり、坂道を登る力がついた。周囲の状況を察知するという点はもうひとつだったが、そこはこちらの声かけで補える程度にはなっていた。これなら遠くへも行くことができそうだ。そう感じた私がすぐに思いついたのが、以前に歩き回っていた「タンケンの道」だった。

ただ、タンケンの道といっても、これまで歩き回ってきた近所の狭い路地ではつまらない。第一、自転車でこぎ抜けるとなれば小一時間もかからないだろうし、狭い路地は自転車には向いていない。いざサイクリングとなると、それなりのスケールが必要だった。タンケンの道＝川をふさいでその上作った道、という解釈をすれば、そういう類の「川の道」は東京中にいくらでもありそうだった。地図を見ていてこれだと思ったのが目黒川の最大支流、蛇崩川だった。

その七、今度は、親子三人上流を目指す

蛇崩川は、我が家のすぐ近くを流れる、目黒川の一大支流である。由来は知らないが、その名のように、河川改修も及ばずにかつての蛇行が残っている区間もある。長男が小学二年生、次男が幼稚園の年中組にそれぞれ進級した春、私は思い立って近所の地図に目をとおしていた。

蛇崩川を上流へ辿って行ったら、どこへ着くのだろうか。我が家の近くは遊歩道として整備されているが、ずっと上流へ辿って行くと、どうなっているのだろうか。最後には、川のはじまりの水源か、それらしい痕跡を見つけることができるのだろうか。もしかしたら、ほんの短い区間であっても奇跡のような清らかな小川が流れていないだろうか。そう考えはじめたとき、子どものことよりもなによりも、すでにワクワクして居ても立ってもいられない自分がそこにいた。

計画立案は四月、実行はゴールデンウィークの予定だったが、それまで待ちきれなかった。ある休日の前夜、天気予報がいいので子どもたちに提案してみた。もちろん大賛成である。まあ、子どもたちはどこかへ出かけられればすべて大賛成に違いないのだが。はたして四月の最後の週末に、計画は実行に移された。

まずは空気圧調整、注油など、自転車の整備をする。それほど遠くへ行くわけでもないし、目的地もあってないようなものだから、時間にも心にも余裕がある。ポンプを押す力のない子どもに代わって空気を入れる。子どもたちは堅くなっていくタイヤに驚く。ペダルが軽くなっているから乗ってみな、といって試乗させると、長男は「ほんとうだ!」といってもう一度驚き、よろこんで家の前の路地をこぎまわった。

朝の風に吹かれ、さあこれから出かけるぞという思いで整備をしていく。これこそ休日か、と思う。これに比べると、夜討ち朝駆けの釣りなんてのは、時間を使う感覚が仕事に近い。だとすると私は、これまで週一度だけの休日は必ず釣りに出かけていた時期もあったのだから、休みなしで仕事をしていたようなものだったかもしれない。仕事で得られない達成感を、釣りで満たそうとしてきたのかもしれないな、などと考えた。

いい機会だから道具を大切にすることも教えようと、子どもたちに自転車をボロ布で磨かせると、すぐに夢中になりだした。しかし、いいかげんに本末転倒になりそうなので、適当なところで切り上げさせて出発した。今回も妻は留守番役。この人、私は虚弱体質だと思っているのだが、本人は認めようとしない。ママチャリが空いているので、私と次男が乗っていくことにした。ママチャリというのは、小さい子どもも荷物もいっしょにまとめて乗せられるので、こぐ人のパワーと気力さえあれば、こんなときには実に便利なのである。

四月の晴れ上がった麗らかな日。清々しい午前の空気の中を行く。吹き過ぎる風が心地よい。花が咲いている。川は公共の財産であるせいか花壇が多く、また周囲の家の庭や植え込みにも、季節の花が溢れている。思えば自分の子ども時代にこんなシーンはなかった。商売をしていた両親は忙しくて、とても子どもとサイクリングどころではなかったのだ。

近所を抜け出すまでは、どのあたりをどんな風に川が流れているのかわかっているから、目の前に展開していく景色に違和感はない。けれどもいつのまにか、知らない景色の中をこいで行くようになる。すると胸の中に妙な感覚がよみがえる。子どものころ、ずっと遠くまで自転車をこいでいったときの感覚だ。いや、遠いといっても小学生のことなので、せいぜい隣のそのまた隣の町くらい

だったかもしれない。けれども、自分の知らない景色の中に身を置いたとき、好奇心と冒険心がくすぐられるワクワクした気持ちと、道に迷わないだろうかという不安がないまぜになった気分は、たしかにこんな感じだった。ひょっとするとこれが、自分の釣り旅の原点かもしれない。

もちろん、二児を引き連れた中年親父には、自分たちが地図上のどのあたりにいるのかはわかっている。景色も、自宅から近いこともあって、表通り沿いなら見慣れた景色である。しかし川は、私がそれまで養ってきた自動車道路を基本にした地理感覚をまったく無視して流れている。流れているのはほとんどが表通りから離れた住宅街である。ところどころ、幹線道路が蛇崩川を横切るような場所に出れば、ああここに来たのかと見覚えのある景色で知ることができる。それは同時に、こんなところに川が隠れていたのか、という発見でもあった。

国道246号を渡り、ほどなく環状7号線を越える。案外簡単にここまで来られるものなんだ、と思った。車道を通って来るよりもかえって楽なのではないだろうか。まず気分や時間感覚の違いということはあるだろう。けれどもそういう要素を排除してもどこか楽なような気がする。川は蛇行しているのだから、それに沿って進むのは非効率的と考えてしまうのだが、どうもそうとは限らないらしい。考えてみれば、車道だって決して目的地まで一直線で行けるわけではない。都市の道路整備はとかく碁盤の目になりがちだから、あみだクジのように直角カーブをいくつも曲がっていかなければならなかったりする。それに、広い道は交差点のたびに信号がある。車道はアップダウンについても配慮は薄く、谷を横切ると当然坂が出現することになるが、川はまさにその谷底を流れていく水の通り道なので、傾斜がおだやかで、急な変化がない。結局、目的地が川の流れの先にあるのなら、川沿いに進んでいくのも相当に楽であるということに気がついた。ただしこれは、徒歩や自転車でなければ実感できないことだろうと思う。

途中の公園で道草した。大人の私は、公園の遊具なんてどこも似たり寄ったりだと思っていたのだが、子どもは少しでも違いがあればそれに興味を示す。川の道沿いには立派な公園からちょっとした遊び場までが点在しているものだから、少しでも見慣れない遊具があるとすぐに自転車にブレーキがかかることになる。世田谷丸山公園の変わった形の滑り台に夢中になって小一時間も遊んでいた。その間、こちらは休憩できる。晴れ上がった四月の昼日中に、こうしてベンチに座って子どもたちが遊ぶのを眺めているのは妙な気分だった。目の前にあるのが塞がれた川で、釣り糸を垂れることのできる流れがなくても平気でいられる自分が、我ながら不思議だった。

こんな調子だから、なかなか距離は伸びない。進むにつれて、道幅は狭まった。それで水源にかなり近づいたというのがわかる。途中でまた、世田谷区立中央図書館に寄り道して時間を潰したが、それでもまだ昼を回ったところだった。

最後の最後に遊歩道になってむしろ幅を広げていた川の道は、道路を挟んだ東急バス弦巻営業所の手前で途切れてしまった。しかし、よくよく眺めてみると、川が流れていた形跡はまだ先へ続いている。ただ、どういうわけか、その上を通ることができなくなっていた。

しかたなく、一般道を右に大きく迂回して、その先にまだ続いているはずの流れの痕跡を捜しにいくことにした。こんなとき、川の所在を捜すのはそれほどむずかしいことではない。川は常に低いところを流れている。上下流方向の傾斜は緩やかだが、斜面にあたる両側には、ふつうはっきりとした傾斜がある。つまり、両側の傾斜のどちらかを辿って、一番低いところを見つけ出せばいいということになる。

車道を大きく回り込んでいった先に、明らかに川の道があった。川は私有地にはなり得ないはずだから、どうして途中で途切れていたのかはわからないが、せっかく出会った小道も横切る道路で途切れていて、その上流側は水流の痕跡もかなりあいまいだった。それはおそらく、水源に近づいたせいだと思われた。流れがあまりに細くなったために、区画整理などで整地され、道路の下に流れがあったとしても、わかりにくくなってしまったのだろう。

子どもたちとあたりを探し回ってみたが水源らしい池はなかった。急な坂道があり、そこを上った先に馬事公苑があった。そこから先は下り坂になっており、砧公園のあたりまで上り坂はないはずだった。だとすると、この丘は多摩川水系と目黒川水系の分水嶺ということになる。

蛇崩川の水源をはっきりと特定することはできなかったが、おそらくここだろうという目星はついた。そこは分水嶺の坂の下にあり、特に右岸側は崖と呼んでもよさそうな地形をしていた。蛇崩川は、その崖から染み出した湧き水が集まって流れはじめたのだろうと思われた。

あとで知ったことだが、この丘の上にはかつての品川用水（仙川〜品川）が通っていたのだという。その品川用水から、この蛇崩川へと引水されていた時期もあったらしい。それほど遠くない昔まで、川がどれほど人々の生活と密着していたかが忍ばれる。

時刻は昼をだいぶ経過していて、三人とも腹が減っていた。近くに食べ物屋さんが見つからず、長い上り坂を桜新町のほうにいったところにあるラーメン屋さんで昼食をとった。帰りはショートカットするつもりだったが道に迷い、かえって遠回りをして弦巻通り脇の川跡に出た。長男が、花を摘んで、どうしてもママのお土産に持ち帰りたいというので、雑草に限り許可した。

ママチャリの籠には、ハルジオンとタンポポとナズナが載せられた。

その八、目黒川完全制覇

子どもたちと蛇崩川を水源まで辿るサイクリングをして以来ずっと、私は早く次の計画を実行したくてうずうずしていた。この遊びに完全にハマってしまったのだった。

蛇崩川を巡った翌日から、私は暇を見つけると地図を広げるようになっていた。支流の蛇崩川を水源まで辿ったとなれば、次は本流の目黒川へ行くというのが自然な流れだ。その方向に異存などあるはずもないが、さすがに本流というだけあって目黒川は奥が深かった。それに途中で二手に分かれてもいるのだった。

東急東横線中目黒駅から目黒川を遡っていくと、河畔のサクラが育ち、近年花見の名所となった並木が環状6号線と平行にしばらく続く。青葉台三丁目で山手通りの下をくぐると、ほどなく国道246号も越える。すぐに世田谷区池尻に入るのだが、目黒川を覆って作られた緑道はここで分岐している。西から来るのが烏山川、北から合流するのが北沢川だ。地図で見るかぎりどちらも似たようなスケールだが、流程は烏山川のほうが少し長い。現在のように河川改修された状態では流量の比べようもないから、これは私の想像だが、合流点付近の幅を見ても烏山川のほうが本流と思われる。

「これは一日で、両方いっぺんには無理だな」

地図を見ながら、私は思わず舌打ちしてしまったが、内心よろこんでいたのはいうまでもない。

烏山川の水源は、環状8号線も甲州街道も越えた世田谷区北烏山付近、もう少し行けば三鷹市というあたりのようだった。先述したように北沢川の流程は少し短く、水源は環状八号線のすぐ内側

にあたる世田谷区八幡山付近と思われた。（遠いほうは楽しみにとっておこう）

私はそう考え、まずは北沢川を水源まで辿り、次の機会に烏山川沿いに走る計画を立てた。このとき頭の中に「目黒川完全制覇」という七文字が浮かんでいた。中目黒から下流の目黒川は、一度長男と河口まで歩いている。蛇崩川も徒歩と自転車ですべて回った。徒歩か自転車かなどと細かいことをいわなければ、あとは中目黒から上流の目黒川、北沢川と烏山川を自転車で走破すれば完全制覇だ、とこの時点で私は思っていた。

川の道を巡るのは実に楽しい。季節を感じることができるし、郷土や歴史を知ることにもなる。なによりいい運動だ。ただ、こんなに愉快な休日の過ごし方をしている人を、ほかには知らなかった。この密かな楽しみを知っているのはきっと自分たちだけに違いない、とずっと思ってきたのだが、この原稿の下調べをしていて、最近インターネット上にある都市河川歩きをテーマにしたサイトの存在を知ってしまった。庵魚堂さんという方が作っておられる、『世田谷の川探検隊』というホームページである。都市にこれだけの人間が集まっていればその中に、同じことを感じたり、同じ楽しみを見いだしたりする人が複数いるのは、考えてみれば当然なのかもしれない。このサイトは、川の紹介を世田谷区内に限定されているようだが、その川跡の綿密な辿り方にしろ、歴史を遡って調べようとする姿勢など、とても私などと比べようもないほど熱心で力が入っておられる。恥ずかしながら、そこではじめて知ったのが、目黒川水系にも、細いものを含めればもっとたくさんの支流があるということである。そんなことも知らず「完全制覇」などと謳っていた自分はなんて薄っぺらだったのかと、遅ればせながら反省したしだいである。

支流の蛇崩川とくらべると、本流にあたる目黒川の水源はかなり遠く感じられる。これが小学校高学年の子どもであれば、取りたててどうということもない、自転車で出かけるのにはちょうどいい距離ということになるのだろうが、小学二年生の長男に走りきることができるのかは未知数だった。しかしまあ、どこまで行けるか試してみようという軽い気持ちで出かけることにした。

結果からいうと、どちらもふつうの小学二年生の体力があれば決して難しい距離ではないことがわかった。問題は、自転車に乗るのが好きかどうか、あとは根気があるかどうかだと思う。といっても、我が家の子どもたちが人並み以上に我慢強いというわけではない。目的地を目指してただひたすら走らせていたら、おそらく音を上げていただろう。

そこで考えた作戦が、途中のコンビニで好きなお菓子と飲み物をひとつずつ買ってあげることだった。すると、途中で現われるであろうコンビニまでは一目散に走ることになるし、そのあとも休憩のたびにお菓子が食べられるので、次までがんばろうということになる。もうひとつは、適当

に寄り道をすることだった。もちろん休憩も兼ねるのだが、これがいい気分転換になる。
川の道に沿っていくと、意外と公園が目につく。川から程近い大きな公園に、地図で目星をつけていくこともあるが、川の上が公有地であるためかちょっとした遊具を置いただけのようなスペースも多い。サイクリング途中の休憩にはとても重宝する。
これといって特徴のない小さな公園で、何度休憩を取ったことだろう。休憩といっても、子どもたちは目当てのお菓子を私から受け取り、ほおばるといつものとおりさっそく遊びはじめる。私は少し変わっているのかもしれないが、これまで名前も知らなかったこういう公園などにも、一期一会を感じてしまう。自転車で訪れることができる近距離にありながら、これまでその存在さえ知らなかった公園に出会い、そのベンチに腰掛けて、自分の子どもたちが遊ぶのを眺める時間を持った縁に感じ入ってしまうのだ。

かつて人間の手垢にまみれていない自然にあこがれ、また海外の釣り場を夢に見ていたころは、近所の公園というものが、やけにせせこましく、みすぼらしいものに見えてしかたがなかった。都会の街角にある小さな公園など、自分にとって縁のない、不要なもののように思われた。いまでも、こんな公園を造るのなら、ただの野原にしておいたほうがよほどいいんじゃないかと思うことはある。けれども、コンクリート・ジャングルの中であればこそ、そこに子どもたちが遊ぶスペースがあり、誰でも使えるトイレや休めるベンチがあることの価値を、遅まきながらようやく実感することができた。公園に使われた税金を、やっと少し取り戻した気分である。

北沢川には、ゴールデンウィークに出かけた。ツツジ・ロードとでも呼べそうな、ツツジの咲き揃う季節の道だった。日本人はきっと、サクラと同じくらいツツジが好きなのだと思った。このときは「目黒川完全制覇」のために、わざわざ中目黒の蛇崩川との合流点まで戻ってから、目黒川を遡上した。これがけっこうな遠回りになった。

このときの収穫は、代沢のあたりの下水処理水を流して小川を再現してある区間にザリガニが放してあるのを見つけたことと、梅丘の羽根木公園にも、家の近所の世田谷公園と同じ「プレイパーク」があるのを見つけたことだ。

ザリガニがいるのは、ザリガニ釣りをしている子どもたちを見かけて気がついたのだが、自分たちもその後二年間、何度かザリガニ釣りを楽しませてもらった。近所でザリガニ釣りができるなんて、昔に戻ったみたいでうれしかったのだが、いまではすっかり姿を見なくなってしまった。もう一度周辺の子どもたちがザリガニ釣りを楽しめるよう、キャッチ&リリース区間の設置を切に希望する。

羽根木公園のプレイパークでは、子どもたちがサイクリングを中止しようかと思うほど遊びに熱中した。プレイパークとは自分の責任で自由に遊ぶ場なのだが、ここで詳しく説明するスペースはない。詳しくはホームページをご覧ください。

途中、自転車が進入できない区間があったが、それでも平行に走る車道や側道を進めば、川から離れずに進むことができた。やがて日大桜丘高校のグラウンド脇を過ぎたあたりで道が不明瞭となった。それでもできるかぎり傾斜を探り、わずかな谷状の地形を辿って進んでいくと、ついには都立松沢病院に突き当たった。もちろん子どもたちに話してはいないが、私は地図を見ているので目星はつけてある。松沢病院の中には将軍池という立派な池が残っていて、これが北沢川の水源にあたることは、ほぼ間違いなさそうだった。

松沢病院の敷地内には立ち入ることができない。しかし、実際にそれを目にしなければ子どもたちは納得することができないだろうと思った。突き当たりから塀に沿って右に回り込んでいくと、塀の上部のメッシュを通して、広い敷地の中に池があるのを見ることができた。そこから、たしかに細い水路が北沢川のほうに伸びている。背の届かない次男は、抱き上げて確認させた。はたしてこの池のことを、子どもたちはどれほど理解したのか、いつまで覚えているのかはわからない。そうすることで納得したかったのは、実は私だけだったのかもしれない。

烏山川の水源を目指したのは八月だった。やはりどうしたって、初夏から盛夏にかけては忍野の釣りに熱が入ってしまうせいだった。晴天で、とにかく暑く、朝早く出発したのだが、それでも汗をかきどおしだった。このときは目的地を目指す意識が強かったせいか、大きな公園には寄らなかったが、そのかわりたびたび休憩を取り、子どもたちには充分に水分を補給させた。わずかな木陰でも、ありがたかった。親子三人で入り込み、涼しさに感謝した。その木の幹に、たくさんのセミの抜け殻を見つけたりした。虫好きの次男は、まだこんなにたくさんセミの抜け殻が集まっているのを見たことがなかったので大喜びだった。肩車までして取り集めたら、両手に溢れてしまった。

京王線の線路を越えた道路脇に、無人販売されている野菜を見つけ、ずいぶん遠くまで来たんだな、と感じた。甲州街道を越え、中央道をくぐると、北烏山団地に入る。たくさん枝分かれして不明瞭になりつつある川跡で、これが本流であろうと当て込んで辿っていった水路は、東八道路に突き当たり途絶えてしまった。その水路は、かつてすぐ先の玉川上水から引水していたものだった。地図を見ると、団地の西方にもうひとつ川跡らしきものが見つかった。そこにはまだ塞がれていない小川が流れていたので私たちは驚いた。水も下流の露出区間とは比較にならないくらいきれいである。私は水源近くまでやってきて、ついに目黒川の秘密を見つけたような気がして愉快だった。

辿っていくと、高源院という禅寺の中の「鴨池」という池に行き着いた。細流がまだ先へ続いているようだったが、ここが水源のひとつであることにまちがいはない。真上からのじりじりと焼けつくような日差しの下で、高源院の門前に並んで記念写真を撮った。完全制覇でなくても、ひとつの川を河口から水源まで辿った満足感は、きっと変わらなかったと思う。

中村屋
日原医院
サイトウ歯科

その九、初めてのスキー

わが商店街、その名も「祐天寺昭和通り商交会」には、スキー好きが多い。自称他称を問わぬなら、プロ級が二人もいるし、ほかにも毎冬に必ず出かける者が数名いる。みな私と同年代か、少し年下である。我々には共通点があり、それはスキーが流行っていた時期に二十代だったということである。

当時の一部若者のスキー熱には、盛り上がりにも長さにもすごいものがあり、ブームを超えていたと思う。猫も杓子もスキー場を目指すので、冬の週末には東京からスキー場までクルマが列をなしていた。私も友人に、ゲレンデには女の子がいっぱいいるからと誘われたのだが、最後までもうひとつ本気になれなかった。行きから渋滞、帰りは大渋滞、リフト待ちも飯を食うのもすべて渋滞とくれば、これはどこかおかしいんじゃないかと考えるのも当然だろう。雪のない東京に住んでいて、毎週末にスキーをしようというのがどうかしている、というのが私の結論だった。

あれから十数年、ひと昔時間が流れるとほんとうに世の中は変わるものらしい。わが商店街のプロ級いわく、

「黒石さん、いまはもう、スキー帰りの渋滞なんてほとんどありませんよ。リフト待ちもあまりしないし……」

と言う。しかし私は疑り深い。

「でもそれは、平日の話なんじゃないの?」

「いや、ほら。うちの定休日は日曜日じゃないですか。平日なんて行きたくても行けないですよ」

そう言われてみればそうである。よくよく話を聞いてみると、人出は昔の六、七割に見積もっておけばいいようだ。ゲレンデの上のほうのレストランなら、昼時でも空席があるという。それじゃあ週末の忍野のイブニングより空いているじゃないか。

久しぶりにスキーの話をしているうちに、心が動きだした。おそらく、自分が楽しむためなら、そんな気にならなかったと思う。冬のアウトドアスポーツ数々あれど、子どものうちから長く楽しめるスポーツの本命は、なんといってもスキーではないか。

しかし、スキー場は遠い。すくなくとも一人で子どもを連れてではさすがにきついはずだが、そこは運動嫌いのわが妻の唯一好きなスポーツがスキーということで、これも再び出かけてみる気になった大きな理由のひとつである。

思えば、その年の正月休みを我が家は持もて余し気味に過ごした。それまでは親戚の家にお邪魔したり、凧を上げに行ったり、自転車で公園を巡ったりして過ごしたのだが、それではいまひとつ盛り上がらず、なんだか時間を無駄にしたような気分になった。それならいっそ、思い切ってスキー場まで出かけたほうがいいだろうかと考えもしたが、渋滞トラウマのせいで第一歩を踏み出す気にはなれなかった。

「ようし、来年の正月はスキーにでも行くか」

というと、真っ先に賛成の手を挙げたのは妻だった。この人、よほどスキーに行きたかったらしい。これまでは子育てのこともあり我慢してきたというのだ。で、日程、行き先、宿の予約までがとんとん拍子で決まった。

男が、一家の主は自分であるとでかい顔をしていても、実質的に大きな買物や旅行の決定権は奥さんが握っていることが多いから、そこらへんをわきまえているセールスマンは奥さんを攻めるのだという。実は我が家もそうだったということに、ここで気づかされた。ちょっとショックであった。

一家でスキーを始めると決まったならば、当然道具が必要になる。かつて私がスキーを始めるときには相当な出費をした記憶がある。これが四人分となれば大問題だ。買うべきか借りるべきか。商家に生まれ育ったせいか、私にはプラグマティックな判断基準が染みついている。いや、もっとはっきり言おう。私はケチである。なにかにつけてソロバンを弾かないと気が済まないのだ。

最初の概算では、これはどう考えてもレンタルだということになった。ところが、十数年前とはやはり事情が変わっていた。インターネットの普及である。

まず格安ウエアの存在を、わが商店街の準プロ級が教えてくれた。ファッション先行の大手に対して、雪国のスポーツ用品店では実用品として安価なスキーウェアの需要があり、アジア製ブランドなどを取り扱っているという。商人は、過度の見栄や虚飾を嫌う。死んだ親父もそうだった。その分、酒とギャンブルに金をつぎ込んでいたような気がするが、それはさておき、動きやすく、防水、防寒がきちんとしていればそれで充分である。うまいぐあいに子ども用は、育ち盛りの身長に対応して丈が伸ばせるようになっている。これなら三シーズン以上持ちそうである。大人用も、まるで私の注文を見越したようにウエストの調節(拡大)ができるようになっていた。これらをネットで、これまでその存在さえ知らなかったお店に注文した。

ようし、それなら道具もインターネットで、ということでオークションを覗いてみた。とにかく子どもの用具で問題なのは成長期ゆえに数年で体に合わなくなることである。さすがにスキー板は延び縮みしないので、とにかく安い板を捜した。まだ夏を過ぎたばかりだというのに、スキー用具がたくさん出品されていた。

どうやら、ブームの頃の用具が大量に、全国の家庭の物置で埃をかぶっているようだ。捨てるにも金がかかるご時世、それならばオークションへということらしい。ネットオークションが、スキー用具のリサイクルに役立っていることはまちがいない。特に板は、現在カービングが主流なので、真っ直ぐな板が大量に、数百円くらいから売りに出されている。いまさらゲレンデに出会いを求める気もない中年夫婦には、これで充分である。

ところが、大人用が選り取りみどりなのに対して、子ども用はそうはいかなかった。長男はすでに小柄な女性くらいの体格をしているので捜すことができたが、次男用の板や靴は数も少なく、あっても値段が競られていく結果、そう安いものではなくなってしまうのだった。なるほど皆さん、狙うところは同じで、すぐに使えなくなるとわかっている子ども用は、できれば質のいい中古品をとお考えのようだ。板だけはなんとか捜すことができたが、次男の靴は、逆に新品を買って、いずれそれをオークションに出品したほうが安くつくという結論に達した。

用具が揃うと、その気になる。よせばいいのに庭の狭い芝生の上で子どもたちにスキーを履かせ、用具に慣れさせようとキックターンの練習などさせていた。そこで私もスキーを履いたまま、転んだ長男を引っ張り上げようとしてギックリ腰をやってしまった。

歳末の忙しい最中、なんとかギックリ腰から立ち直り、ようやくゲレンデに辿り着いたのだが、子どもたちを入れようと思っていたスキースクールに間に合わず、午前中は私が基礎を教えるはめになった。フライフィッシング同様、スキーを履いて滑れるようになるまでにはそこそこの忍耐が必要である。雪の上では、芝生上の練習の効果はほとんどなく、一時間もしないうちに長男は、

「やっぱりぼくはソリがいい」

と言い出す始末。それをなだめ、ときに叱り、ときに誉め、昼食までにほとほと疲れ果てた。そこへいくと午後からの二時間ばかりのレッスンで、緩斜面ならなんとか滑れるところまで持っていくのだから、やっぱり教え方は大切だし、専門家というのはすごいなぁ、と実感させられた。

子どもをスクールに預けてようやく一息つくことができた。これでレッスン終了までの二時間、妻と二人きりで滑るということになったのだが、これが妙に居心地がよくない。妻とどの程度離れればよいのか、その距離感がつかめないのである。いまさらべたべたする気もなく、かといっておまえはあっちを滑れ、俺はこっちを滑る、というのも変だしなぁと、はじめのうちはちょっととまどった。まあ、そのうちに慣れたのだが、子どもがスクールから戻って来るとすぐに、しっくりいつもの感じに収まった。やっぱり家族四人揃ったほうが居心地がよい。

子どもの上達は早く、初日の夕方にはいっしょに緩斜面を滑れるようになり、翌日からも目に見えて進歩した。けれど、これも個性というのか、次男がどんどん傾斜に慣れて、急なところを滑りたがるのに対して、慎重な長男は腰が引けてしまい、なかなか急斜面をうまく滑れない。初級コースを滑ると次男が文句を言い、上級コースには長男は決して踏み込まない。その結果現在では、家族が真っ二つに別れてスキー場での一日を過ごすことになり、顔を合わせるのは昼飯のときだけというようなことになっている。家族揃って仲良く滑るシーンはあまりない。

たしかにゲレンデは昔より空いている。けれども始めたら始めたで、スキーもまたいろいろとたいへんである。せめてもう少し近ければ、と考えるのは歳のせいなのだろうか。

釣り場もスキー場も、住んでるところから近いほうがよいとつくづく感じる今日このごろである。

その十、昔の遊び

冬の休日は、とてもリラックスできる。渓流の禁漁期間というのがその大きな理由である。基本的に週一回しかない休日に釣りに出かけるのは、私にとってけっこうきついことになりつつある。体力的にはふだんの営業日とそう変わらないが、睡眠不足と往復の運転、集中力を必要とする忍野の釣りで消耗し、たいがい神経はくたくたに疲れ果てる。シーズン中はときとして、「休憩日」なしで働き続けている気分になることがある。

けれども私には、もう三十年以上も隙あらば釣りに行ってやろうとしてきた習慣が身についてしまっているらしい。たとえば結婚式直前の休日も、午後三時頃になって時間が空き、ふと、用事もないのに自制する必要はないと思い立ち、周囲に「買物に行ってくる」と言って忍野のイブニング狙いに出掛けてしまった。このように、半日時間があれば釣りに行かないと損だと信じつつ半生を過ごしてきたせいか、用事があって川へ行けない休日も、シーズン中であればどこか落ち着くことができない。

こういう、自分でかけてしまったようなマインドコントロールが、禁漁になると解ける。その冬は寒いこともあって、最近は管理釣り場にも足が向かず、すっかりあきらめの境地だから、かえって気持ちにゆとりができる。だから冬の休日の朝はゆっくり目覚め、時間をかけて新聞に目を通し、朝ごはんを食べ、さてこれからどうしようかと考えるとき、はたと行き詰まる。子どもたちの成長とともに、いつからともなく冬の休日の過ごし方を考えさせられるようになっていた。

「いままで、冬の休みってどうしてたっけ?」

と妻に尋ねてみるが
「さあねぇ……」

という返事が返ってくる。右脳派で直感的な行動が多い妻に、つい過去のデータ検索を要求してしまった自分の行き詰まりに、軽いため息を吐いた。

しかたがないので日記というか、気まぐれにつけているメモを読み返してみた。けれどもたいしたことはしていない。公園へ行ったというのが一番多く、あとはせいぜい映画とか水族館くらいのものである。そういえば、子どもたちが幼い頃にどんな遊びをするかで悩んだ記憶はない。

つい数年前までは、季節を問わず単純な遊びの相手をしてあげればそれでよかった。だから近所の公園にでも連れて行けば子どもも充分に満足していた。ところが昨今そうはいかなくなり、その程度ではすぐに飽きるだろうと予想がついてしまう。そ

れがなにして遊ぶかを考えなければならなくなった理由だろうが、子どもが成長したのだからしかたがないか。
　思い返せば、春から秋までは悩みがなくてよかった。自分だけの時間としてフライフィッシングのスケジュールを確保し、あとは自分のやりたいことに子どもをつきあわせているようなものだったからだ。この季節は、できれば野外で遊びたい。サイクリング、ハイキング、釣り、海、プール、果物狩り、潮干狩り、遊びはいくらでも見つけられた。けれども、冬はそうはいかない。海も山も寒いから、ついついこちらの腰も重くなる。
　ほんとうは、冬こそ子どもたちが集まって遊べばいいのに、と思う。冬こそサッカーや野球がいいのではないか。しかし、地域のサッカーや野球のチームというのは、私の感覚からするとどこも一生懸命すぎて縛りがきつい。ウィークデーはさほどでないが、週末は隙間なく練習や試合が詰っている。これでは週末に家族で出かけにくい。私の小学生時代は、

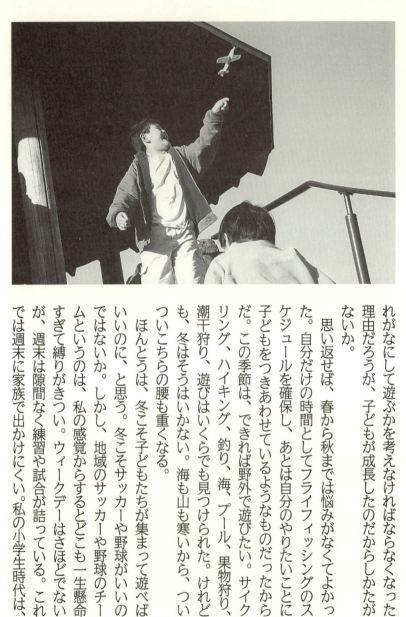

野球で遊びたいやつだけがバットとグローブを持って空地に集まってきたものだが、どうもそうことでは居づらくなるらしい。

ある冬の休日、考えてばかりいてもしかたがないからと、横浜にある大きな公園へ出かけてみることにした。その公園は林に囲まれており、葉を落とした木々の隙間を季節風が吹き抜けていた。寒々としていたが、冬には冬なりの風情があるものだ。大人の私はそういう季節感や景色を楽しめる。子どもたちは興味を持てないようすだが、そのかわり寒さは気にならないようだ。越冬中の虫や植物のようすでも解説してあげられれば、また違った角度から冬という季節に興味を持てるのかもしれないが、残念ながら私にそのような知識も経験もない。しかし、せっかく冬なんだから、冬らしいものを捜そうということになった。

太陽は高くなっていたけれども、大きな広場の隅、林の日陰にまだ霜柱が残っていた。いまや都市型気候と道路舗装の影響で、我が家周辺で霜柱を捜すのは難しい。だからこそ子どもたちは大喜びで、夢中になって霜柱を踏みはじめる。たしかに、霜柱がそれほどめずらしくなかった私の子ども時代にも、学校に行くまで砂利道の隅にできた霜柱を捜して踏みながら登校した。あの、自分の足跡を残すことや踏み付けたときの感触は、子どもには楽しいものだ。霜柱は融けかかっていて靴が泥だらけになったがそのままやらせた。こういうことには妻も割と寛大なので助かる。

大きな林の中の遊歩道を歩いていくと谷地に入り、そこには小さな田んぼがあった。もちろん刈り入れは終わっているが、水が張ってある。日陰にある田んぼの半分はまだ凍っていたのだが、一見したところわからない。そこで、子どもたちに石を投げさせてみた。氷の手前に落ちると音を立てて水没するが、氷にまで届くと、石は音もなく滑って対岸まで辿り着く。この対比がおもし

ろいらしく、氷に気がつくと子どもたちは競って遠投をはじめた。

最後に公園で一番高い丘に辿り着いた。売店で八十円のスチロール製の飛行機を買って、一番上から飛ばしてみた。プラスチックのちゃちなプロペラ付きだが、安物の割に想像を越えてよく飛んだ。初めは風に乗せて丘のさらに上空に向けて発射する。強い北風が軽い機体を、遠くへ一気に運び去る。そこで飛行機は、風上に向かおうとする特性から大きくターンして滑空、風に乗ってゆっくり高度を下げながら、丘の中腹あたりに着陸する。毎回飛び方や軌跡が変化するので、何度見ていても飽きなかった。飛行機遊びってこんなに楽しかっただろうか。いつもは長く歩かせると文句を言うくせに、子どもたちは夢中になって何度も丘を上り下りしている。相当な運動量だ。やっぱり子どもには楽しく体を動かさせることだと再認識した。

この日、想像以上に楽しかったことがキッカケとなり、気まぐれな私は、急に身近な遊びが気になりだした。そういえば先の夏以降は、子どもたちにスケールの大きな遊びばかりさせようとしていたのではないかと反省した。身近な、慎ましやかな遊びだって子どもには充分楽しいのだ。思えば、自分の子ども時代がそうだった。路地に集まる近所の子どもたちと、メンコやコマや缶蹴りに興じているだけでほんとうに楽しかったじゃないか。

考えるにあの頃は、慎ましやかな遊びの楽しさだけではなく、遊ぶために路地に集まってきた友達と過ごすこと自体が楽しかったのだ。群れ集まる同年代の子どもたちが、自分たちでルールを作り、喧嘩と仲直りを繰り返しながらもよく遊んだものだった。なにか大きな体験をさせることもいいけれど、子ども同志で遊ぶことで人との間合いをつかむことも大切なことである。休日にどこにも出かけられなくても、自然と路地に子どもたちが集まったあの頃のほうが、子どもには幸せだったのかもしれない。

しかし現在、子どもたちが群れ集まって遊ぶ姿を見ることは少ない。子どもの数が減ったことが第一の理由だろうが、習い事をしていたり、親が働いていたりと事情はさまざまだ。このままで、社会に出てから人と折り合いをつけてうまくやって行けるようになるのかと、親として少し心配でもある。

そこで、子どもたちが集まらないなら、集めてみてはどうかと考えた。子どもたちにそれぞれ気の合った友達を集めさせ、遊びの合間に私の子ども時代の遊びも教えてみよう。いまの子どもたちがそれを受け入れるか、どのくらいおもしろがるか、考えたらわくわくしてきた。そこで、年に何度かでも休日を振り向けることにした。子どもの友達に、遊びに来いといって半日は付き合わせるつもりなのだから、昼食にはバーベキューを用意することにした。これが我が家の、年二回の恒例行事になっていくのだが、私が個人的にもう一度子どもの頃の遊びをしてみたかったからということもある。

そのバーベキューの日、ふだんから騒がしい我が家は一段と騒がしくなり、近所迷惑このうえない。昔はそこいら中の路地がこういう状態だったはずだから、住民も慣れていたのだろうか。年に二度ほどなので、ただ頭を下げて納めていただいているが、ご近所には相当に我慢していただいていると思う。

バーベキュー用の炭に火を移すために、廃材に火をつけると、子どもたちはもうそれだけで興奮しはじめる。肉屋の利点を生かして、カルビからスペアリブ、焼き鳥まで、材料はたっぷり用意してある。寒い季節には、残り火で焼き芋も焼く。

満腹になった後は、いよいよ遊びである。もちろんこの日は、テレビゲームは禁止。予想どおり、子どもたちは昔の遊びもすぐに受け入れて楽しんだ。昔も今も、子どもに変わりはないのだ。

道路にロウセキで丸を十個書き、自分の石を輪の中に順に入れていくのと、石の入っていない輪をケンパで往復するのを組み合わせた遊び。五寸釘の釘差しは、うまく地面に釘が刺さるまでに時間がかかったけど、一度コツをつかんでからは楽しめるようになった。

窓の上の庇に友達の名を呼びながらボールを投げ上げ、呼ばれた人が落ちてきたボールを捕るという単純な遊びは、一番盛り上がったかもしれない。「塀の内側にボールが落ちたらやり直し」、「友達をあだ名で呼んでもいい」などと、すぐにみんなで納得できるようなルールが作られた。子どもたちが集まって遊ぶのは、見ているだけでこちらも楽しくなった。やっぱり子どもは集まって遊ぶのがいいなぁ、と思った。私も混ぜてもらったことは、言うまでもない。

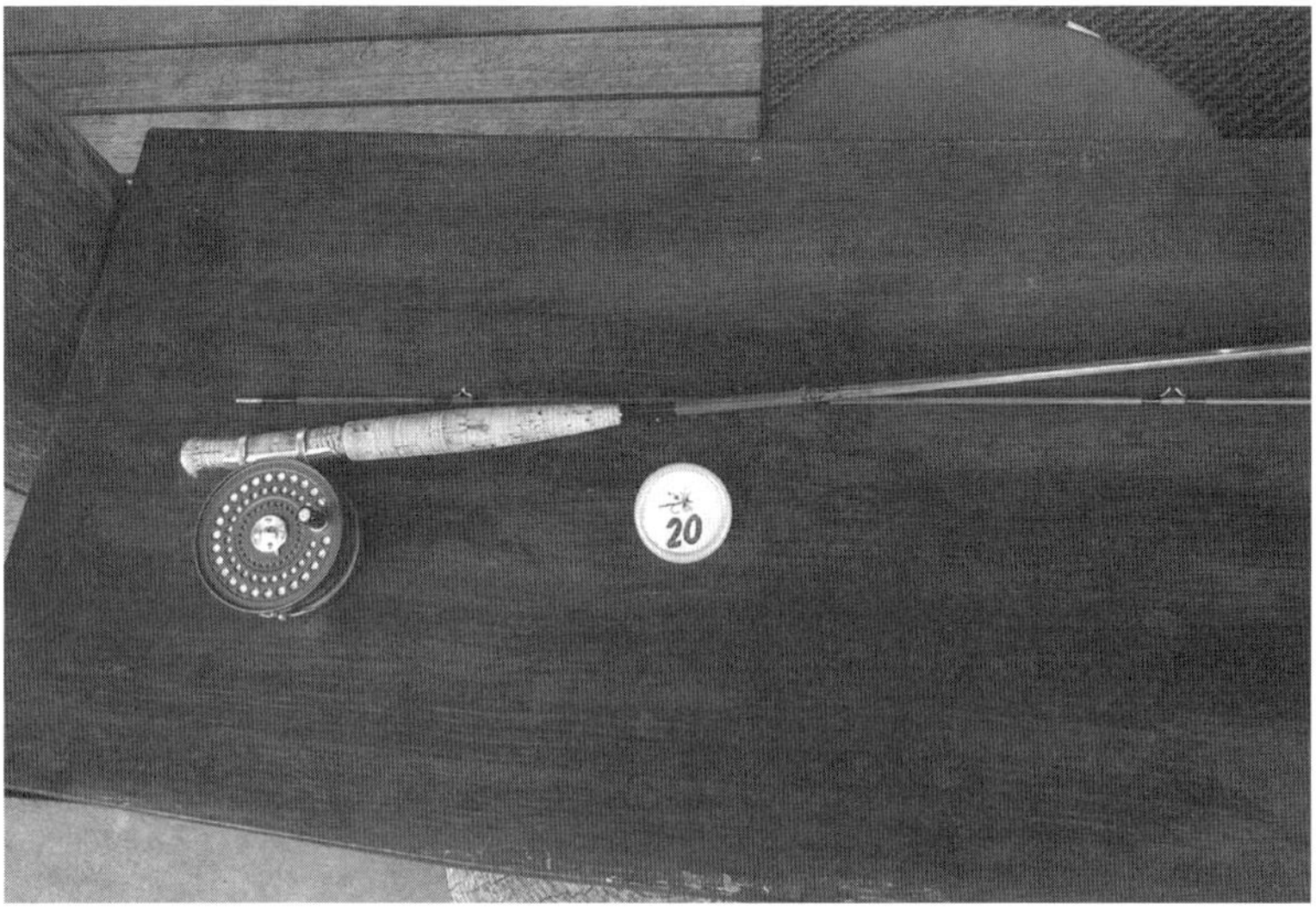

その十一、釣りへの道

フライフィッシングを生涯の趣味と決めた父親は、子どもが生まれると、特にそれが男の子の場合には、いつかコイツにもフライフィッシングを教えようと考えるようだ。

私も、五歳になったばかりの息子にフライフィッシングのおもしろさをどうやって伝えようかと真剣に悩み、またそれを楽しみにもしていた。まだまだ早いだろうとは思いながら、いやいやこいつにも俺の血が入っているのだから、と考えてしまうところなど「親馬鹿×釣り馬鹿＝大馬鹿オヤジ」の方程式を認めざるをえない。

子どもは父親に誘われてよろこんでついては来るが、それは決してフライフィッシングができるからではない。子ども特有の旺盛な好奇心ゆえに、何かおもしろそうだから一緒に行ってみる、というだけのことなのである。

子どもに教えようとして改めて気がついたのが、フライフィッシングは、それ相応の意志や忍耐を持っていなければ身につかないということだった。一足飛びの習得などなく、時間をかけて上達していくところなど、職人が技術を磨いていく過程とよく似ている。まあ、職人は腕を磨けば世間の役に立ち、ついには人間国宝などと呼ばれ尊敬されることになるが、釣りはどんなにがんばってもただの遊び人、せいぜい道楽隠居と呼ばれるのが関の山だろう。

職人の父親は、息子に跡を継がせたいのが本音でも、ふつうは手取り足取り仕事を教えたりしない。それは、相手が本気で仕事を覚えたいと思っていなければ、なにをどう教えたところでものにならないとわかっているからだろう。本人が習得への強い意志を持ち、経験を積み上げないかぎり、いくら教えられても本物の技術は身につかないのだ。

それに、自分の子どもにフライフィッシングを教えるときには、ついつい力が入ってしまう。他人には忍耐強く接することができるのに、我が子にはついきつく言ってしまっていた。これでは楽しいはずもない。

釣り場に連れていってああしろこうしろとやらされているときの息子はどことなく元気がなかった。けれども、川原の石をピョンピョン跳ねていくときや、昼飯を作っているときの息子は喜々としていた。

私は、半強制的に子どもたちにフライを教えるのは、ひとまずやめることにした。家族でマス釣り場に出かけて楽しむ程度にとどめることにした。一度そう決心してみると、やけに気分が軽くなった。それで、勝手に使命感を持っていたのは私のほうだったのだと気づいたのだが、一方で別の強い思いも湧いてきたのだった。フライ云々にこだわらず、ただ単純に子どもと一緒に釣りがし

たかった。釣りの楽しさだけはどうしても伝えたかった。サイクリングやキャッチボールと同じように、子どもとの遊びからどうしたって釣りは外せないと思った。いまさらながら私は、フライフィッシャーなんだという前に、ただの釣り馬鹿オヤジなんだな、ということに気づかされた。

実はこのあと、子どもと各地の釣り場に出かけるたびに、私はフライ以外の釣りの楽しさを再発見することになった。フライに半生をかけたことに後悔はないが、そのおかげでずいぶん視野が狭くなっていたようだ。ほかにもおもしろい釣りはたくさんある。それももっと楽しまなきゃ人生の損失である。ついにはそう考えるようになった。

私が子どもと最初に出かけた釣りは、フライロッドを携えての管理マス釣り場だったのだが、我が家の子どもたちが主体的に、

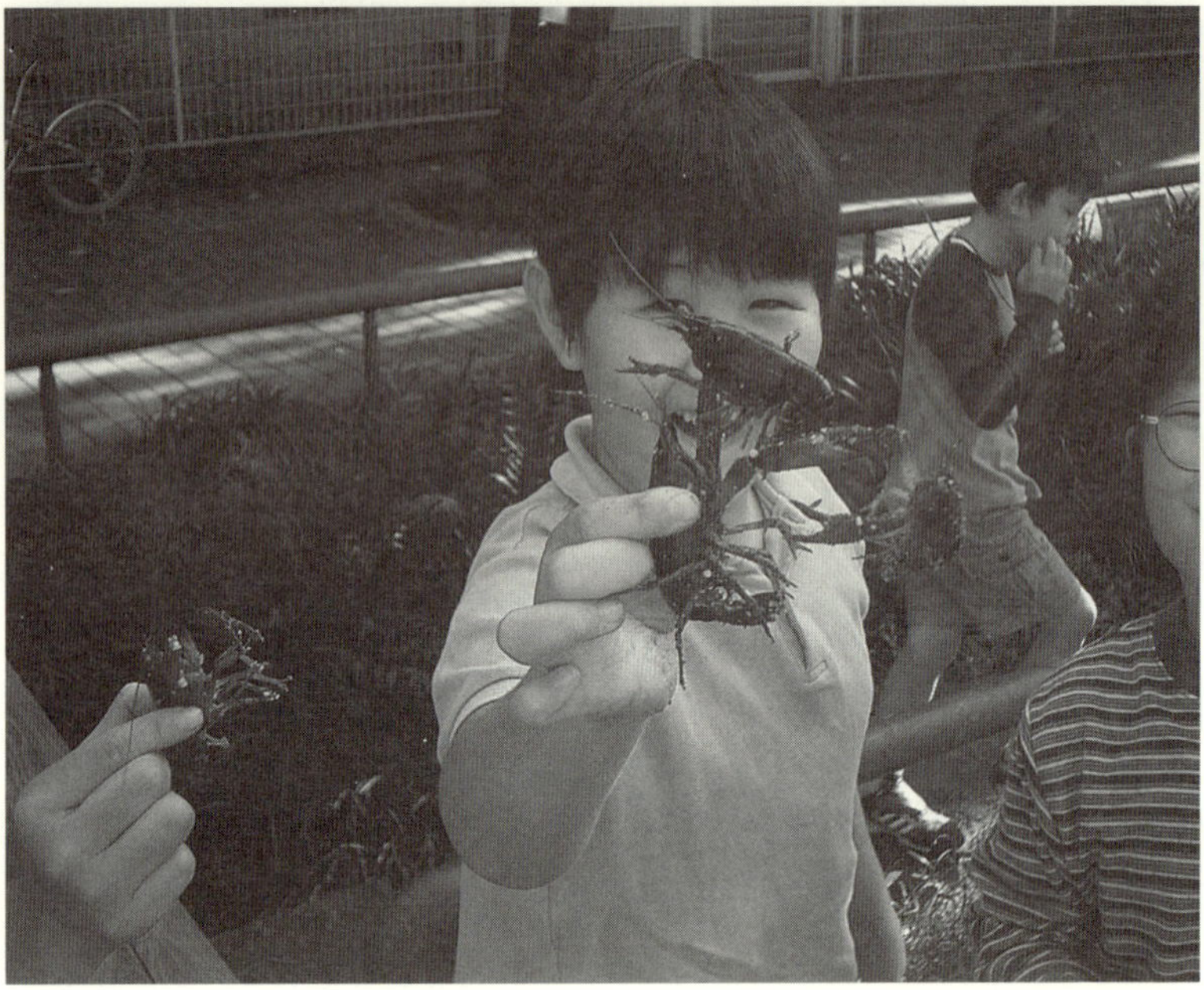

心から楽しんでいると思った最初の釣りは、実はザリガニ釣りだった。ザリガニ釣りなど釣りじゃない、という方もいるかもしれない。たしかに糸の先にハリは付いていないいし、獲物の口にハリがかかるわけでもない。けれどもザリガニ釣りを起点とすれば、その行く先に本格的な釣りが見えてくるのはまちがいないと私は思う。

最初にザリガニ釣りに行ったのは、長男が二年生、次男が幼稚園の年中組の初夏だった。場所は北沢川の代沢付近で、北沢川の水源を目指してサイクリングしたときに見つけた。北沢川の暗渠の上に整備された緑道の脇に細流が設えられていて、そこでザリガニを釣っている子どもや親子連れを見かけたのだった。

子どもがスルメを結んだ凧糸を持っているのを見て、私はすぐに自転車を止めた。細流といっても、もちろんそれは北沢川の水ではなく、下水処理水が流されている人工の小川である。水深は浅いが、大小の底石が敷かれ、水藻が付いている。植栽された草花に囲まれ、雰囲気はかなりいい。

我ながらフラ馬鹿だなぁと思ったのは、こんな小さな流れでも、まず最初に渓流魚の付きそうな場所を捜してしまうことだ。ちょっとした瀬の流心に目をやると、そこにまた魚影が見えたものだからたまらない。

思わず近づくと、その数匹はさっと反転して流れを下っていった。誰が放したのかオイカワである。流れのあちこちにけっこうな数がいた。

（ちょっとブッシュがきついが、竿を持ってくればなんとか）

などと思わず考えてしまい、あ、こりゃいかん、と気がついた。流れの中層ではなく、底石の隙間を捜していくと、すぐに赤いハサミが見つかった。石の陰に半分身を隠し、ときにもぞもぞと動くザリガニだった。歩いて捜すと、あちらにもこちらにも点々と隠れていた。なかには堂々と姿をあらわしているザリガニもいる。すぐにでも糸の付いたスルメを届けてみたい衝動をぐっとこらえ、再び自転車にまたがったが、その瞬間からザリガニ釣りを目的に再訪するのが待ち遠しくなってしまった。

一カ月もしないうちにチャンスは訪れ、一家四人で勇んで出かけた。竿は園芸用の添え木に使う竹棒で、いちおうバンブー・ロッドである。五号のナイロン糸の先にスルメを結んだ。下見のときと同様に、流れに沿って歩くと点々とザリガニが見つけられる。サイト・フィッシングである。

ところが、スルメが上手く届きさえすれば、ザリガニは疑いもなくそれを捕まえにかかるのに、流れがあるせいで見た目ほど簡単にはいかなかった。

「どれ、貸してみな」

次男が往生しているの見てすぐに声をかけた。念のために一号のカミツブシも持参していたのだ。予想通り、今度は意のままにコントロールできるようになり、すぐにザリガニを釣りあげた。

「おとうさん、これ釣りやすい」

次男が、驚きと尊敬の眼差しで見ている。思わず、すこし胸が反り返ってしまう。よせばいいのに、こんな台詞が口から出てしまう。

「釣りのことなら、おとうさんに任せろよ」

釣り馬鹿オヤジ、愉悦のときである。

竿は二本で交代のはずなのに、子どもたちは夢中になってしまい、とても貸してはもらえない。妻も私も手持ちぶさたで眺めているしかなかった。獲物が見えること。そこそこ釣れ続いているのと、適当に釣り落としがあるところもいいようだ。やらされているのではなく、自発的に釣っている。管理釣り場で手取り足取りで釣らせてあげたときの何倍も楽しそうだ。このとき、次男は五歳になる前だったが、仕掛けさえ作ってあげれば一人で充分楽しむことができた。ザリガニ釣りは、なによりハリがなくて安全だし、餌を付け替えなくていいところ、仕掛けが絡みにくいところなど、小さな子どもに向いている。それでいていっぱしの釣り師気取りができるのだ。

長男が大きなザリガニを釣りあげた。

「おとうさんが子どものころは、この赤いのを『アメリカマッカチ』って言って、これが釣れるとみんなに自慢できるんだ」

それを聞いた長男は、教えられたばかりの持ち方で、ザリガニの頭部の後方をおっかなびっくりで摘まみ、誇らしげに持ち上げた。そのあとも、釣りあげたザリガニに相撲を取らせたり、指を挟まれたりと、大興奮の時間は続いた。

釣りはじめてからそろそろ二時間も経過しようかというころ、空がゴロゴロ鳴り出した。まだもう少し釣りたいという子どもを制して、クルマに乗せた。ほんとうのところ、見ているこちらのほうが飽きてしまったのだ。雷鳴は格好の助け船だった。フロントガラスに、ぽつぽつと雨粒が模様を描きはじめたクルマの中で、

「おとうさん、楽しかったねザリガニ釣り」

と、長男が言った。

「ぼく、また行きたいよ」

と、次男も言った。

このあと、この北沢川の釣り場では、子どもの友達も誘ってあげて、何度も楽しませてもらった。ちなみに現在は、持ち帰られてしまったのか、ほとんどザリガニの姿を見掛けなくなってしまった。残念でしかたがない。

その十二、初めての釣り

我が家では、次男だけがただ一人、運動が苦手ではない。さすがにクラスで一番とまではいかないが、それでもカケッコで十番以内にでも入ろうものなら、我が家としてはたいへんな快挙なのである。なにしろ、私も妻も子供のころから運動は苦手だったのだから、次男が幼稚園の運動会のリレーで相手チームの走者を抜き去ったときには、うれしいよりも先に、夫婦揃って驚いてしまった。

「あいつは誰に似たんだろう」

ということがよく妻との話題になるのだが、じつはお互い、このことについてあまり突っ込んでは話せない。どちらも自分の親戚で足が速かった人の名前を挙げはじめるので、終いには喧嘩になりそうな予感がするからだ。

次男は、工作好きの昆虫好き、おまけに釣りもけっこう好きである。ということで、フライフィッシングにハマる下地はある、と私は見ている。三つ年下なので、長男と比べるとさすがにムラがあるが、状況が整ったときにはけっこうな集中力を発揮する。

次男とはじめて二人きりで釣りに行ったのは、霞ケ浦だった。次男が幼稚園の年長組のときで、たしか五月最後の週末だった。

その日は、長男が小学生しか参加できないハイキングに行ってしまうので、数日前から、

「ぼくはつまらない」

といって、次男はしょげていた。

五月末といえば、関東周辺の渓流はどこも毛バリ釣りの最盛期であるが、私はすでに次男を連れてどこかへ出かけようと決めていた。手伝ってあげればなんとかなりそうだから、そろそろいっしょに釣りにでも出かけようか。

「おとうさんと、釣りに行くか？」

と言うが早いか、寝転がっていた次男は飛びついてきた。

「うんうん、行く行く、絶対行く！　雨でも行きたい！」

釣りでもなんでもかまわないのはわかっている。どこかへ連れていってもらえるから大興奮なのだが、釣り馬鹿オヤジとしては、これがけっこううれしい。

とにかくもうそのころ私は、解禁期間中の毎週末にはなにがなんでも川に行く、というがっついた状態ではなくなっていた。ひとつは、いつのまにか子どもたちと遊ぶことが、フライフィッシングと同程度の楽しみになっていたからだ。二週に一度くらいは、どこでどうやって遊ぶかという計画を立て、子どもたちを引き連れて出かけたかった。

もうひとつは、どんどん大きくなる子どもたちの成長を目の当たりにしてきたせいである。自分の釣りは、先へ行ってからでも楽しむことができるが、子どもは待ってくれない。父親をいつまで「歳を食ったガキ大将」として見てくれるのかはわからないが、遊びのリーダーとして従ってくれるうちに、できるだけ子どもたちと遊んでおきたかった。

次男と釣りに出かけるにあたって考えた。五歳といえば、はじめて釣りに連れて行ったときの長男と同じ年齢だ。結局手取り足取りで思いどおりに釣りをさせてあげられなかった、あのときと同じ轍を踏んでしまっては進歩がない。

五歳児に「粘れ」といっても無理だから、釣りは簡単なほうがいいに決まっている。それならば、短めの竿ですぐ先を釣ればよく、しかもアタリのはっきりわかるウキ釣りがいいだろう。仕掛けの準備はできないだろうし、エサもつけてあげなければならないかもしれない。けれども、どうしても譲れないのが、釣りの釣りたる本質の部分、自分でアタリを取り、魚を釣りあげることができるかどうか、である。

そのころ私は、マブナの生息状況にちょっと興味を持ちはじめていた。かつては我々の生活の近くにいたはずのフナという魚はいまどうしているのだろうか。その噂を耳にしなくなって久しかった。「フナにはじまってフナに終わる」という格言に残るように、子どもが釣りに入門するために好適な対象魚のひとつのはずである。次男には基本どおりフナから釣らせるのがいいのではないか。しかし、そう考えてはみたものの、私自身経験が少ないし、もう二十年以上前に多摩川の稲

田堤で釣ったきりなのだ。
　そこで古い釣り雑誌などめくってみた。フナの記事は、やはり潮来水郷や霞ヶ浦周辺が多い。しかしその方面には一度も出かけたことがなく、どうにもイメージが湧かない。困ったなと思いながら当てもなくページを繰っていると、霞ヶ浦のブルーギルの記事が目に留まった。ブルーギルなら、これまでに何度も釣ったことがあった。コルク・ポッパーでも、ニンフを沈めても、どちらも入れ食いを経験したことがある。ああ、あの魚ならなんとかなるだろうと考えた途端に、おちょぼ口と体側の模様が目に浮かんだ。
　ブルーギルは、アメリカ人にとってのフナのような存在であると聞いたことがある。ブルーギルを含む、パンフィッシュと総称されるサンフィッシュ科の小型魚たちは、子どものころに釣りをしたアメリカ人の多くが、なつかしい記憶として思い出すそうである。
　なぜだか、私の内側でふだんは眠っているナショナリズムが、そのとき急に目を覚ました。日本人として、フナではなく、霞ヶ浦でそのブルーギルを釣るというのはなんとも複雑な気分だった。しかし、ここでまた釣り馬鹿オヤジの妙なこだわりを持ち込んで、楽しくない釣りを強要するわけにもいかない。

出かけたのは、風の吹く、よく晴れた日で、時折風が止むと湿気を感じた。湖岸は一面の葦原を想像していたのだが、護岸化が進んだ味気ない風景が広がっていた。霞ヶ浦の水質悪化は、堰が作られて潮の影響を受けなくなったせいといわれるが、葦原の減少も一因であるにちがいない。

行けども行けども、次から次へと同じような小さな漁港が現われる。

「ねえ、おとうさん、まだなの」

次男が我慢の限界のようなので、そのうちのひとつで竿を出すことにした。道具を持ってスロープを降りかけ、雑草の生えた斜面の上、青空を背景にして止まっているクルマを眺めたとき、急に心が安らいだ。いかにも、五月の休日にやって来た父子がのんびりと釣りイトを垂れています、という景色だった。それまで湖のほうばかり眺めていた私は、田園風景の中にいることをようやく実感した。釣れても釣れなくても子どもと楽しもう、と思った。

まずは水中を覗き込んでみる。偏光グラスを通して、水面に浮いた水草の陰に小さな魚影を見つけた。魚種は不明だが、ひとまず魚影を確認できたので、次男ともども気分は盛り上がってくる。今日は、子どもに釣れてくれれば雑魚でもなんでもかまわないのだ。

道具箱を探って、袖バリの一番小さいのを捜した。袖バリを使うなんて何年ぶりだろう。トウガラシウキも板オモリも養殖ミミズも、釣り道具屋で買い揃えるとき、久しぶりなのでわくわくした。

フライをはじめたばかりの頃、ノットレス・リーダーやフロータントやクリッパーを選んだときのときめきと少しも変わらなかった。

見たところ、明らかにタナは浅い。ウキも一番小さいものでいいだろう。ミミズの付け方も、ハリスの長さも、ハリの大きさも、経験があるとはいえ遠ざかって久しいので自信が持てない。けれど、その分アタリが来たときのうれしさも格別だった。

気づいたときには、釣らせてあげるはずの次男よりも先に釣ってしまっていた。ちょっと探りを入れてみるつもりが、すぐに釣れてしまったのだった。釣れたのは小型のブルーギルだった。上から見ると細長く見えるので、てっきりコイ科の小魚だと思っていたが、予想は外れた。とにもかくにもすぐに一尾釣りあげたことで、次男は俄然やる気を出した。

竿は、祖父の形見の中から、フナ竿らしき並継の竹竿を持参した。安物だから気兼ねはいらないし、四代続けて使われれば祖父も本望だろう。次男に持たせてみると、さすがに取り扱いがぎこちない。係留用のロープや水草に仕掛けを絡めそうになるので、四本継ぎの一本を抜き、仕掛けを詰めてあげることにした。これでずいぶん上手に振り込めるようになったから、あとは時間の問題だと思ったが、ウキに小さなアタリは出るものの、なかなかハリ掛かりしない。原因はハリの大きさだが、小さいハリの持ち合わせがない。そのまま続けていると、五度目くらいのアタリでようやくハリ掛かりした。次男は、やったやった、と大騒ぎ。目を輝かせている。

「こんどはぼくがミミズをつける」

我が家の子どもたちは、どちらかといえば野生児養成指向の幼稚園に通っていたので、堆肥の下のミミズも掘り放題、手掴みもまったく嫌がらない。試しにやらせてみると、自分の指を刺さずに、一匹掛けならなんとか一人でできた。ようし、それならもっと大ものを狙おう。ウキ下を少し深くして、小さな漁港内を探り釣りしてみた。適当にアタリがあり、釣れてくるので、次男は飽きないどころかかなり夢中になりはじめた。

港の内側を岸壁に沿って釣っていく。すると、入り口から進入してくる風波が消えかかるあたりの堤防の際に、ブルーギルの溜まり場を見つけた。ちょうどいいぐあいに水が動くせいだろうか。岸壁の際が日陰になっているのもいいようだ。それほど深くない底近くにタナをとって振り込み、ウキが壁すれすれに動いて行くと、必ず同じ場所でアタリがある。五歳児にもわかる明確なアタリだが、アワセが遅れるとハリを飲まれる。コツをつかんだのか、次男は飽きもせず釣り続けた。一度注意してから、ハリは飲まれなくなったが、強いアワセは直らなかった。全部で二十尾以上釣ったただろうか。最後はこちらのほうが飽きてしまい、まだ続けるという次男を、説得してやめさせるのに難渋した。次は虫捕りにいかなきゃ、というと、次男は渋々従った。

しかたがないので、約束どおり湖岸に面した公園を見つけ、そこでしばらく蝶を追いかけた。そのうちに空腹を覚えたが、昼を大きく回っていて、さすがに次男も腹が減っていたようだ。

食べ物屋を見つけるまでに、ずいぶんクルマで走った。次男に釣りの感想を聞いたが、ただ「おもしろい」と繰り返すだけで、あとはずっと幼稚園のことや、遊びの話をしていた。ようやく出会ったファミリーレストランの軒先には、ツバメの巣が二つ掛かっていた。食事のあとも、梅雨入り前ののどこかねっとりとした青空の下で、餌を運んでくる親ツバメと大口を開いて騒ぎ立てる子ツバメの家族を、ぼくらはしばらく眺めていた。

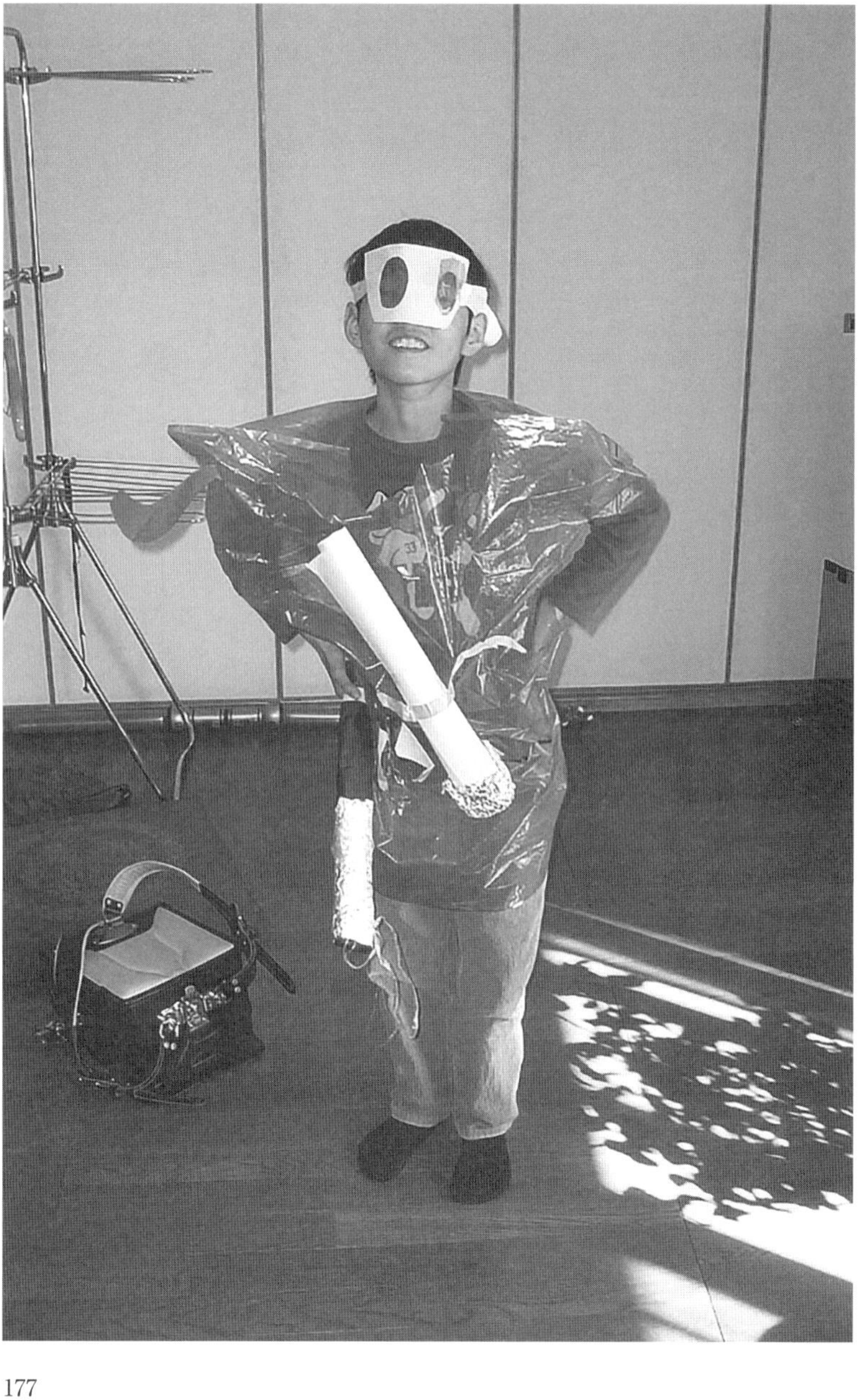

その十三、磯遊び

子どもの頃は、夏には必ず海水浴に行っていた。とはいっても、商人一家に泊まりがけのリゾート旅行などありえない。夏休みのうちに日帰りで一回か、なにかのまちがいで二回というのがやっとだった。出かけるのはいつも湘南方面の江ノ島や鵠沼あたりと決まっていた。小学一年生のときに第三京浜が開通し、その先の横浜新道を経由して藤沢までのアクセスがぐっと便利になったせいである。海の家のイカ焼きやかき氷も楽しみだったが、浮き袋を抱えて、ただ波打ち際に漂っているだけで楽しかった。

しかし中学生になると、お決まりの受験勉強が私を海から遠ざけた。それにもう、家族と出かけるのも、波打ち際に漂うのも楽しくなかった。そして、忘れもしない十九歳になる年にやってきたサーフィン・ブームというやつが、私の海嫌いを決定的にした。私はどうも、このブームというやつにアレルギーがあるらしい。

私はそれを、国中が熱狂する未曾有の大ブームのように感じていたが、そうではなかったはずだ。かぶれやすい若者たちが流行病に集団感染する、それ以前から繰り返されてきたありきたりの現象にすぎなかったろう。しかし渦中にいるとそんな客観性は持てない。パステルカラーや南の島の太陽のような明るい性格が周囲の人間に次々と伝染していくのを見ていると、新興宗教の洗脳に包囲されていくような、ちょっとした恐怖感さえ覚えたものだ。マスコミから一面的な若者観を植え付けられた大人たちが、私にさえもたびたび「サーフィン行かないの?」と聞いてくるのには閉口した。またそれが私のプライドをひどく傷つけもした。

私はすでに、釣りを生涯の趣味にしようと決めていたし、地球環境の変化や社会についての問題意識も持っていた。だから傲慢にも、周囲に急増したやけに陽気なにわかサーファーたちが軽薄に見えてしかたがなかった。

これには少なからず妬みも加わっている。いまでこそ釣り場で若い女性を見かけるようになったが、私の青春期はまちがいなく釣りなんてやっているとおねえちゃんにモテない時代だった。当時の若い女性が描く釣りのイメージは、暗い、汚い、カッコ悪いの三拍子が揃っていた。ろくに海にも行かないちゃらちゃらした陸サーファーがモテて、なんでイワナを求めて山に分け入る俺たちはモテないのかと、相当にひがみ混じりで仲間と話しあったものである。

あ、いかんいかん。青春時代の悶々とした気持ちを思い出してつい力が入ってしまった。私はただ、何年か前までは海で遊ぶのが嫌いだった（釣りを除く）、ということか言いたかっただけなのであった。

長男がまだ二歳八カ月の夏に、ふとこいつはまだ海を見たことがないんじゃないか、ということに気がついた。二歳児に海を見せたところで情操教育にどれほど効果があるかなどわかりもしないのに、身重の妻ともども出かけていくところなど実に親バカの見本だとは思う。行った先は三浦半島の先にある城ヶ島である。どうして城ヶ島を選んだのかは覚えていない。灯台があるとか、おそらくその程度のことだったろう。

城ヶ島大橋を渡って道なりにどん詰まりまで行くと、そこにはちょっとした駐車スペースがあって、そこにクルマを停めた。しかし実はそこは行き止まりではなく、その先に土産物屋が軒を並べる道が続いていていて、島の太平洋側に出られるのだが、その道が狭い上に店の商品が路上空間を侵犯しているものだから、初めての人はとてもそこへクルマで入って行くことなど想像できないのである。だから私たち親子三人半、徒歩でそこへ入って行ったのだが、一歩み込んだ途端に私は、デジャブを見たような気がして軽いめまいを覚えた。

そこは、私が子どもの頃の記憶に残る「海へ出る道」のイメージそのままだったのだ。とにかく両側に連なる土産物屋のたたずまいが昭和四十年代前半を彷彿とさせた。ひょっとしたら並べてある貝殻細工や水中眼鏡や巨大な丸い煎餅まで、当時からずっとそこに置いてあるではないかと思えた。私は、タイムトンネルを抜けていくような気がして、思わず息子の手をしっかりと握り直していた。

ちょっと寂れたその商店街を抜けていくと、長津呂（ながとろ）の磯が広がっている。夏空の下、外洋の輝きがやけに眩しく感じられた。ここは、磯釣りのポイントとしてもかなり有名なところである。背後に灯台が見え、相模湾の向こうに富士を眺めながら磯伝いに歩いていくとホテルがあった。ちょっと古めかしいが、新興リゾートのようにチャラチャラした雰囲気がないところが気に入った。ようし、二人目の子どもが産まれて、海で遊べるようになったら、いつかこのホテルに泊まろう、とそのとき思った。

その五年後、我ながらしつこい性格だと思うが、そのときの自分だけの誓いを実現させた。とにかくずっと海嫌いだったことが幸いしてか、海辺で遊んでみると、そのなにもかもが新鮮だった。

長津呂の磯には、ひとつ大きな切れ込みがあり、ものの地図には長津呂湾という名前までついている。その大きな入り江は外海が多少荒れた程度では波が立たない。そこで子どもたちを泳がせた。もっとも海水浴場とちがって監視員はいないから、浮き袋を持たせる。さらに念を入れて、

その浮き袋にロープを結んだ。一度ロープが張り切ったところを引っ張って戻すと、それがおもしろいと言って何度もねだられ、大汗をかいた。
　自分でも泳いだが、水は思ったより冷たかった。外洋に面しているせいか澄んでいて、水中眼鏡で海底を覗くことに夢中になった。大人の私でさえおもしろいのだから子どもたちはなおさらで、一度海に入るとなかなか出ようとしない。
　しかし、ここでの楽しみはほかにもたくさんある。そのひとつは磯遊びである。岩登りごっこも楽しいが、メインはやはり干潮時の潮溜りの生物観察だ。長男はこれを二年生の夏休みの自由研究にした。磯の上にうんざりするほど群れているフナムシは、すばしこくて見た目ほど簡単には捕まらない。これはイソガニも同じで、追い詰めたと思ってもすぐに岩の割れ目に身を隠す。これがまた、とっさのことなのに絶妙な場所を選ぶので、感心してしまう。すぐそこに姿が見えているのに、どうすることもできない。へたに手を入れようものなら指を挟まれる。捕まえるのには割り箸が役に立つことを発見し、翌年から持参するようになった。

潮溜りにいる生き物も、アゴハゼやイソスジエビは簡単ではない。こちらはもっぱら柄の長い網を使うのだが、いたずらに追け回しても逃げられる。網を沈めて待ったり、追い込んだりと、ここはひとつ知恵と根気が必要だ。

これに比べて、逃げ回らないヤドカリは簡単だ。底をじっと眺めて動く貝殻を見つければいいので、幼稚園児の次男も捕まえられた。イソギンチャクは、触った感触がおもしろいらしく、指で突つくと潮を吹くやつもいるので、さらに幼児向きである。知らなかったのは岩に張り付いているヒザラガイ。長男が夏休みの自由研究で調べるまでずっと、化石にちがいないと思っていた。どう見ても岩の一部になっている。

磯に砂浜はないが、石の浜はある。その水際で、石や貝殻を拾うのも楽しい。穿孔貝という、岩に穴を空けて棲みつく貝がいる。それが球形をいくつもくり抜いた石が見つかるのだが、はじめはそれが生き物の仕業だと思えなかった。波打ち際で揉まれたガラスは磨かれて角が取れ、色とりどりで、見つけると子供たちは大喜びだ。宝石を見つけたつもりなのだろう。

夕方は釣りをすることにしている。磯の先端に出て、小アジをサビキでねらう。場所は、例の商店街の中ほどにある釣り具を置いている店で、冷凍アミやコマセカゴを買ったときにそこのオジサンに聞いたのだ。「初めよければ…」というが、最初の挑戦から入れ食いになった。その日はずっと、すぐその先で釣りをしている人がいた。おかげで我々が釣りはじめたときにはすでにコマセが効いていて、アジの群れが寄っていたのだろう。妻も子どもたちも大騒ぎで、私はずっとお世話係だったが、楽しかった。

夕食の時間前に釣り道具は仕舞うのだが、このときにカニカゴを海に放り込んでくる。カニカゴとは罠の一種で、中には釣ったアジを餌としていれてある。翌朝、引き上げに行くのだが、ロープを引いてカニカゴが水面に現われるまでがたまらなくワクワクするのだ。いままでの獲物は、クロアナゴとゴンズイである。空のカゴが上がって来るとがっかりだが、大きなクロアナゴがカゴの中で身をくねらせていると、子どもたちはすかさず、

「ゲーット！」

と、たいへんに盛り上がる。これらは帰宅してからの夕飯に、甘辛く調理されて、ありがたく我が家族たちの胃袋に収まることになる。

このあと、暑くなる前に子どもたちを連れて散歩に出る。海が荒れたあとは、浜では島の人たちがテングサを拾っている。このとき虫捕り網を持っていくのだが、ふだん自宅周辺では見られないキアゲハやクマゼミをふつうに見かけられるので、虫好きの次男は最初からキョロキョロと落ち着きがない。

現代の都市部には、田舎がない子どもが多い。私にとって、父の故郷である長野県の飯田市は、いまもなつかしい場所である。私は、ほんとうは子どもたちに「田舎」を作ってあげたいのだと思う。そしてそこには、親代わりになってくれる叔父さんや叔母さん、兄弟代わりの従兄弟たちがいてくれればいうことはない。違う家のしきたりを教えてくれたり、やんわりと叱ってくれたり、ホームシックを慰めてくれたり、そういうことがどれほど私の人間形成に役立っていることだろう。しかし、無い物ねだりをしていてもはじまらない。毎年行っていた江ノ島のように、せめて子どもの

頃の思い出の土地を残してあげることくらいしか、いまの私たち夫婦にはできないのである。

今年も夏を迎えるようとする時期に、子どもたちからまた城ヶ島に行くのだろうと念を押された。子どもたちが行きたがるうちは、毎年出かけようと思っている。

その十四、ハイキング

私が最初に登山靴を買ったのは十八歳のとき、大学入学からまもなくのことだった。大学に入ったら、高校時代に不完全燃焼だったルアー&フライフィッシングを思う存分やろうと心に決めていた。それで入学と同時に釣友会というサークルに入った。一九七七年、ルアー&フライフィッシングが若い釣り人を中心に受け入れられはじめ、折りしもサークル内に専門のグループができるところだった。

釣友会に入ってまもなく、そのルアー班のリーダーに尋ねられた。

「黒石は、山靴は持っているのか?」

妙な質問をするものだと思った。どんな竿やリールを持っているのかというのならわかる。あとで知ったことだが、ルアー班は渓流班からのれん分けする形で誕生していた。つまり合宿のスタイルもそのまま源流志向を引き継いでいたのである。

私ははじめ、ルアー班の活動形態が少なからず自分のイメージと違うことに戸惑った。なにしろ肥満児からそのままたいした運動もせずに成長したおかげで、体力にはからきし自信がなかった。案の定、最初の合宿はきつかった。合宿をこなしていく自信が持てるようになるまでに丸一年を要した。けれども、学生時代に得た体力が、後にどれほど役に立ったかしれない。この体験が、子どもたちにまずは体力をつけさせようという教育方針に影響している。

というわけで、釣友会に入ってすぐに、先輩に水道橋の山道具屋へ連れていかれた。勧められたのはその店のオリジナル・ブランドで、欧州製と比べると格段に安いシリーズの、下から二番目の靴だった。先輩いわく「これで充分だよ」ということだったが、実際にそれはほんとうだった。正月の八ヶ岳に登ったときだけはその先輩から冬山用の靴を借りた覚えがあるが、あとは東北、北海道のキャンプ釣行から北アルプスの縦走まで、すべてその一足で用が足りた。

私が山に登りはじめたのは、同級生の田口君の影響である。大学一年生の夏休みに長野市の田口君の実家に遊びにいって、一週間近くお世話になった。毎日ぶらぶらしていたのだが、帰京する前日に山に行かないかと誘ってくれたのだ。臆する私に、田口君は、

「心配ないよ、小さな山だもの」

と言った。田口君が一人きりで最初に登った山だという。虫倉山という長野市から近い低山だった。私はなんとかバテる直前に頂上に辿り着くことができた。

これがきっかけになり、田口君との山行が増えた。半年前まで、山へ釣りにいって疲れるのはいいけど、ただ歩いて疲れるのはいやだと思っていたのが、我ながら嘘のような変貌ぶりであった。けれども正直なところ、最初のうちは山行が楽しいと感じる場面は少なかったように思う。むしろそれは「苦行」に近かった。自身の体力強化のために、無我夢中で田口君を追いかけて歩くのが精一杯だった。

最初に買った登山靴が私の、青春の全開のエネルギーを受け止めてくれた時間はそれほど長くなかった。酷使がたたったせいか、大学卒業時には表皮に傷みが目立ち、底も擦り減っていた。靴底は交換できると聞いたが、迷うままにいつしか、靴箱の定位置に収まって動かなくなった。捨てるに捨てられなかった。

最初の靴がそうなったのは、卒業してからほとんど山に行かなくなり、キャンプ釣行もクルマを

使ったオートキャンプばかりになったからである。二足目の靴選びに失敗したこともあり、私はますます山から遠ざかった。そして結婚して引っ越すときに、二足の登山靴を処分した。それきり山のことは忘れてしまっていた。

実は、三足目の山靴は登山のために買ったのではない。わが食肉店の作業場の床は打ちっぱなしのコンクリートで、足元から冷えがくる。靴選びにも過去にいろいろと試行錯誤があり、そのひとつとして選んだのがこの三足目の山靴というわけだ。

最初から多くは期待せず、厚手の靴下が履けてとにかく安いものと思って、売れ残りのバーゲン品を買った。ナイロンコーデュラ製のブルックス社のハイキングシューズだった。けれども縁とは妙なもので、この靴は、しばらく埃をかぶることになったものの、実に十五年間も所有することになった。そして、私や子どもたちをもう一度山歩きへ連れ戻してくれたのもこの靴だった。

靴箱に放置されていたこの靴に、再び出動機会が与えられたのが長男が小学一年生、次男が幼稚園年少組のときの山中湖旅行だった。親戚の伝で、我が家は毎年夏には山中湖へ出かけている。いまでこそ遊びに困らなくなったが、子どもが小さいころはどうやって家族全員で時間を過ごそうかと考えることもあった。もともと、幼稚園前後の三歳の年齢差というのは成長に大きな隔りがあり、いっしょに楽しむのは意外とむずかしい。公園で遊ばせればそれぞれの遊び方で遊ぶのだろうが、それでは家にいるのと変わらない。遊園地のような、金を使えばどこでも体験できるようなことは最後の手段にしようと、よく妻と話しあっていたし、せっかく遠出したのだからその土地でしかできないような遊びをさせたかった。

宿泊したホテルからすぐのところに東海自然歩道があった。山中湖東部の、丘のようになだらかな山稜を通過するあたりが目と鼻の先だった。ほかになにも思いつかなかったので、そこを歩いてみようかと自分で切り出してみた。すると意外にも、「いいよ」といって運動嫌いの妻までが賛成した。途中でいやになったら引き返すという条件付きだったが、実は子どもたちが楽しめるかどうか懐疑的なのは、かつての「苦行」の経験がある提案者の私だけだったようだ。もちろん子どもたちは、余計な先入観のない自然体だった。そこで、見晴らしのいいところまで行けたら、富士を眺めながら朝ごはんでも食べようということになった。

旅行に出かける前に、私はどういうわけかハイキングシューズのことを思い出し、クルマのトランクに放り込んだ。スニーカーより少しはましだろうという軽い気持ちだった。けれども、山道の入り口でフックに紐を掛けながら靴を締め上げたとき胸がキュンとした。さあ行くぞという気合が満ちてきた。まだ自分にそんな気持ちが残っていたことがうれしかった。シェラデザインズの赤いデイパックにおにぎりやパン、飲み物、虫除け、かゆみ止め、カメラ、折りたたみ式の捕虫網を入れて背負った。

予想に違わず肥満気味の長男は歩き出してすぐに喘ぎだした。が「もう止めたい」とか「帰りたい」とはなかなか言い出さない。おそらく標高差50ｍもないと思われる登りだったが、それでもひと汗かいた。夏の朝の涼風に吹かれ、それがなんとも気持ちのいい汗であることを実感する。眼下の山中湖から頂上まで一片の雲もない富士が眺められた。草の上に座り込んでおにぎりをほおばった。運動をしたあとの朝飯は起き抜けに比べて数倍うまい。こんな登山とも呼べないひと歩きで、私はハイキングの楽しさを思い出した。

復路は同じ道を戻ったのだが、このとき道端にキイチゴが実をつけていることに気がついた。急ぐ必要はないので摘みながらゆっくり下った。このときは次男が大活躍だった。ひとり背が低く、目線が違っていたせいか、大人やお兄ちゃんが見つけられない実を次から次へと見つけていく。おかげで集まったキイチゴはまずまずの量になった。これは砂糖漬けにして持ち帰り、ジャムにした。出来上がってみるとわずかだったが、一枚のバタートーストに塗り、分けあって食べた。我が家の子どもたちは、はじめて山の幸を実感したはずである。

以来、ハイキングを兼ねたキイチゴ摘みは、夏の山中湖での恒例行事となった。翌年は少し先の大平山まで、その翌年はもっと先の石割山へと、年々距離も伸ばしてきた。いつもなにかにつけて休憩しては、おやつを食べ、虫を追いかけながらのんびり歩いてきたのだが、それでも自然と体力が備わっていったようだった。きつい登りで喘ぐことはあっても、子どもたちが山歩きを楽しんでいるのを、年々実感できるようになっていった。

子どもは、持て余しているエネルギーを発散することができれば、どんなことでもそれなりに楽しいものらしい。それに好奇心も旺盛だ。楽しみながら慣れていけば「苦行」を経験せずともすむだろう。一緒に山歩きができれば、こちらの体力低下にも歯止めをかけられ一石二鳥である。親バカが一度考えはじめると、どんどん欲が出てくるものだ。できれば将来、一緒にキャンプのイワナ釣りにいけないものだろうか。そこで、いままで習得してきたキャンプや谷歩きの技術を伝えたい。それをゴールにしよう、と私は考えはじめた。

山歩きをはじめた翌年から、妻はもうついていけないからサポート役を務めるといいだした。自動車でのサポートがあると子どもの体力に合わせた無理のないコースが取りやすい。疲れ果てた帰路に、満員のバスに押し込められたり、電車で長時間立ちんぼというのも避けられる。マイカー登山にありがちな、同じコースの往復も避けられる。

長男が小学四年生、次男が一年生の秋から、ハイキングに出かける機会を少し増やした。高尾山、陣馬山、丹沢大山、丹沢表尾根など、クルマのサポートつきで楽しんでいる。

四足目の登山靴を二年前に購入した。イタリア製である。渋谷の店で、足首までのハイキングシューズを試し履きするうちにフィット感抜群の一足を見つけた。その履き心地に惚れ込んで、予定していた金額に数千円上乗せした。この靴がまた私を山歩きへ誘うのだが、膝への負担を軽減するために、体重を減らす必要にも迫られている。

その十五、食べる釣り

近年、リリースが規則になったり、また自主的なリリースによって魚の生息密度が維持されている渓流釣り場が増えたらしい。川辺に立って流れのそこかしこに魚影が見え隠れするのを目の当たりにすると、夢を見ているようで胸がいっぱいになる。おかしなものでかつては魚の溢れる釣り場を渇望し、そこで釣りまくりたかったはずなのに、いざそれが実現してみると、たくさん釣ることに価値を見出せなくなった。

三十数年前に私が釣りに入れ込みだしてから、関東の渓流釣り場の状況はひどくなる一方だった。時間の経過とともに私は、釣り人が過密な釣り場の対象魚の生息密度を維持していくには、将来的にリリースという手法を取り入れざるをえないだろうとずっと考えてきたし、これはいまも変わらない。しかし一方で、古来から神様が人間に与えてくれていた取り分はどこへいってしまうのだろうか、とも考えてきた。思うに、五十年くらい前までは、リリースなんて声高に叫ぶ必要もなく資源は維持され、人々はふつうに魚を捕り、食料としてきたのである。そのバランスが崩れた理由は多々あるだろうが、近年になってようやく現実的に漁獲圧を調整する試みがはじまった。その上に五十年前の自然が取り戻せたらどんなに素晴らしいかと思う。

このようなことを考えていると、いまさらながら魚を釣ることと食べることは、私のなかでは完全に区別されているのだと感じる。私はふだん釣る楽しみを優先させているが、食べる楽しみを捨てたつもりはない。渓流のシーズンオフに何度か出かける船釣りでは、いつも獲物を持ち帰ってくる。釣ることを楽しみ、余計な心配をしないで食べることも楽しめると、釣りとは本来こういうものなのだなといつも感じる。資源減少や人為的汚染を心配しなければならない状況というのは、我々にとって不幸なことだと言わざるをえない。

我が家の子どもたちには、植物にしろ動物にしろ、われわれは自分たち以外の命をもらって生きていくのだ、と小さな頃から教えてきた。これはつまり、自分たち以外の命も大切にし、いただくにしても大切にいただかないと結局は自分たちが困る、ということである。こういうことを教えるのに、釣りはほんとうにいいと思う。自分で生きている魚を釣りあげ、その命を絶ち、食べるわけであるから、自分以外の命をもらうというプロセスが単純明快に体験、理解できるというわけだ。魚には申し訳ないが、命をもらっていることを実感させるには、ほかの大型生物や植物などよりも魚はずっと適当な存在だ。

おかずの魚を手に入れるのに、ただ魚屋さんに行って魚を買うだけでは、その魚が数日前まで生きて泳いでいたということがわかりづらい。私が商売で扱っている牛肉や豚肉などは、解体され、さらにスライスして陳列されていたりするので、なおさらだろう。私が幼い頃には、わが食肉店にも生きたままの鶏が持ち込まれることがあった。親父はいとも簡単に首の関節を外してその鶏をしめ、毟られた羽毛が店の半分にも広がったものだ。けれども、現代ではすっかり分業されてしまった生産者から消費者への流れの中で、結果的に「生きているものを食べるために殺す」という部分が覆い隠されてしまっている。だからふつうに町に暮らしていると、自分が生きていくために動植物の命をもらっているという実感は湧かない。そのへんは子どもにはなおさらわかりづらいはずだ。こういうところをすっ飛ばして大人になると、生き物を殺すことがただ残酷に思えたり、命を絶つ意味がよくわからなくなってしまうだろう。

次男は生き物好きで、幼いころから生死を知っていたが、その認識は成長とともに変化してきた。先日もいっしょにマス釣り場に出かけたのだが、持ち帰ろうと石で頭を叩いたヤマメが完全に息絶えるまで、次男は流れのほとりでずっと見守っていた。死後硬直して変色のはじまったヤマメを指して私に聞いてきた。

「このヤマメ食べるの?」

「そうだよ、持って帰って食べるんだ」

枝別れした流木を適当に折り整えて、エラから口に抜いてぶら下げる持ち歩き方を教えると、次男は少し得意そうにヤマメを持ち上げて言った。

「おとうさん、このヤマメぼくも食べていい?」

私は、食べる権利を次男に譲ることにし、きれいに食べてあげなよ、と言った。

次男の変化は、もちろん年齢的な成長にほかならないだろうが、食べるための釣りへ連れていったことも少しは役立っていると思っている。

魚を持ち帰るのに、最初はマス釣り場へ出かけていたのだが、過密に放された養殖魚を釣っていると、どこかバーチャル体験でお茶を濁しているような気分がぬぐえなかった。そこで海に足が向いた。近場のハゼである。京浜運河の捨て石混じりの砂地を、江戸前のウキ釣りでやった。これは釣り場を知っていて、潮時を選べばよく釣れた。

もちろん釣れてくるハゼはすべて天然魚、ヒレの欠けなどはない。その肌艶や模様の美しいこと、ほれぼれするほどである。やっぱり釣るなら天然魚だよなぁ、これがふつうで、ほんとうで、あたりまえのことなんだよなぁ、とつくづく感じ入ってしまう。ハゼ釣りはほんとうに子ども連れにはお勧めなのだが、わが妻には京浜運河のハゼは食べたくないと、釣りに出かける前から宣言されてしまった。環境ホルモンその他の汚染が気になって食べる気にならないというのである。例えばあそこにどれだけの界面活性剤が流入しているのかは、それを使っている自分たちが一番よく知っている。こういう汚染というのは目に見えないからなぁ。ほんとうのところはどうなのか、正確に知らないから余計に漠然とした不安を抱えることになる。自分たちが住む環境を自分たちで汚し、そのせいで釣った獲物を素直に食べることもできないという矛盾を思い出すたびに、私はいつも釈然としな悲しい気分に満たされる。自分が食べるならまだしも、環境ホルモンなんていわれると、どうしても子どもに食べさせる気にはなれない。ということで、京浜運河で釣ったハゼはすべてリリースされる。

しかしこれでは、生き物の命をもらうことを子どもに教えられない。しかたがなく、少し遠出することにした。目差したのは三浦半島の堤防である。堤防はいいですよ。海はいい。荒れているときは別にして、ほぼ一年中、なにか魚が釣れるのである。あれが釣りたいとか大きいのが釣りたいなどという、贅沢をいわなければ、魚に遊んでもらえる。もう何度も繰り返してきたが、子どもにはとにかく「釣れる」ことが大切なのである。メバルにウミタナゴ、カサゴにベラにイワシ。釣って楽しく、食べておいしい。サビキに小アジが鈴なりになるときなど、世話係のこちらのほうが目が回りそうになる。そんなとき思わず、

「おまえら早く一人前になって、全部ひとりでできるようになれよ」

とにやけながらだが、つい怒鳴ってしまうのだ。まあ、たまには調子の悪い日もあるけれど、そんな日は竿をたたんでからミカン狩りやイチゴ狩りでもして帰ることにしている。

次男が一年生になった昨年から、乗合船の釣りにもでかけるようになった。現在の船宿はサービス業との認識がしっかりしているから子どもも受け入れてくれるし、餌や仕掛け、貸竿なども完備していてたいへん便利である。ただし乗合船は同乗者がいるから、岸釣りのようにこちらのマイペースで事を運ぶわけにはいかない。周囲の迷惑にならないように、時間や釣り物など選ぶ必要がある。朝出船の午後三時沖上がりなんてのはまず無理だ。子どもはそんなに長時間釣りに集中できないから、飽きてグズグズ言い出すか、船上を遊び回って迷惑を掛けるのが見えている。昼上がり、あるいは午後出船という半日釣りが向いている。釣り物は簡単で数も釣れるのがいい。なのでヘビータックルというのも向かない。こうしてみると、乗るべき船も絞れてくる。前の晩はたっぷり睡眠時間を取り、念のために船酔いの薬も服用させている。

最後はこの春に出かけたメバル釣りだったが、これはちょっと失敗だった。釣るのが簡単なコマセ釣りを選んだのだが、いかんせん100号のアンドンビシは子どもには重過ぎた。船縁を支えに竿を抱えているのが精一杯で、まるでアタリがわからない。巻き上げてみるとメバルが連なっているという状態。しかし食味は抜群で、外道のカサゴも含めて親子四人でおいしくいただきました。

これとは逆に、予想以上におもしろかったのが前年の秋に行ったイイダコ釣り。ラッキョウをくくりつけたテンヤで釣る。実はこれなら自分でも竿が出せるにちがいないというのが出かける決め手になった。たいした期待もせず、千葉県富津港の午後からの船に乗ったのだが、私が一番ハマってしまった。テンヤに乗ってくるイイダコの微妙な重さを感知するのに夢中になり、ひとり爆釣した。平穏な日和だったので子どもたちにも飽きない程度に釣れた。成長とともに、子どもたちは兄弟間で激しいライバル心を発揮、口角泡を飛ばしながら牽制しあい、し烈な競争を繰り広げるようになった。それが喧嘩に発展しないようセーブする必要はあったが、それはそれで楽しい午後を過ごすことができた。

帰りがけに若い船頭が、ビニール袋を風に飛ばして海に落とさないよう注意を呼びかけるのを聞いて頼もしく思った。海で飯を食っている漁師にとって、環境悪化は死活問題のはずである。環境の変化には敏感にならざるをえないだろうし、守ろうという意識も人一倍だろう。川にも職漁師が戻ってこないかなと思う。漁で生活する人がたくさんいるほど、きっとその川は素晴らしい川であるはずなのだ。

その十六、長距離サイクリング

よく聞く話だが、世の兄弟には年上の兄のレベルに弟のほうが引っ張り上げられるという傾向がある。我が家も例外ではなく、自転車の修得も次男は長男より半年以上早かった。

以前に目黒川を水源まで自転車で辿ったときのことを書いたが、それからも子どもたちとのサイクリングは続けてきた。次男が自転車に乗れるようになり、ママチャリの子ども席から降りて一人前のサイクリストとして参加するようになったのはいいが、それは一時グループ全体の足を引っ張る結果となった。つまり遠出ができなくなったのである。しかたがないから、しばらく次男のようすを見ながら距離を伸ばしていったのだが、早めの修得が幸いしてか、小学校入学時にはかなり遠くまでこげるようになり、五月の連休には野川サイクリングコースを二十キロばかり走った。

自力で遠出できる唯一の手段だからだろうか、子どもたちはほんとうに自転車に乗るのが好きだ。冷夏だったその年の夏休みの終わりに、ようやく晴天の休日が訪れて世田谷区の砧公園隣にある厚生年金施設のプールまで出かけた。我が家からの距離は十キロ程度だから、暑さのなかの往復は心配していなかったが、朝九時半の入場から昼まで、三階建ての高さに相当するウォータースライダーを子どもたちはざっと三十往復はした。おまけに復路に通りかかった駒沢公園でまだ遊びたいと言いだし、斜面を利用した広い滑り台を、私がもういいかげんにしろと止めるまで上り下りした。家に帰り着くまでもなく私は、子どもたちの体力を少なく見積もりすぎていることに気づかされた。長男は私に肉薄し、次男も急速に体力を貯えつつある。いまだに薬による日々のケアを続けているとはいえ、幼児の頃に二人とも喘息に苦しんでいたことが嘘のようだ。

その後もサイクリングを続けていくうちにどこかもっと遠くへ連れていってやれるのではないかという思いが強まった。私はあてもなく地図を開いたのだが、すぐに目に留まったのが武蔵五日市だった。深く考えるまでもなく私は、ほかのどこよりもそこが我々の目的地にふさわしいという思いを強くした。

幸いなことに、多摩川沿いにはサイクリングコースが整備されている。一部は河川敷の未舗装路だったり、一般道を利用する区間もあるが、特に狛江から上流の東京都側には、ほぼ切れ目なく青梅まで「多摩川サイクリングロード」として自転車専用道が整備されている。自転車で走るのに、専用道と一般道では快適さに雲泥の差がある。一般道では、歩道を走れば歩行者に気を遣い、段差に邪魔される。車道を走ればクルマに横をかすめられ、排気ガスを浴びせられる。信号待ちにもうんざりさせられるのである。

川沿いのサイクリングコースは、水の流れに沿ってサイクリングを続けてきた我々親子の、初めての遠出にふさわしい。多摩川の流れを眺めながら上流を目指してペダルをこぎ、やがて秋川に出会ったらレーンチェンジをすればいい。これなら道に迷う心配もない。

五日市までは片道五十キロ弱だろうか。大人のサイクリストなら日帰りできる距離だが、さすがに小学生にはきついだろう。私は当初から一泊するつもりで計画を立てはじめたのだが、実は一泊することも大きな目的のひとつなのだった。

多摩川の合流点から秋川を上流に向かうと、五日市市街に達する少し手前に山田というところがある。山田大橋という大きな橋が架かっていて、それまで開けていた秋川の流れが渓谷らしくなるところだ。この左岸側下流に、川から一本奥に入った道に面して止水荘という国民宿舎がある。ここが子どもたちにとっての思い出の場所なのだった。子どもたちはどちらも六歳前後に、ここを二度訪れている。

話が遠回りになるが、目黒区祐天寺には平塚幼稚園という私立幼稚園がある。僭越ながら、私がかいつまんで特色を説明するなら、友達との関係作り、移り変わる自然を体験すること、親も含めてできるだけ自分たちですることを大切にしている幼稚園である。特色がはっきりしている点で好き嫌いはあるだろうが、それは私立の長所ともいえるだろう。

そのあたりの雰囲気を察知した我々夫婦は、長男を入園させ、ますます気に入って次男も続けて通わせた。古い木造園舎は私よりずっと歳を取っていて、長男が通う前は、ずいぶんひなびた幼稚園だなぁ、と思っていたが、次男を幼稚園に送って行くようになるころにはその風景にもすっかり馴染んだ。いつしか、その中心に大きなクスノキを据えた園庭に入っていくと心が和むようになり、今でもときどき眺めに行きたくなるほどである。

この幼稚園は、横浜市緑区に自分たちで稲を育てるための田んぼを借りている。四月のレンゲ摘み遠足からはじまって、田起こし、田植え、草取り、カカシ立て、稲刈りと、たびたびこの田んぼへ遠足に出かけるのである。このあとに園で脱穀、収穫祭と続き、冬は冬で餅つきやコマ回し、動物園への遠足、凧上げ遠足、このほかにも運動会やプレイデーなどなど一般的な年中行事もあるから、いま振り返ってもその中身の濃さはたいしたものだ。この並み居る行事の中でも、この幼稚園らしさを凝縮したような重要な行事が先生方総出の努力によって成り立っている。それが、年長組が七月と三月に出かける秋川合宿だ。

平塚幼稚園の年長組は夏休みに入る直前に、すべての先生に率いられて秋川を目指す。電車を乗り継ぎ、ＪＲ五日市線の武蔵増戸駅で下車し、畑を突っ切り、牛小屋に寄り道し、先述した止水荘まで歩いていく。それから二泊三日、洞窟を探検し、弁天山に登り、秋川で泳ぎ、川虫を取ってアンマ釣りもする。夜はホタルを捜しに出かけたり、キャンプファイアーや肝だめしをする。幼いころに、これ以上の夏の思い出はそうそう作れまい。そして八カ月後の卒園前に、もう一度ここへ戻ってくる。このときは弁天山からさらに小さな峰々を伝って、五日市まで歩くのである。

この秋川合宿の最中に家で待っている親は、どこか落ち着かない。今ごろ楽しんでいるのだろうかという気持ちと、周囲に迷惑を掛けず無事にやっているだろうかという心配が交錯する。二泊三日でも幼稚園児が手もとを離れるのは多くの、子どもがそばにいるのが日常だった親にも初めての経験だ。それゆえか、親としては帰ってきた子どもたちから合宿のようすを聞きたくてしかたがない。五、六歳児の話はかなりじれったいが、それでも根気よく、合宿のはじまりからのようすを細かく尋ねては聞き出していく。結局、わかったようなわからないような話になるのだが、子どもなりの楽しかったり苦しかったりした気持ちは伝わってくる。それを聞いていて私は、子どものころの遠足前夜の気持ちを思い出した。

「いいなあ、今度はおとうさんも混ぜてくれよぉ」

思わずそうつぶやいていた。自分もそこへ行ってみたいという気持ちがむくむくと湧いてきたのだった。

長男は平塚幼稚園を卒園してから丸四年、次男は丸一年が経過して、それぞれ五年生と二年生になっていた。長男の脚力からすれば、一泊二日で五日市を往復することにあまり不安はなさそうだ

が、いかんせん三歳下の次男がどこまでやれるか、その体力を計りかねていた。そこで三月初旬に井の頭公園までの往復を試みることにした。
　大雑把ではあるが、我が家から井の頭公園までの往復は、片道に直して立川あたりまでの距離になると概算した。そのようすを見れば、五日市までの往復が可能かどうか判断できるはずである。つまり、帰り着いた次男がヘトヘトの状態ならプランを変更しなければならないが、余裕を残していれば実行可能と判断できる。
　テストの当日、朝食後に出発して、夕暮れ前には無事に帰宅した。時間がかかったのはいろいろと道草をしたせいだ。道草といっても休憩を兼ねたものは半分、残りの半分は大きな公園に寄って体を動かして遊んできたのである。それでいて、帰り着いた次男にはかなりの体力的な余裕が感じられた。これなら充分に五日市まで行くことが可能と判断した。
　翌日、止水荘に予約の電話を入れた。五月の連休の最初の二日で往復することにした。自転車に渋滞の心配はいらないが、当日の天気は気にかかる。しかしよくよく悩んでも、二カ月先の天気などどうにもならない。雨の中、子どもに長く自転車をこがせる意味などまったく見出せないから、もし前日の予報が悪ければきっぱりあきらめる覚悟をした。あとは天に祈るだけだった。

はたして五月一日の空は澄み渡り、五月晴れの青空が広がった。子どもたちは天気の神様がいるのだという。二人でお願いしたのが通じたのだという。私はずっと釣りを続けて来て、天気の神様はいないことを知っている。むしろそれだけに、幸運の巡り合わせに天に感謝したい気持ちでいっぱいになった。

自転車は前日に調整しておいた。入れすぎた空気圧で劣化した虫ゴムが切れ、タイヤの空気が抜けた経験があるからだ。今回は長丁場なので、背中のザックにパンク修理キットや救急セットも用意した。もちろん、ボールやフリスビー、最小限に切り詰めた釣り道具も忍ばせてある。長男の自転車には荷台があるので、ここに着替えなどの衣類をくくりつけた。荷物を分担してくれるようになったのだと思うと、長男を頼もしいと感じられた。

さて、三人ともに体力的には問題がなかったとしても、怪我などのアクシデントを考えておかなければならない。最悪の場合、自転車を川原に一時的に放置して、別の交通手段で移動しようかと思っていたが、妻のサポートを期待できるようになった。実は今回は妻もクルマか電車の別ルートで現地集合する予定だったのだが、直前に腰痛が出て、またまたキャンセルとなった。しかし痛みも和らいできたので、緊急時のサポートには協力してくれることになった。

その十七、川の匂い

いよいよ親子三人で五日市までサイクリングに出かける日がやってきた。当日は午前六時半に起床した。途中でたびたび寄り道や休憩をし、その時間も楽しみながら行くというのが我々のやり方だから、どうしてもたくさんの時間が必要になる。食事も含めて止水荘までたっぷり八時間はかかるだろうと予想した。気合いが入っているせいか親子ともどもたいへんに寝覚めがよい。朝食も途中で取ることにして、すぐに準備に取りかかる。妻に見送られて自宅を出発したのが午前七時だった。

進路を蛇崩川緑道に取り、上流を目差した。思えば、次男をママチャリの椅子に座らせ、長男とともに、この道が上流へどこまで続いているのか突き止めるタンケンに出かけたのが、ちょうど三年前である。ほんとうに子どもは、着実に日々成長していくものだ。蛇崩川の水源は世田谷区の馬事公苑のあたりなのだが、このときは一度の休憩もなく水源付近の上り坂をこぎ上がり、右折して世田谷通りにルートを求め、先を目差した。

環状八号線を越えたところにあるハンバーガー屋を見つけて、子どもたちが腹が減ったと言いだした。ここまで十キロくらいは走ったはずだから、そろそろ休憩を入れてもいいころだ。まだ開店準備中だったので、少し待つことにした。サイクリングに出かけたときの食事は子どもたちの希望を取り入れることが多い。また、各々が種類の違ったお菓子を買って、休憩ごとに分けあったり、交換しながら食べることも楽しみのひとつになっている。ほかにも広い芝生を見つけてはキャッチボールやフリスビーをしたり、おもしろそうな公園があれば遊んだり、そういった全部の楽しみをひっくるめて、子どもたちはサイクリングだと思っている。だから、ひたすらペダルをこいで二地点を往復するようなことはしないのである。

街路樹の若い緑を眺め、爽やかな五月の朝の風に吹かれながらハンバーガーを頬張っていると、なんだかもう充分にサイクリングを堪能した気分になってくる。二年前なら、ここが折り返し点になっていたはずだ。

「さあて、じゃあそろそろ帰ろうか」

と冗談めかして言うと、

「おとうさん、なに言ってんの、ダメだよ、秋川はもっとずっと遠いんだからね」

と、次男にたしなめられてしまった。

ひとまず多摩川を目指して、世田谷通りを行く。この道は多摩川へ出会うまでに、その支流である仙川と野川を横切る。当然のことながらその地形は谷状になっており、アップダウンが繰り返される。特に最初に出会う仙川への下りは長いだらだら坂で往きはよいよいだが、帰りは疲れてきた足腰に最後の鞭を入れねばならぬ、けっこうな難所になるだろうと予想された。

野川を越えて小田急線狛江駅付近を過ぎると土地は平坦になる。どことはなしに、大きな川が近いことが感じ取れる。私が幼いころまでは、多摩川中下流域の川沿いの土地には、どこか海辺にも似た風景が残っていた覚えがある。川風の匂いや松、梨畑、川魚料理店。埋もれていた記憶がかすかによみがえった。

和泉多摩川駅手前にあるコンビニで、いつものようにお菓子と飲み物を買った。その先で世田谷通りを右に折れ、ショートカットして五本松というところで多摩川に出た。左右へ川の流れと川原の広がりがあり、対岸の川崎側も多摩丘陵までが視界に入る。今日はじめて出会った開放感のある風景に、心がさらに高みへ導かれるような気がした。子どもたちもそれがわかるのか、小さな公園の遊具ではしゃぎ回った。多摩水道橋をバックに写真を撮った。恵まれたこのすばらしい日和に何度でも感謝したかった。あとは川沿いに、ただひたすらペダルをこぐだけだ。長男を先頭に、次男を挟んで最後尾から私の順番で、多摩川サイクリングロードにこぎだした。

走り出してすぐに長男が言った。

「右と左じゃぜんぜん違う風景だ」

芝生や雑草、河畔林が広がる左側の河川敷に対して、右側は住宅やマンションが隙間なく建ち並んでいる。その境界を我々は進んでいるのだが、この自転車専用道は一般車道を通ってきた我々にとって、最初はただただ快適に感じられた。ひたすら先を目指してこげばいい。けれども私はどうしても気が散ってしまう。それは、すぐそばに川が流れていれば無理からぬこと。テトラの脇や、葦のなか、ヘラにぶっ込みフライにルアー、一度すぐ先の斜面を小物用の短竿を持って降りていく人がいて、こんなところでクチボソでも釣ったら楽しいだろうな、と思わずその行く先を注視してしまった。ハンドル操作がおろそかになり自転車がふらつくと、前方から「前見ろよ」と怒鳴られた。そうです、いくら専用道でも車線は分離されているわけもなく、対向車には充分気をつけなければいけないのでした。反省。その後も砂利穴らしき池の小魚や浅瀬のコイのライズに注意散漫になりかけたが、そこはなんとか無事に通過することができた。

途中何度も休憩を入れたのだが、一番長く休んだのは府中の京王線の鉄橋脇、聖蹟桜ヶ丘の対岸の土手だった。芝生ではないが、土手の斜面には雑草が密集していて、寝転ぶのにぐあいがよかった。女子高生が二人、ホルンの練習をしていた。次男がすぐに虫を見つけ、バッタやチョウを追いかけ回すが、素手ではなかなか捕まらない。水生昆虫の採集用に持参した小振りのネットを差し出すと、兄と二人で虫を追いかけ回しはじめた。私はただなにもせずに寝転んでいた。日差しが眩しく、日向に横になっていると少し汗ばんだ。

鉄橋のすぐ下が、石がごろごろした流れで、釣りによさそうな瀬なっている。いままで見て来て、水生昆虫がたくさんいそうな場所に気がつかなかったが、ここならけっこう採れるんじゃないかと思った。ウグイやオイカワも泳いでいそうである。

私がはじめてウグイやオイカワを釣ったのも、この辺りのはずである。あれはたしか小学五年生の初夏、ちょうど長男と同じ年頃に、父や祖父、それに仕事仲間の人たちに連れてきてもらったのだった。今日はその場所も確かめようと注意してきたのだが、とうとうわからなかった。

そのときはクルマで甲州街道を来て、仙川にあるキューピーマヨネーズの工場を過ぎた記憶は鮮明に残っているのだが、その先のどのあたりを川のほうへ折れたのかはまったく覚えていない。あやふやな記憶だが、そのころすでに多摩川に往時の水量はなかった。ただ、私が釣った場所の流れはいくつかに枝分かれしていたから、正確なところはわからない。現在のように小砂利に埋まった浅い川という印象はなく、大きな石がゴロゴロしていた。ウグイとオイカワが飽きない程度に釣れた。思えばあれが自然の川を釣り上がった最初の経験だった。仕掛け作りはまだできなかったが、餌付けから魚の取り込みまで自分でできた。なにより、大人たちといっしょに川を釣り上がり、帰路の車中で話に加われたことで、私は一人前に扱われたような気がして、とてもうれしかったことを覚えている。

多摩川の一番古い記憶は、私がまだ小学校に上がる前の五、六歳のころのものだ。大田区から川崎市方向へ丸子橋を少し歩いていって、そこから見下ろしたときのものだが、周辺の風景はすべて忘れてしまっている。覚えているのは、足元の景色だけだ。おそらく砂利穴だろう、そこには本流とつながった、ちょっとした池ほどの規模の水が溜まっていた。和船が一艘浮かべられ、艫に座り込んだ人が長い竿を振っていた。水は澄んでいて、深い底まで見透かすことができた。水草がいくつも立ち上がっているようすが手に取るように分かった。

明治時代、近代化のために来日したイギリス人技師が多摩川を見て、「宝石の川」と絶賛したという。かつて祖父は多摩川でアユを釣り、父は夏の夜、仕事を終えたあとに多摩川まで泳ぎに出かけていたというのもうなずける。蛇足だが、当時来日したヨーロッパ人たちの多くは、この国に広がる農村風景を見て、生活と自然が見事に調和しているようすに驚嘆したという。我々は近代化によって得るものを得たが、失ったものも計り知れないということだろう。

昭和四十五年に閉鎖されるまで、丸子橋上流の調布防潮堤の取水口からは、調布浄水場に水が引かれていた。それはつまり田園調布までは多摩川を、水道水に使うに耐えるきれいな水が流れて来ていたということだ。東京はすでに大都市だったから、水道源となる大河川が隣接して流れ、その河口からわずか十七キロくらいのところに取水口を持っていたということは、胸を張って世界に誇れることだったはずである。しかし私が高校生になるころまでに、水質は急激に悪化した。私は神奈川県の高校に通っていたのだが、毎朝多摩川の鉄橋を渡るたびに、調布防潮堰の落ち込みに洗剤成分による泡があふれ返るのを目にした。そのたびに、漠然とした不安や不快感を感じたものだ。

今では、多摩川の水質はやや改善された。それは下水処理によるところが大きいのだろう。けれども、上流域にいくつもの下水処理場ができたということは、それらの排水口の下流にある、閉鎖された上水道の取水口が再び開かれるなど考えられなくなったということでもある。

せめてこの洗剤臭だけでもなんとかならないかな、と私は考えていた。風向きにもよるが、多摩川沿いに走り出してから気になりはじめ、いつのまにか鼻についてしかたがなくなっていた。下水を浄化することはできても、洗剤に含まれる匂いまで消すことはできないのだろう。川は本来、独自の匂いを持っている。流れの中の石には様々な藻類が付着していて、それら川苔の匂いが混ざり合って川の周囲に漂い、満ちているものだ。清流には、それだけで清流と知れる匂いがある。たとえ清流でなくとも、多摩川には現在の多摩川の匂いを発していてほしかった。できれば洗剤に香料など入れないでほしいと思う。香りが必要な人には香水というものがあるのだから。

この洗剤臭さえなければ、京王線鉄橋下の瀬に降りていって、流れに足を浸してみたくなったかもしれない。川虫を餌にして竿を操り、オイカワの銀鱗を子どもたちに見せてやろうか、という気にもなりそうなものだった。しかし、結局この鼻につく嫌な匂いは、立川を過ぎるあたりまでなくならなかった。

その十八、親の楽しみ

午前七時に自宅を出発してから四時間後の午前十一時過ぎに、私たち親子三人はようやく立川に達しようとしていた。多摩川サイクリングロードに入ってから何本目かもわからなくなってしまった日野橋をくぐり、残堀川の合流を見て、我々は川から離れて早めの昼食を取ることにした。はじめはただ快適だったサイクリングロードにも、疲労とともに単調さを感じるようになっていた。昼食後に地図を眺め、しばらく先へ進んだところにある拝島橋を右岸へ渡ることにした。このあたりまで来ると多摩川は、ずいぶん清流らしさを取り戻している。秋川が近いことを感じさせた。

子どもたちが秋川が近いと感じたのは、まったく予想外のことだった。滝山城址公園下のグラウンド群を抜けて、川沿いの農道を進んでいったところに、豚を飼育している家畜小屋があった。近くを通過するときに、風に乗って小屋の匂いが運ばれてきた。

「うーん、臭っせ~」

「あぁ、これ、牛小屋の匂いだぁ」

「臭っせ~臭っせ~、秋川だ~、もうすぐだ~」

幼稚園の秋川合宿で、武蔵増戸駅から止水荘に向かう途中、牛小屋に寄せていただくのが恒例になっている。そこで牛を間近に見て、触らせてもらうのだが、そのときの匂いのことを子どもたちは憶えていたのだ。

高月浄水場の先で一般道に出た。狭い道の割に交通量が多く、大型車も行き交っている。自転車が走るスペースが限られている上に、カーブに農家の高い生垣が迫っている。走った距離は短いはずなのに、子どもたちの自転車に注意を払うのに疲れ果て、怒鳴り散らして声もかすれた。あらためて自転車専用道のありがたさが身に染みた。

そうこうするうちに見えてきたのが東秋川橋だった。

「おーい、秋川だぞぉ。ついに来たぞー」

私がかすれた声を上げると、

「お～、やった～」

「とうとう来たぞ～」

子どもたちもそれに応えた。橋を渡ってから記念撮影をし、ひとまず休憩する場所を探した。

多摩川沿いを走っているときには、流れが遠かった。秋川沿いになると、これがずっと近く感じられる。自転車を止めたところから低い土手を下りてすぐに流れがあるので、子どもたちの興味も自然とそちらに向いていく。まずは足を浸そうとする。そこで長男が、石の上に大きなカワゲラの脱皮殻を見つけた。私は、これは川の中に住んでいる虫で、石を伝って外に出て来て、そこで羽化したんだよ、と説明した。名前は、カワゲラだ。私がそう言うと、

「知ってるよぉ」

と、二人揃って生意気なことを言う。そういえば幼稚園の秋川合宿でアンマ釣りをしたときに、餌に川虫を使っているのだった。しかしカワゲラだけが川虫ではない。この際、いろいろな虫がいることだけでも教えておこう。

これはという石に目星をつけて裏返すと、うごめく虫たちを見つけて子どもたちは声を上げた。

ヒラタカゲロウにコカゲロウ、ヒゲナガカワトビケラにミドリカワゲラと、ざっとめぼしいところは揃っている。子どもたちも真似してはじめたが、淀みの石を持ち上げている。川虫は、流れの中の浮き石に多くつくことを教えた。そうこうするうちに休憩の予定時間はすっかりオーバーしてしまった。

秋川沿いの道には、多摩川中流域にあった川原と住宅街の境目のような、風景の境界が感じられなかった。右と左の景色に違和感はなく、川と生活が結びついているような気がした。道に接して石碑があり、寺や神社があり、茂みの脇にオスのキジを見つけたりした。

五月の強い日差しと乾いた空気に喉が渇いた。ちょうどサマーランドの対岸にあるデイキャンプ場に「かき氷」の文字を目にして、思わず自転車を止めた。木陰のベンチで食べた氷メロンのうまかったこと。ゴールはもうすぐそこだった。氷水を飲み干してから、最後の難関、深い谷の急坂に挑んだ。けれどもこれは、全員が途中でギブアップ。

「ああ、もう少しなのにぃ」

と、親子共々愚痴をこぼしながら自転車を押した。けれども、ここまで来ればもう着いたも同然だ。やがて傾斜が緩み、川沿いの旧道に出た。そこはもう、子どもたちが幼稚園のときに通ったはずの道だ。案内板を左に折れ、現われた急坂を今度は一気に下ると、林に囲まれた上水荘の前に出た。

「やった上水荘だー」

「なつかしいぞー」

子どもたちは口々に叫びながら、玄関前に自転車を乗りつけた。午後三時五分前だった。

ひとまず部屋に荷物を置いてから、釣り道具だけを持ち出してさっそく川へ行く。まずは餌採り

と思って靴を脱ぎ、流れへ入ろうとしたが、水が冷たくて身がすくんだ。水温はまだ十五℃以下のようだ。若かりしころ、足袋に草鞋の足ごしらえで、雪代真っ盛りの水温五℃以下の渓流を、たしかに冷たくはあったが、挫けることもなく遡行していったころに比べると、明らかに身体が拒絶反応を示すようになっている。まいったなぁ、と思っていると、子どもたちが、

「おとうさん、ぼくが採ってきてあげるよ」

という。子どもたちは半ズボンでも濡れるからといってパンツ一枚になり、平気な顔をして流れに入っていった。先ほど教えたとおり、良さそうな石に目星をつけて引き揚げ、護岸の上の私のところまで持って来てくれる。

「これはトビケラの巣だよ。このなかで緑色の蛹になるんだ。出ていって空き家になってるのもあるから、そのなかにいるか確かめてみな」

実際に蛹化中のヒゲナガが出てくると、

「すげっ、ほんとうに緑色だ」

そういって驚き、子どもたちはますます夢中になって虫採りをはじめた。新しい虫を見つけてはデビルだとかドラゴンだとか勝手な名前をつけることを競っている。水を入れたペットボトルに泳がせて、観察しているときも水から上がろうとしない。

私は一本しかない振り出し竿を伸ばした。ミャク釣り仕掛けではなく、かつて小学五年生の私が父から手渡されたのと同じトウガラシ浮きをつけた。子どもたちが採ってくれたヒゲナガをつけて目の前の瀬をひと流しすると、さっそくいいアタリが来た。十五センチほどのウグイだった。今度は足元の護岸ブロックの際を狙ってみる。すれすれで根掛かりのようなアタリがあり、アワセると二十センチのニジマスが釣れた。

「釣れる釣れる。交代しよう」

交代でウグイとニジマスを釣りあげた。三十分後、止水荘に戻ってすぐに風呂に飛び込んだ。

翌朝、午前六時に親子揃って起床した。三人ともすこぶる寝覚めがよいので、

「弁天山に登りに行くか?」

と言うと、子どもたちはもちろん大賛成だった。幼稚園のときの経験を買って、案内役も頼むことにする。途中、貴志嶋神社と網代弁天洞窟に立ち寄りながら、三人でぐいぐい山道を登っていった。思ったよりずっと早く山頂へ出た。奥多摩の山々が眺められ、山田大橋から先の展望もある。長男は、秋川の下流に開けた景色を指して、

「幼稚園でここに来たとき、ここから『ママー』って呼んだんだ」

ちょっと恥ずかしそうに、そう打ち明けてくれた。はじめて親元を離れた五歳児の心細さが伝わ

り、いじらしくなった。

弁天山は、幼稚園児にとっては立派な山に違いないが、我々親子にはずいぶん小さく感じられた。まさしく朝飯前に登頂を終え、渓谷への道を駆け下った。

止水荘を出発したのは、午前9時を回ってからだった。まずは谷の急坂を上り、とある和菓子屋さんを目指した。園児たちがお土産に持ち帰る酒饅頭を作っているお店である。今回もお土産にたくさん買い込んだ。目黒の平塚幼稚園の卒園生だと告げると、おじさんもおばさんも歓迎してくれ、できたての柏餅をごちそうしてくれた。ふっくらとして温かく、とてもおいしかった。ご夫婦に何度もお礼を言い、見送られて店頭からこぎだした。

もう一度、私の希望で子どもたちを遠回りさせた。ＪＲ五日市線の武蔵増戸駅に立ち寄ったのだ。町外れの、畑の先にあるような駅だった。先生に引率されたチビたちが、この駅で降りて、畑の中の道をみんなでちょこちょこと歩いていったんだなぁと思うと、駅舎までがやさしげに見えた。そんな感傷とは正反対に、子どもたちは早く行こうよと私を急かす。

「ようし、帰るか」

「うん、行こう行こう」

下り坂に、最初からペースが上がった。今度は本物のあの牛小屋の前を通って五日市街道に戻る。我々は来たときの半分くらいの時間で秋川を下り、多摩川に架かる睦橋に出会った。対岸の福生南公園で、再び多摩川サイクリングロードへ入り、さらにペースを上げた。

先頭をいく長男が、ぐいぐいとペダルをこいでいく。次男も負けじとそれに続いていく。もう長男の脚力は私とそれほど違わない。体重があるので、上り坂が苦手で、今までは私とはっきり

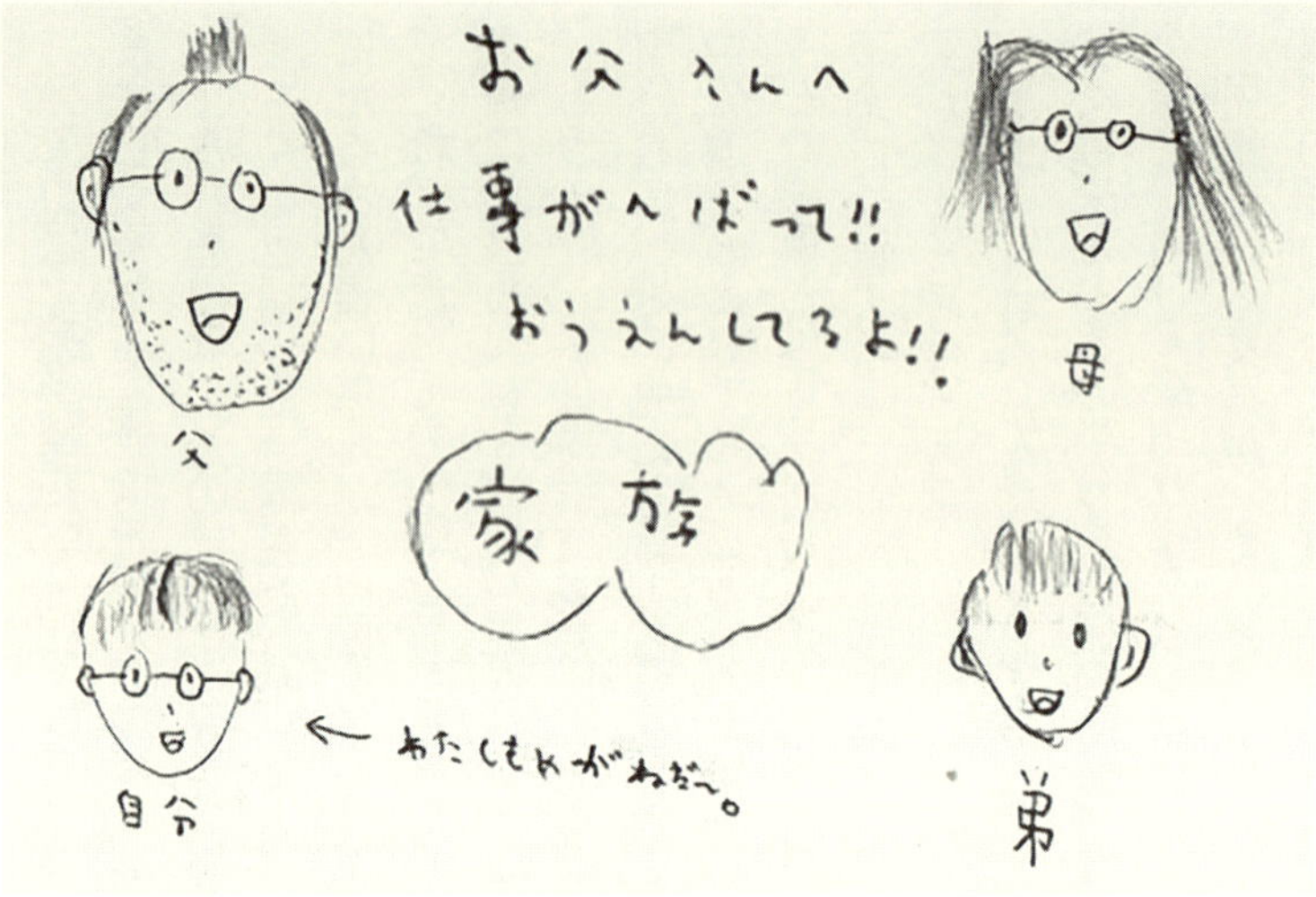

と差がつくところだったが、それももうあまりなくなった。ましてやこの多摩川沿いの平坦なサイクリングロードでは、昨日の疲れが残る私などよりはずっと力強いペダリングをしている。長男のほうはもう、自転車に関しては自分より前に出たのかもしれないなぁ、と私は考えていた。そう認めることに寂しさや悔しさがないこともなかったけれど、それよりもはるかに喜びのほうが大きかった。次男の背中だって、いずれ私は自分より前に見るわけだ。どちらの背中も、まだ自分のすぐ前にあって手が届くうちは、うしろから強く押し続けてあげたい。子どもの背中に手が届かなくなるのは少し寂しいことだけれども、離れていく姿を後方から見守っていく楽しみも親にはあるのだな、と私は感じていた。

薄雲が広がる空の下でも、空気は澄んでいた。多摩川サイクリングロードは、はるかに見渡せる景色の先まで続いている。私たちはそのまだずっと先まで行かねばならない。少し離されてしまった子どもたちに追いつくべく、まだまだ負けないぞと気持ちを込めて、私はもう一度強くペダルを踏み込んだ

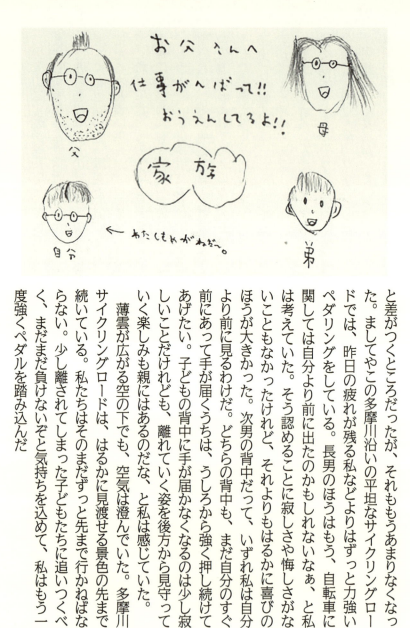

忍野随想

解禁

もうこの10年くらい、3月15日の忍野の解禁が近づいてもぼくは、なんとしても釣りに行きたいと思わなくなってしまった。もう少し待った方が、このスプリングクリークの釣りがより面白くなることがわかっているからだ。なんというかつまり、フライフィッシャーにとっての「おいしい時間」というのはこの時期、日を追うごとに長くなっていくものだ。鱒の餌になる水生昆虫の種類も量も、盛期に向けて増加傾向を示すことは、逆立ちしたって変わるはずもない。

毎年、お気に入りの釣り場の解禁日に出かけられる人ってどれくらいいるのだろうか。ぼくは忍野に通いだしてから30年以上になるが、解禁日に釣りをしたのは3回くらいでしかない。その日がうまく週末と重なったとしても、今度は川岸に釣り人がずらりと並ぶのを覚悟しなければならない。人気釣り場の証拠にちがいないが、それで二の足を踏んでしまうぼくのような釣り人もいるはずだ。

でもね、解禁というのはそういうもんじゃないよ、という意見もきっとあるだろう。そうなのだ。解禁とはそういうもんじゃない。冒頭から優柔不断である。

いくつになっても、その日川辺に立っていようが仕事に忙殺されていようが、二十四節気の「啓蟄」と「春分」の間に「解禁」を挟まないわけにはいかない。それだけ重要な節目なのだから。「ふるさとは遠きにありて思うもの」という室生犀星の「ふるさと」のように、ぼくの解禁も、ロッドを振らずとも思うだけで価値のあるものに変質しつつある。今年もあなたの生き甲斐はここにこうしてある、と解禁が知らせてくれる。解禁日に仕事をしていても、忍野はそろそろコカゲロウがハッチを始めた頃だろうか、と考えるだけで幸せになれる。

釣りを始めた中学生の頃から仕事に就くまで、ぼくが解禁日にこだわって通った場所は箱根の芦ノ湖だった。花火の合図に、こっちがもたもたフォルキャストなんぞを始めると、横並びの列からシャーっとスプーンやミノー飛んでいき、とたんに大きなブラウンが水面でのたくりだしたり、ニジマスがジャンプを見せたりした。自分も含めて、フライフィッシャーがみんな間抜けに見えたものだった。

解禁直後の第一投には、たしかに意味があるとここで思い知らされた。5カ月間の休暇を与えられ、釣りのプレッシャーを忘れかけた鱒たちと誰よりも先に対峙できるというわけだ。忍野でも、禁漁期間に大物が潜んでいる場所をチェックしておいて、解禁日の朝イチに入るという人もいる。

ぼくも、禁漁期間に忍野の下見をしたことは何度もあるし、その後に解禁日に出かけたことがあるのは前述したとおりだが、怠け者の朝寝坊で寒いのが苦手と来てるから、解禁日の朝、まだ暗いうちから釣り支度を始めたことはない。

それというのも、早春の釣りは昼間、というイメージがあるからだ。忍野の解禁日に重要なハッチは、コカゲロウとユスリカであるが、コカゲロウは昼を中心とした時間帯に流下し、ユスリカはそれに加えて夕方に流下することがある。これらを捕食するライズを上手く釣ることができなかったとき、最後にフォローをしてくれるかもしれないのが、夕暮れのヒゲナガカワトビケラのハッチだ。

コカゲロウの流下は午前10時から午後3時くらいになる。昼過ぎくらいがピークになることが多

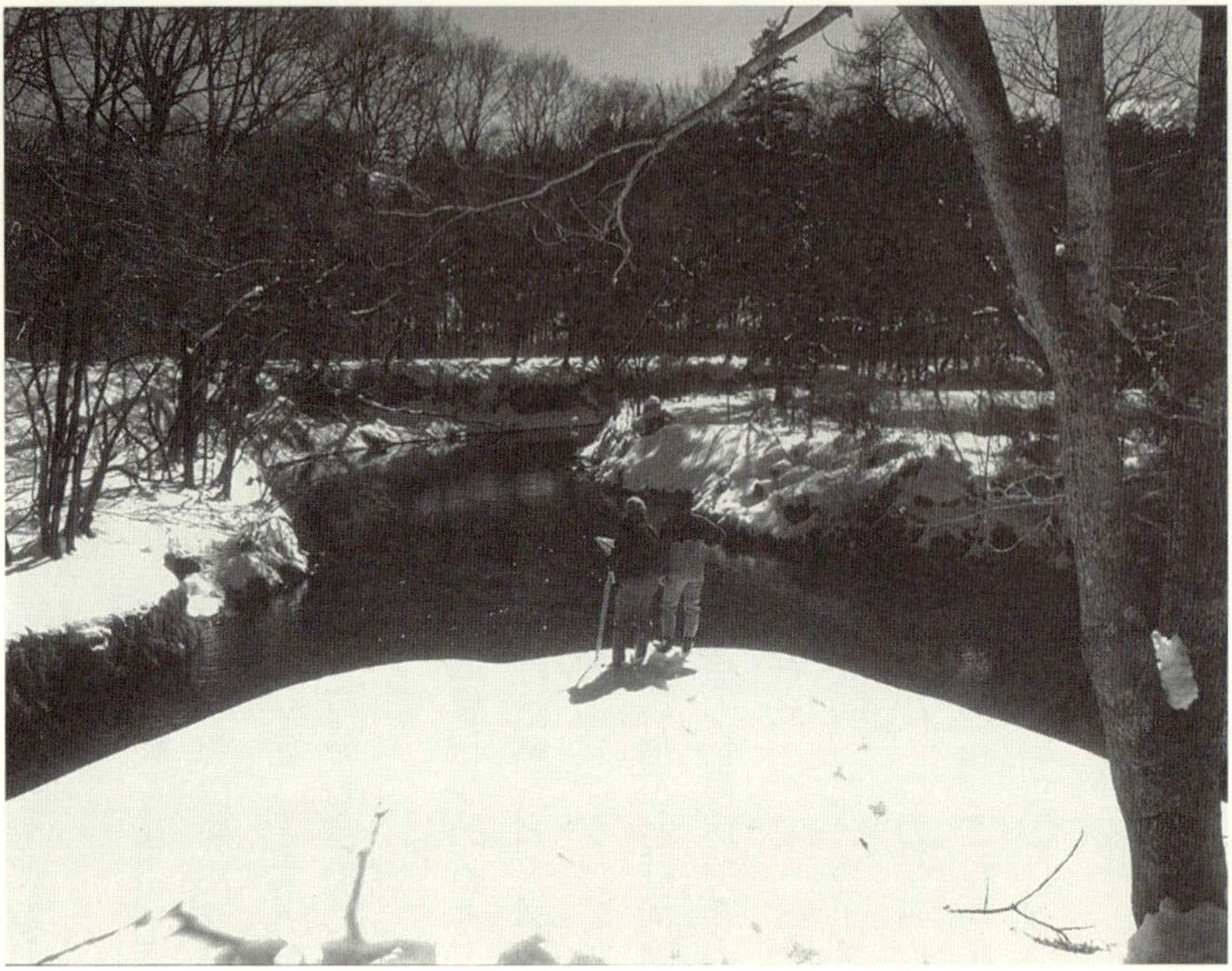

い。クリームやブルーダンといった色合いの小さなダンが、ちらほらと流れに乗りはじめると、それまで表情を変えなかったスプリングクリークの平坦な水面にライズリングが広がりはじめる。流下の始まりと、それに呼応する鱒の捕食の間のタイムラグはわずかでしかない。観察に慣れていない人は、ライズリングにコカゲロウの流下を教えられる。しかし慣れてくれば先にダンを見つけ出して、対応するフライの準備と心の準備の両方を整えることができる。

解禁直後は、昼間にちらりと顔を見せた春も、夕方にはどこかへ隠れてしまう。なにしろ忍野村の標高は940メートルなので、春の訪れは平地に比べると三週間程度も遅れるのである。3月はまだ冬と思っておいた方が身のためだ。

朝の寒さは別格だろうが、日が暮れた後の

冷え込みもかなりのものだ。この痛いほどの寒気と結びついた思い出がいくつか残っている。いい思い出は時間とともにぼんやりしてくるのに、辛い記憶はなぜか鮮明だ。

実は、解禁日だからといっていい釣りをした覚えはない。がんばってもがんばっても釣れなかった初心者の頃、魚の顔を拝めなかった日の帰り支度は、心にほんとうに大きな穴が空いてしまって、そこを寒風が吹き抜けていくよう気がしたものだ。そんな経験を積み重ねたせいで、寒さこそが解禁だと感じるようになってしまったのかもしれない。

その日は、たぶん朝から仲間たちと芦ノ湖で釣っていたのだと思う。なぜなら、防寒のためにネオプレーンのウェーダーを履いたことを覚えているからだ。とにかく、ヒゲナガのハッチに間に合うように忍野に着くことができた。

そのころ、自衛隊橋のすぐ下流に桟橋状の構造物があった。たぶん、世紀が変わる頃までは残っていたはずだ。さらに時間を遡ると、80年代初めまで、橋の下流右岸側は田んぼになっていた。だからこの構造物は水汲みや農具を水洗いするために作られたのではないかと推測している。構造物の下部は木製、上面は鉄板になっていた。その日ぼくは、その鉄板の上に立ってヒゲナガのハッチを待っていた。

午後6時になると村民に向けた屋外スピーカーからメロディーが流れた。その頃、すでにぼくらは、解禁当初にはそのメロディーの後にヒゲナガのハッチが始まることを知っていた。

西空の残照が弱まり、気温がどんどん下がっていくのがわかった。初めは気にならなかった足元の鉄板が、フェルトを通しても冷たく感じられるようになり、足踏みをしながらライズが起こるのを待った。着ているダウンパーカの表面に触れると冷たくて、ぼくはロッドを置いて、手をポケットに突っ込んだ。

その頃の忍野は、現在と比べると桁違いに魚が少なかった。しかしヒゲナガのハッチする夕暮れに起こるライズは、フライに出る確率がかなり高く、否応なく期待は高まっていた。その、お宝のようなライズを見つけたのは、もう今日はダメだとあきらめかけたときだった。

ぼくはロッドを握ってすぐに釣りはじめた。活発なライズではなかったが、鱒は一度だけマドラーミノウに食いついた。しかしうまくフッキングしなかった。あきらめきれずに同じところに何度もフライを通過させた。その間にも靴底から鉄板の冷たさが伝わってきたが、我を忘れていたのだろう。

仲間たちが自衛隊橋に戻ってきたのがわかって、ようやく釣りをやめる決心がついた。ラインを巻き取りながら岸辺に戻ろうとして、あれっと思った。靴底のフェルトが鉄板に凍りついていたのだ。

最初に想像したのは、バケツの表面にできた薄い氷を割る程度の力だったが、イメージした力で足を出そうとして動かなかったときには正直焦った。鉄板に釘付けになり、身動きの取れない自分の姿が脳裏に浮かんできて、釣れなかった言い訳のことなどすっ飛んでしまった。近くの仲間に悟られないように足を剥がすのに、妙な力加減が必要だったのをよく覚えている。

サイトフィッシングの興奮と水深の法則

生涯初ではなかったけれども、ぼくが二冊目だか三冊目に買った洋書がチャールズ・E・ブルックスの『NYMPH FISHING FOR LARGER TROUT』だった。たぶん1978年、二十歳くらいのことだ。とにかく、そのころニンフの釣りがちょっとしたブームだったのである。

その表紙をめくった、カバーの裏にある紹介文の最初の数行を、辞書を引きながら訳してみて、やっぱりこれからはニンフの時代なんだと思った。

「鱒がふだん食べてる餌の90パーセント以上はニンフなんだから、ニンフは鱒に一番効くフライになる能力を秘めている…特にデカ鱒が水面で餌を捕るなんてことは滅多にない」

と書いてあったのだ。

この『NYMPH FISHING…』はその後、さも通読されたかのように我が本棚に飾られている。ほんとうは最後のフライパターン&マテリアル紹介しか利用されていないことは実に情けない限りだが、読書よりも実践を重視するのがぼくである。で、実践の話に戻ろう。

忍野で観察していると、ほんとうに鱒たちが水面の餌を捕る割合が少ないことがわかる。これはもちろん、あれだけたくさんの魚を見通せる流れで、全体を見渡すことが前提になっている。つまり、個別の魚では例外的なやつもいる。特にヤマメは水面付近に定位して餌を捕る傾向が強い。ニジマスだって、個体によっては「水面好き」がいる。しかし全体として、水面近くに定位するのは少数派で、しかもあの紹介文のとおり小型が多い。

ライズを狙うのはこの釣りの楽しみのひとつだけど、浮かせたフライじゃないと食わないことも

あるが、ちょっと沈めた方が断然反応がいいこともある。この「ちょっと沈めたニンフ」まで入れると、前出の「餌の90パーセント以上はニンフ」という記述も現実味を帯びてくる。
　もちろん、なにがなんでもぽっかり浮かせたフライを食わせたい、という人の権利は留保される。この流れでいくと、一日中コンスタントに釣るためにはフライを沈めないわけにはいかない、という結論になりそうだが、それが楽しいかとなると、また話は別である。
　あれはいつだったか、一日中四の五の言わずに釣り続けるという使命を自分に課したことがあった。9月初めの忍野でのことだ。朝から晩まで、そのほとんどを20番のスレンダーニンフを使ってサイトフィッシングで釣り通した。たしかに一日中コンスタントに釣ることができて、生涯最高の数釣りができたが、帰路のドライブ中から頭痛が始まり、帰宅してから体温計で測ると38℃近くの熱があった。眼精疲労、暑さ、日焼け、その他諸々が重なったのだろう。まだ四十代前半だったはずだが、寄る年波を感じたものである。

いくら釣れたって、おじさんにとっての苦行をまたやる気にはなれない。それなら、数は少なくてもドライフライの意外性に感動した方がいいかもしれない。フライフィッシングが与えてくれる感動は、その場のシチュエーションに大きな影響を受けるものだ。だからもちろん、ただ釣れればいいわけではなく、沈めるとか浮かせるとかも単純には割り切れない。釣果はさておき、盛り上がれるシチュエーションにどれだけたくさん出会えたかで、その日の充実度が計れたりするものだ。

ニンフにどれだけ潜在能力が秘められていたって、それを沈めて釣るのが楽しいかどうかはまた別の話だ。これはまったく個人的な意見だが、ぼくはニンフを沈める深さで楽しさが変わると思っている。もっと厳密に言うなら、そもそも鱒が定位している場所が浅いか深いかも大切な要素だと思っている。結論から言うと、浅い方が断然楽しいと感じるのである。

じゃあ、つまらない方から行きましょうか。例えば深場の中層から底にかけてたくさん鱒が泳いでいるのが見えたとしても、ぼくはあまり食指を動かされない。人が多くていい場所に入れないとか、底の方に一匹いい魚が見えているとか、中層から水面に掛けて活発に流下物を捕食している魚がいるとか、なにか理由がなければ、その場はスルーすることにしている。

漠然と魚がたくさん泳いでいるあたりにフライを流し、そのうちのどれかが食うのを期待するような釣り方からは、ぼくはあまり感動を得られない。それで釣れたとしても、その昔、たいして好きでもない女の子とデートしたときの気分を思い出すだけだ。「おれ、なにやってんのかな」と自問自答してしまう。

だから、魚が見えるときには一匹に的を絞ることにしている。その狙いを絞りたくなるようないい魚が深いプールの底にいるときに限って、ぼくは葛藤しながらもティペットにショットを追加することになる。

水深のあるところへフライをコントロールするのはとても難しい。深い水底までの、複雑に入り組んだ水流を瞬時に読むことができる人なんていないだろう。だいたいフライフィッシングのシステムが、深場のサイトフィッシングに向いているとはお世辞にも言えない。

フライを落とす位置を変え、オモリを追加したり、ティペットを長くしたり、調節を繰り返して、狙いを付けた鱒の近くにニンフを誘導していく。けれどもこういうケースで首尾よく狙い通りになることは半分もない。微妙なコントロールができないから、ニンフを鱒の鼻先に導くには根気と運が必要だし、ニンフが目の前に流れていったとしても平然と無視されることもよくある。まあ、これはこれで、しつこい性格のぼくはハマれないこともないのだが、たいがいは結果を出せないままに時間を過ごすことになる。

それに比べると勝負が早いのが浅場だ。水深のある場所の表層にいる魚も、水面付近を流下してくる餌に的を絞っているという点でわかりやすいが、水深のない場所で活発にフィーディングしている魚こそがぼくの好みである。

鱒が浅場に餌を取りに来るには理由がある。背鰭が出そうなほどの浅場に身をさらすのがどれだけ危険なことか、そこで生まれ育った鱒はよく知っているはずだ。しかしその危険を顧みずに姿を現すのは「ガンガン餌を食う」ためである。水深が次第に浅くなっていく場所は、流下してくる餌が上下方向に圧縮されて密度が濃くなる。さらに水平方向の流れの筋が集まる一点には左右からの餌も集まって来る。こんな場所には、流れ全体で始まったハッチの、様々なステージの水生昆虫が集まってくることになる。

水深30センチの浅瀬に現れた鱒は、餌に誘われて移動してきたのだから、流れてくる餌を片っ端から捕らえようとしていることは疑いようもない。実際にそんな鱒を見つけたら、時折身をよじったときのきらめきを流れの中から発しつつ、右に左に活発にレーンチェンジして餌を捕食しているはずだ。

そういう魚を見つけると、ぼくの方にもスイッチが入る。アドレナリン分泌過多状態になる。手が震えだしそうなほどの興奮を押さえて、慎重なアプローチを心がける。すべては獲物を仕留めるために。この無我の集中こそがフライフィッシングの醍醐味だと思っている。

浅場ではすぐ答えが出る。そこがまたいい。一投目からフライを鱒の射程内に入れることはそう難しいことではない。魚の反応を見て次から次へとフライを替えることもできる。魚のスレ加減だって、そんなに時間を置かずに知ることができるだろう。

これはぼくの想像だけど、浅場にやってくる鱒はたくさんの餌を楽に捕らえたいという快楽主義的欲求と、上空からの攻撃からまったく無防備で危険な浅場に身を置きたくないという防衛的欲求との葛藤を抱えているはずだ。水深が浅ければ浅いほど、鱒がそこに留まる時間は短い。流下の切れ目が縁の切れ目ということになる。早いとこ勝負をつけてしまうことだ。

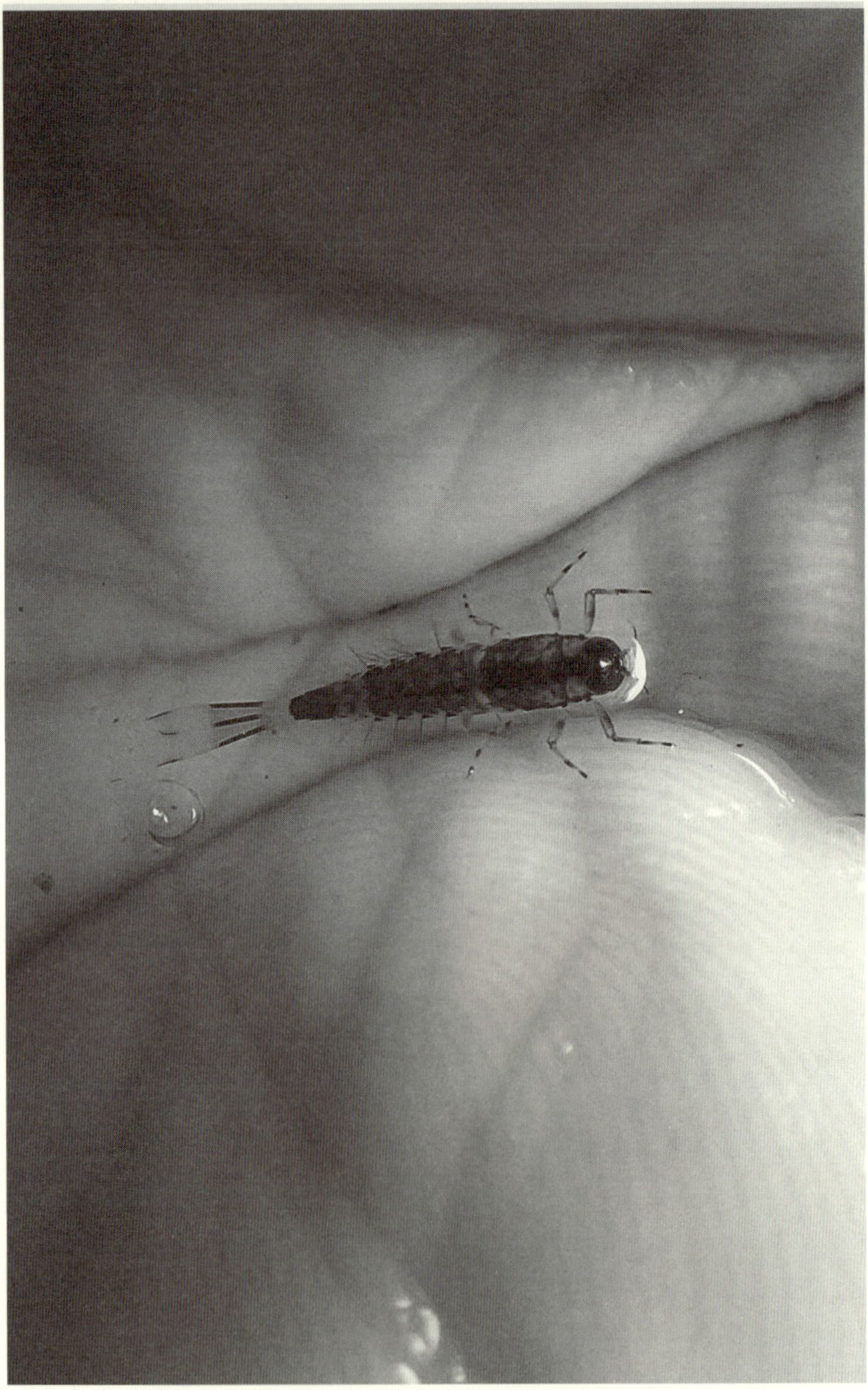

羽アリの流下は結婚飛行がもたらす

ぼくは1995年の途中から5シーズン、ほぼ毎週のように忍野村の桂川まで出かけたのだが、当初は陸棲昆虫にはまったく目が向かなかった。

なにしろ、シーズンを通しての水生昆虫のハッチの推移と、鱒の偏食傾向を見極めたいという決意で通い始めたのだから、水生昆虫を追いかけることだけで頭がいっぱいだったのだ。

ロッドのほかに捕虫兼用ネットを持ち歩き、カメラを首に掛け、背中のザックにはサンプル瓶やアルコール、ピンセット、ルーペ、図鑑、さらにビデオカメラと三脚まで詰め込んであった。ずいぶんな重装備で川辺を歩き回っていたものである。

最初の夏から秋にかけては、小さなフライばかり使っていた。昼間はだらだらと羽化するコカゲロウがダン、ニンフともによく捕食されるが、サイズは大きくても20番だ。薄暮にやってくるヒメカゲロウは26番。イブニング・ライズの主役になるクシゲマダラカゲロウは22番。二世代目のアカマダラなら、18番のフックに小さめに仕上げれば使えるかもしれない。フタスジモンカゲロウも連日流下するのだが、偏食されることはあまりなかった。

ぼくの視線は、ちっぽけな水生昆虫に向けられる一方で、視野は狭まるばかりだった。最初の夏を終えて、出てきた答えは「ミッジサイズを制する者、忍野の夏を征す」だった。それはまあ、答えとしては百点満点中五十点にしかなっていない、ということがあとからわかった。

忍野に通い始めて2シーズン目の夏、梅雨明け近くに、初めて陸棲昆虫との出会いがあった。

その日、西日にわずかなオレンジ色が滲みはじめる午後5時過ぎに、にわかにライズリングが広がりはじめた。ヒメカゲロウがやってくるにはまだ早い時間だった。

初め、ぼくはそれをコカゲロウのダンと勘違いした。水面に乗って、小さなウイングを立てながら流れてくる様子がメイフライに似ていた。目を凝らすと、流れ全体に乗っている。

すぐ足元に流れてきたウイングは透明で、西日を反射するその姿はまるでスピナーのようだった。しかし、当時使っていた自作のランディング・捕虫兼用ネットですくうと、東急ハンズで見つけた半透明の網戸のような生地に張り付いていたのは、羽アリだった。遠目の判断のなんとあてにならないことだろう。

大きさはフックサイズにして18番か20番くらい。後にもっと小さな羽アリの流下に出会い、このサイズはむしろ羽アリとしては大きめだと知るのだが、このサイズがいけなかった。夏から秋にかけて常用する範囲に収まっていたので、羽アリをテレストリアルとする認識が希薄になってしまったのだ。

ぼくはドライフライ用ボックスのコンパートメントの隅に隠れていた、ずいぶん前に巻いたフライをつまみ出した。20番のフックに、CDCをただダウンウイング状に取り付けただけの簡単なパターンだった。ボディが均一に細く巻かれていて、アリの腹らしい太さとくびれのメリハリが効いていない。でも、これ以上似ているフライがほかになかった。

すぐ下流の葦の陰に、ブラウンが見え隠れしながらライズしていた。ティップからリーダーだけ出した提灯釣りだったが、近すぎてむしろきれいに流すのが難しかった。一度目は、直前でフライを嫌われた。一部始終が、ほぼ真上から見えるせいか鼓動が早くなってきた。フライを交換しようか迷った。しかし、とにかく一度きれいにフライを流そうと思い直すと、三度目の正直でゆっくりフライをくわえた。ティペットをできるだけ水面に乗せないように流したのがよかったようだ。


羽アリの流下は、ひと夏に必ず何度かはやってくる。しかし、それがいつになるかはわからないし、大量流下が二日以上続くことは、どうやらなさそうだ。ある日のある時間帯にたくさんの流下があったとしても、たった一種類の羽アリが川面に乗っているのだという。

それは、羽アリの大量流下が結婚飛行という行動に由来しているからだ。結婚飛行とは、処女女王アリと雄アリが一斉に巣から出てきて飛び立ち、空中で交尾するという儀式めいた活動のことだ。

結婚飛行が起きる日や時間は、種によって異なるとされている。そのために、種の分化にまつわる長い歴史の中で、交雑を避けられたのだろうか。大雑把にこのあたりの一～二週間という時期は決まっていて、あとはその日の温度や湿度、風などによって、かなり広い地域の同一種が一斉に決行するらしい。

そう言われればたしかに、ぼくもこれまで各地で羽アリの流下に出会ったことがあるが、全部単一種だったような気がする。もっとも、釣り竿片手だから不正確きわまりない。

忍野でも、黒と赤茶色の大小各種が、初夏から秋までのXデーに流下する。しかし、ぼくのようなズボラなフライフィッシャーが、いちいちそれらが単一種なのかどうか確かめるはずもない。すべて一緒くたにした「羽アリ」の呼び名と、同一パターンの大小で対応できてしまうからだ。


これはずっと後になってのことだが、梅雨入り間もない六月のある日のこと。その日は夜に用事があり、そろそろ引き上げようかという時間だった。風もなく、空はどんより、湿気を含んだ重い空気に満ちた夕方を迎えようとしていた。

場所は茂平橋を渡って少し歩いた護岸の上。そこに杭が立っていた。なんの変哲もない5センチ角くらいの角材が一本だけ地面に打ち込まれ、地面からは80センチくらいの高さがあった。

そこに突っ立って川を眺めていた5分くらいのうちに、目に見えてライズが増えていくのがわかった。気がつけば、目の前に数匹の羽アリが飛んでいる。いかにも飛翔力が弱そうだ。その中の一匹に目を付けたが、重い体を支えるのが精一杯のようで、むしろ徐々に高度が下がっていき、ついには流れの上に着水してしまった。

緩やかな空気の流れがあるのか、自分の体のそばから次々に羽アリが流れの上に飛び立っていく。発射台はすぐ横にある杭の上だった。

しゃがみ込んでよく見ると、杭の根元に巣穴があった。羽アリはそこから現れ、前のアリを追うようにして杭を上っていった。そして上端に達すると羽を広げて飛び立っていくのだ。列を作るほど数は多くないが、それでも後から後から巣を出て来ては杭を上っていく。巣穴から羽アリが現れ、流れに落ちるところまでを目撃したのはこのときが初めてだった。

結婚飛行は、体の小さなオスが先に巣から出てきて飛び立ち、後から出てきたメスは、より大きな重い体で飛翔するために、できるだけ高いところへと草や木をよじ登ってから羽ばたくとされている。とすると、杭を上っていったのはすべてメスだということになる。

見ていて不思議だったのは、メスのほとんどが流れの上に着水してしまったことだった。高みへ飛んで行くように見えたのは数えられるほどだった。飛翔力に対してメスの体が大きすぎるのは決定的だ。自分の飛翔をコントロールできないなんて滑稽だが、風のない日が選ばれるのもそのためなのだろう。

他所の川でも、ぼくは羽アリが次から次へと流れの上に降りてくるのを目撃したことがある。水生昆虫のように、産卵と水に関係はないはずだから、自ら着水するように見えるのは奇妙だ。大切な交尾のための飛行が運まかせでいいのだろうかと、余計な心配をしてしまう。

たった一度の羽アリとの出会いは、残念ながらぼくの石頭に刷り込まれていたスプリングクリーク=水生昆虫という図式を覆してはくれなかった。翌年、忍野の鱒がテレストリアルを捕食していることを再認識させる虫に、ぼくは出会うことになる。

テレストリアル事始め

今回はまずお詫びをしなければならない。前回、羽アリについて「たった一種類の羽アリが川面に乗っている」と書いた。その9月号が出た直後の7月23日の夜、栃木県鬼怒川温泉のとある自動販売機で、同時に流下する可能性のある二種類の羽アリを私自身が確認することになった。数の多寡は極端だったが、記述が間違っていたことに変わりはない。ここにお詫びして訂正いたします。

さて、いまでは見る影もないが、これでもぼくは若い頃、山岳渓流によく釣行していた。滝を登り、壁をへつり、岩から岩へと飛び跳ねながら遡行したものである。その軽やかなイメージだけは、いつまでも体が覚えている。

ところが、往年の鍛えられたインナーマッスルはすでにない。たまに渓流に出かけると、そのイメージはむしろ邪魔だ。足が上がらずコケそうになる、岩に取り付くと背中を攣りそうになる、いつのまにか腰痛が目を覚ます。

山岳渓流時代の遺物として唯一歓迎できるのは、テレストリアル・パターンがぎゅうぎゅうに詰まったフライボックスが残ったことだった。97年の初夏、棚の奥で埃をかぶっていたコイツを眺めながら、忍野でこの手のフライを使ったことがないことに気がついた。

忍野に陸棲昆虫がいないわけはない。ただ、それまで目を向けたことがなかっただけだ。今度の週末にちょっと試してみるか。軽い気持ちで、ぼくはそのボックスをベストに忍ばせた。

場所は、通称テニスコート裏と呼ばれるところだ。クリやナラ、オニグルミの木が流れの上に枝

を伸ばしているあたりで、ぼくは背中のボックスを取り出してみる気になった。

すこし迷ってから、マスタッド3906Bの12番に巻いたクリケットをつまみ出した。黒く染めたディアヘアのヘッドを持つ、かっての自信フライだ。コオロギを模してはいるが、それを狙って選んだわけではなかった。

陸棲昆虫だって、同じものが大量に流れれば鱒は偏食する。しかし、残念ながらそういう状況にはあまり出会えない。5月になって、活発に動き始めた陸棲昆虫のどれということなく、水面に落ちたものが昼間に、疎らだがステディに流れるようになると、一部の鱒がそれら全体を餌として意識しはじめる。

鱒が嫌いそうな、規格外の個性は持っていないだろうという視点から、ぼくはクリケットを選んだのだ。

まずはニジマスの魚影がたくさん見える流れの筋にフライを乗せてみた。二、三度流しただけで、そんなに簡単ではないことがわかった。ほとんどの鱒はクリケットに興味を示さなかった。ちらっとだけ視線を送ったのが1匹か2匹いただけだ。

今度は対岸だ。対岸は森が迫り、木の根に抱え込まれた、苔むした岩の隙間から水が湧いている。しかし、どうにも水深が浅い。こちら側には護岸があり、流れが通していて1メートル以上の深さがあるのに対して、向こう側の川底はなだらかに傾斜していた。水際の岩の下はえぐれているが、水深は30センチもなさそうだ。

見たところ魚影はない。あんなところにフライを落としてどうなるものだろうか。このときのぼくはまだ、陸棲昆虫を狙うスプリングクリークの鱒がどこについていて、どうやって餌を捕らえるのかイメージできていなかった。

半分はロールキャストの練習のつもりだった。自分の頭の高さくらいにまで張り出している木の枝に気をつけてフローティングラインを転がした。少しずつ伸ばしていき、三度目のキャストで転がした輪が伸びきったとき、リーダーを伝わった力がクリケットを一度空中に持ち上げて、対岸に生えた草すれすれに落とした。浅い水面が小さく揺れた。ぼくはフライを対岸まで運んだことに、とりわけ岸際にうまく落とせたことに満足していた。

「フライが大きくても、基本は同じ」

そうひとりごちて自己満足に浸ったとき、フライの近くの水面が盛り上がり、魚の背びれが水を切った。その波紋の中にクリケットが消えた。

ぼくは呆気にとられかけたが、一拍遅れただけで竿を立てることができた。慌ててアワセをくれたので、ラインが指に擦れて火傷をした。しかしその痛みを気にする間もなく、笑ってしまった。

指はヒリヒリするし、弛んだラインは手繰らなければならなかったけど、顔はまだニヤニヤ笑っていたと思う。ぼくも魚も自分の置かれた状況がよくわかっていなかった。

それまで、フライをじっくり吟味して、それでもくわえないようなスレ切った鱒ばかり相手にしてきたので、それこそが忍野の鱒だというイメージを持っていた。狙いをつけていたテレストリアルに、待ってましたとばかりに突進した鱒にイメージを壊され、笑ってしまったのだ。

「こりゃあいけるぞ…」

今日はこのまま笑いが止まらなくなるくらい釣れるんじゃないか、というぼくの思惑は見事に外れることになる。後が続かなかった。クリケットに興味を持って見に来た鱒はいた。ただし後続組はのんびり屋が多かった。強い流れをまたいだ対岸は、時間をかけられると苦しかった。落ちたフライにゆっくり近づかれたり、迷って見つめられた末に、鱒がようやく口を開こうとするとき、決まって伸びきったラインに引きずられてフライが動き出すのだ。

まだ忍野に釣り人が少なかった頃の話である。テレストリアル・パターンを使う人もほとんどいなかったはずだ。

鱒はテレストリアルにスレていたのではない。おっとりしていたのである。その証拠に、動き出したクリケットに慌てて食いつこうとするやつもいた。食い損ねて派手な水しぶきを上げた後で、未練がましくその辺りでフライを捜したりするのだった。フッキングできなかった悔しさはもちろんあったが、それよりもしくじった後の鱒の仕草に、また笑ってしまった。

テレストリアルに狙いを付ける魚は岸際に潜んでいるので、もちろん足元やこちら岸も重要になる。それだけならあまり気にならないドラッグだが、対岸を釣るときには大きな問題だ。強い流れをまたいで対岸を釣る場合、ドラッグ回避こそがテーマになる。

その後、釣りたい一心で、対岸をできるだけ長くドラッグ・フリーで流すにはどうすればいいか、ああでもないこうでもない、とやってみた。好きこそものの上手なれと言うが、成果が出てきたのは何シーズンか後のことだ。

リーチキャスト、カーブキャスト、ターンさせないプレゼンテーション、L字メンディング、スタックメンディングなどなど、テレストリアル・パターンを結ぶたびに、思いつくことを試してみた。それには、この釣り方に合ったリーダーシステムの改良も含まれる。重いフライをターンさせるための張りのあるバットとヘビーテーパー。ブッシュを攻めるための太いティペット。

忍野で初めてクリケットを使った日には、まだまだ身についていない技術がいくつもあった。早い話がヘタクソだったわけだ。それでも水生昆虫の流下が多くなる夕方にフライを結び代えるまで何カ所かを釣り歩き、テレストリアルへの反応がいい場所とそうでない場所があることを知ることができたし、なにより、更にいくつか突進してくる鱒を釣ることができた。最初の一匹だけが偶然だったのではなかった。テレストリアルが落ちて来たら間髪入れずに食いつくぞ、と待ち構えている鱒はほかにもいそうだった。忍野・桂川の全区間にテレストリアル・パターンを打ち込んで確認するのは結構な仕事だな、と考えながら、ぼくはやっぱり最後には笑っていた。

今回、ほんとうはマメコガネについて書こうと思っていたのですが、ここで紙数が尽きました。次回に譲りたいと思います。

海を渡ったマメコガネ

川の生態学者は、水生生物の視点から物を見るので、鱒が凶暴なプレデターに見えるらしい。水中世界で生態系の頂点に位置している鱒は、たしかにサバンナのライオンと立場が似ているように思える。しかし鱒は空気中という、いわば外界からも危害を受ける。鳥のように暴力的ではないが執拗な、ステルス性の高い、最も巧妙な捕獲者は、いうまでもなく釣り人である。

水中と空気中の生物は同じエコシステムに組み込まれてつながっている。だから鱒に餌として利用される関係は、水生昆虫だけでなく、陸棲昆虫との間にも成り立っている。

地球全体を見渡すと、日本列島というのは植物の繁茂にかなり適した地域らしい。春から夏にかけて、木々の枝先に瑞々しい緑が芽吹き、若葉が日ごとに大きくなっていくと、それに呼応して陸棲昆虫も幾何級数的に増えていく。植物が陸棲昆虫を育んでいることは疑いようもない。

夏の山岳渓流を釣ったことがある人なら、イワナが様々な陸棲昆虫を餌にしているのを知っているはずだ。水生昆虫の羽化が減る盛夏には、周囲の森に大量に発生した多様な陸棲昆虫が、イワナの餌の減少を補完して余りあるのだ。

忍野・桂川も例外ではない。新緑の頃から陸棲昆虫たちの姿を見かけるようになり、葉が茂り、日の当たる土地に野草が背を競うようになると、テレストリアル・パターンが効果を発揮しはじめる。

この頃から鱒によく捕食されている代表的な種に、マメコガネがいる。体長1.5センチくらいの小さな甲虫だ。幼虫のまま土中で越冬して、初夏に蛹化し、羽化してから地上に現れる。このイミテー

ションフライは夏に有効だが、五月後半から梅雨明けくらいまで、爆発的に効くことがあるから要チェックだ。

マメコガネの「マメ」は小さいという意味ではなく、マメ科の植物を好むことが由来らしい。ブドウや大豆の食害も知られているが、忍野ではあらゆる植物に取り付いているように、ぼくには思える。

マメコガネのことは、Vincent C. Marinaroによって1950年に著された『A Modern Dry-fly Code』に「Japanese Beetle」として紹介されている。それこそウィキペディアなど比較にならないくらい詳しいなと思ったら、それもそのはず、農務省の文書を参考にしたと記されている。USDAが、害虫駆除のための生態研究に躍起になっていた証拠だ。以下、マメコガネの生態についてはマリナーロの記述を参考にさせてもらった。

ニュージャージー州でマメコガネが最初に羽化するのは6月10日から20日だとされてるが、これはおそらく忍野よりもすこし遅い。もちろんぼくは観察の結果からそう言っているのではなく、経験上のフライの効き具合から言っているので学術的には不正確。

マメコガネは朝夕は低い位置にいて不活発、日が昇って気温が上昇すると木の上部など、高いところに移動するという。7月に入れば、晴れ間に川沿いを歩くと、そこかしこに見つけられるだろう。夏の朝、まだ葉の上に朝露が乗っているような時間は、マツヨイグサの黄色い花に何匹も付いているのをよく見かける。

ところが、まだ朝のうちに、川沿いに生えた草の地面近くに集って、活発に飛び回っているのを見たことがある。その姿を撮影したのでよく覚えているのだが、それについての記述もあった。よく晴れた日の午前8時から9時頃に、低い草の上を活発に飛び回るのはすべてオスだという。新たに地中から現れるメスを待ち構えているのだ。フェロモンに導かれて、メスが飛び立つ前にオスは交尾を果たす。

ところが、これだけの飛翔能力がありながら、木から川へ落下するときに羽を広げる様子がない。だから、マメコガネが高い木の上から落水すると、小さな水音がする。

陸棲昆虫を待ち構えている鱒には、これが効く。テレストリアル・フライへの反射的な突進は、この落下音によってスイッチが入る。理想的なプレゼンテーションはフライを静かに水面に置くことだが、この場合は例外だ。

ロールキャストの輪がリーダーを持ち上げるとき、ホールを加えると勢いが増して、まるで高いところから落ちて来たようにフライが着水する。プレゼンテーションがうまくいかず、鱒に気づいてもらえなかったときには、ごく小さなアクションを入れる、という手もある。実際に水に落ちたマメコガネはこんな風に動かないが、鱒に気づかせるためには有効なこともある。

毎年、大量のマメコガネが忍野の鱒の餌になっている。川沿いにはクリやナラの木が多いのだが、これらの幼木を見ると、ひとつの葉にマメコガネが2、3匹付いていることがある。流れの上空を覆う大木の、数えきれぬ葉につくマメコガネの数はいかばかりか。

マリナーロの著書に、マメコガネの繁殖力の記述がある。ニュー・ジャージー州で、初めてマメコガネが見つかったのは1916年のことだった。天敵が少ないこともあって、爆発的に増え、農業に大打撃を与えた。20世紀前半から中盤にかけて生息域は着々と広げられ、南はメリーランドからバージニア、カロライナへ。北はペンシルベニア、ニューヨークから五大湖とセントローレンス川を越えてカナダへと拡大した。南部や西部へは進出していないようだが、理由は気候だろう。高温や乾燥が行く手を阻んだのだ。現在アメリカ東部からカナダにかけて落ち着いた生息域の大部分がサケ科魚類のそれと重なるのが興味深い。

1916年には、アメリカにたった数匹しかいなかったマメコガネは、3年後には一人が一日1万5千~2万匹も駆除するまでになった。人間にとっては厄災をもたらしただけの憎い虫けらも、魚たちに好意的に迎えられたことは想像に難くない。最初にそういう場面に出くわしたのはスモールマウス・バスを狙う釣り人だったようだが、鱒を狙うフライフィッシャーもこれを見逃すわけはなかった。20世紀中盤以降、アメリカ人によっていくつかのフライ・パターンが生み出されている。獣毛を使ったもの、フォームを使ったもの、コーヒー豆を使ったもの（!）。

マリナーロが紹介しているジャパニーズ・ビートルのパターンは、ジャシッドとほぼ同じものだ。

ヨコバイを模したジャシッドは22番フックを指定しているのに対してビートルは16番としている。マメコガネが水面に落ち、鱒がそれを静かに吸い込む光景が、ペンシルバニアのレトートやニューヨークのビーバーキルでは、夏のありふれた光景になった。アメリカ東部の釣り人が考えだしたパターンが太平洋を越え、今度はぼくが忍野で使っている。同じ虫に同じ魚、同じフライ。それは人間が交流する動物であることを示しているように思える。

トライコへのライズには、表情を強ばらせるアメリカ東部の釣り人たちも、マメコガネの釣りではすこし緩んだ気持ちで釣りをしているんじゃないだろうか。

ぼくもこの釣りは大好きだ。解禁から二カ月以上が経過して、忍野の鱒たちもかなりスレてくる頃だ。ときに正確無比にフライを見分けるサイボーグを相手に、勝ち目のない挑戦をしているように感じることさえある。

そんなとき、マメコガネの釣りがぼくを救ってくれる。ビートル・パターンに対する鱒たちの鷹揚な態度や、フライの下で食おうかどうしようか迷うときのちょっと人間臭い行動に、かつてよく通った山岳渓流の釣りに通じるものを感じて、どれだけ癒されたことだろう。

水中環境が激変した2012年

かつては『忍野ノート』に虫の流下状況や釣った魚の胃内容などをメモしていたが、現在はもう持ち歩いていない。自分に記録義務を課すのが、いつのまにか辛くなってしまったからだ。しかし記録をやめて、改めてその重要性に気づくことになった。

いつだったか、森村義博さんが「書き残しておかないと正確に思い出せなくなる」と言っていた。ちなみに、モリムラさんは以前からずっと継続して釣行記録を残しているというのだから、やっぱり釣る人はちがう。

この「正確に思い出せない」という部分には、思い当たることが多い。歳のせいでもあるが、若いときほど暇な時間を持て余し、釣りのことばかり考えていたというのも理由になると思う。記憶とはあやふやなものらしく、反復しなければ長期間残らないものらしい。

例えばある日、印象的なスピナー・フォールに出会ったとする。これがもし10代の自分だったら、金欠で釣りに行けない分、しばらくはこの日の釣りのことばかり反芻するだろう。直後から、来シーズンに向けたフライを巻きはじめるにちがいない。釣り雑誌で似た内容の記事を見つけては連想するだろうし、釣行ノートにも書き込むだろう。ノートは備忘録的には使われず、試験前のノートみたいに繰り返し読み返され、そのうちにすべて頭に叩き込まれるだろう。

じゃあ、50代の自分はどうしているか。印象的なスピナー・フォールといっても、これまで数多く接してきた事象のひとつでしかない。帰路のクルマの中で一度思い返せばいい方で、それよりどこでうまい飯を食うかだとか、録画予約したサッカーの試合をいつ見るか、寝る前に飲むビー

ルのつまみはなにか、なんてことを考える。翌日目覚めるとすぐに仕事と雑用に追い回される。フライは、必要に迫られるまで巻かない。これじゃあ、正確な記憶なんて残るはずもない。しかたなく重い腰を上げることにしたのが昨年だ。釣行後にメモ程度の記録を残すようになった。

2012年の夏から秋にかけて、関東から東北地方はひどい渇水だったが、ぼくのメモによると、ちょうど1年前の2011年9月は、初旬にやってきた台風12号の大雨で関東の渓流はどこも増水していた。忍野も例外ではなかった。ふだんは渇水や増水に強いはずのスプリング・クリークも、このときばかりは事情が違った。水源のひとつである山中湖の水位が上昇したままで、増水が2ヶ月以上続き、通称「金田一」に掛かっていた私設の橋が流されてしまった。富士山周辺にある湧水の、これだけ長期の増水は降雨だけでは説明がつかず、地下のマグマ上昇を唱える説もあるくらいだ。水位は徐々に下がったが、流れは例年より太いままで、2012年の禁漁を迎えた後でやっと平水に戻った感がある。

流されたのは橋だけではない。藻も、根こそぎに近い状況まで流された。この10年くらい、支流の新名庄川からの砂の流入が目立っていたが、そこから下流の緩流部は砂で埋まり、緑の藻が見られない殺風景な様子が、なおさら砂に埋まった川を印象づけた。これまでに増水で藻が流された状態を何度か目撃してきたが、昨シーズンが一番ひどかったように思う。自然の復元力が働くはずだが、砂流入の原因が断たれない限り、藻の復活は限定的になるだろう。流動的な砂底に藻はつかないからだ。

長期の増水によって、水生昆虫の構成比はがらりと変わってしまった。大雑把にいうと、増水した速い流れに適応できた種はなんとか生息数を維持し、緩い流れを住処にしていた種は激減した。ちなみに忍野村内の桂川の平均流速は、一般渓流に比べるとゆっくりだ。だからここでいう「速い」「遅い」はあくまで忍野限定の基準である。

水位が安定しているスプリング・クリークでも水生昆虫の構成比は毎年変動し、種ごとに増減を繰り返す。しかし、これだけ激しく数を減らした種があったのは、ぼくが忍野の水生昆虫に目を向けだしてから初めてのことだった。

オオクママダラカゲロウは、なんとか生息数を維持していた。3月後半から4月にかけてのハッチは少なかったけど、いつもの増減の範囲内に収まっていた。なんとか増水を乗り切ったのだろう。溶岩底のゴツゴツした瀬でも採集できるのだから、わりと早めの流れでも生活していけるのかもしれない。

コオノマダラカゲロウも、6月の夕暮れに連日密度の高いスピナー・フォールを見せてくれた。

図鑑には「緩い流れに多い」とされているが、怒り肩のトゲマダラカゲロウ属だから、なにかにしがみついて増水に耐えたのだろうか。たくさんの大きなスピナーに囲まれたとき、「余計な心配することないさ」と語りかけられているようで頼もしかった。自然の懐は深く、水量の増加にあらかじめ適していた種にとって、昨年来の増水など意に介することもない出来事だったにちがいない。仮に増水が何年も続けば、さらに速い流れに適した種が勢力を増すだけのことなのだろう。

意外というか、ぼくの想像を越えて増水に強かったのがアカマダラカゲロウである。アカマダラの忍野での羽化期は長く、5月から7月までと8月から禁漁後の10月くらいまでとなる。アカマダラの生息数の多い年は、第1世代と第2世代の出現期間が長くなり、端境期がほとんどなくなることがあるが、昨シーズンも端境期は短かった。夕方にハッチすることが多いので、春から秋まで、昼過ぎまで調子の上がらなかった釣りを、夕方のアカマダラの流下に何度も救ってもらった。午後3時ころから夕暮れにかけてライズが増え、充実した釣りで一日を締めることができたのは、むしろ例年より多いアカマダラに頼ることができたからだ。マダラカゲロウのなかでもやや小型で、けしてマッチョにも見えない体つきながら、あの大増水を耐えるどころか逆に勢力を増したのだから、見かけによらないとはこのことだ。

さて、数を減らした方に話を移そう。まずは春先のオナシカワゲラだろう。オナシカワゲラは、いつもならコカナダモを引き上げるとそこにたくさんしがみついている。忍野・桂川の藻については いずれまた別の機会に書きたいと思っているが、コカナダモは緩い流れに適した藻類だから、必然的に増水による被害は大きかった。激減した水生昆虫とは密接な関係がありそうだ。

春にコカナダモが密生していれば、その上や周囲をオナシカワゲラのニンフを捜してうろつき回る鱒が必ずいる。そこにニンフを沈めてサイトで釣るのを楽しみにしているのに、今年はこれがまったくできなかった。禁漁が近づいて、オナシカワゲラの2世代目は、すこしだけアダルトの姿を見かけることが多くなった。今シーズンは、コカナダモの増加とともに数を増やしてくれることを期待している。

同じく、水通しのよい場所のコカナダモや、バイカモについていたのがクロマダラカゲロウだった。クロマダラは岩盤や石の表面からも採取できる。同じトウヨウマダラカゲロウ属のオオクマはなんとか踏み止まったのに、忍野全域に適応していると思い込んでいたクロマダラが激減したのは意外だった。

クロマダラは数も多く、広い範囲に生息していて、6月の流下の主役といっていい。例年なら水中を流下するニンフの偏食から始まって、産卵後のスピナーの捕食まで、6月中は目が離せないのだが、昨シーズンは存在感が薄く寂しい限りだった。

これからの数シーズンは、クロマダラカゲロウを指標として、忍野・桂川の水中環境の回復を見守っていこうと思っている。

集中的な流下が鱒を動かす

自衛隊橋から歩いて五分のところにリバーズエッジはある。この釣道具屋兼レストランの店主は渡辺訓正という。このノリちゃんが、トレーラーハウスを引っ張ってきて忍野に店を出したばかりの頃、解禁してほどなく二年続けてぼくに言った台詞がある。

「なんかさぁ、見える魚が少ないんだよねぇ…今年は」

それはもう、心配そうな顔をして言うのだった。忍野の桂川に魚がたくさん泳いでいて、釣り場としての魅力を保っているかどうかは、ノリちゃんにしてみれば死活問題なのだった。

しかし、解禁直後に見える魚が少ないのは毎年のことなのである。いくら忍野村の桂川がスプリングクリークで、冬でも水温が高くて、ライズもしているとはいっても、解禁したばかりの頃は盛期に比べて見える魚はかなり少ない。

鱒たちはどこへ行ったのか。まあ、歩いてどこかよその川へ行けるわけもないので、どこかに隠れているわけですね。その物陰を、我々フライフィッシャーが覗くことはできないし、フライを送り込むこともできない。そのような場所を、仮に『サンクチュアリ』と呼ぶことにしよう。

水中世界の物陰や隙間というのは、水面上からは確認しずらいものだ。「それ隙間だったの?」というような薄べったい影の中へ、大きな鱒が躊躇なく姿を消し、ちょっとした岩の下に鱒が何匹も入り込んでいたりする。例えスプリング・クリークでなくても、そこに伏流水や湧水があれば一年中快適この上ないはずだ。安全な場所である上に、その場で命脈を保つための餌が

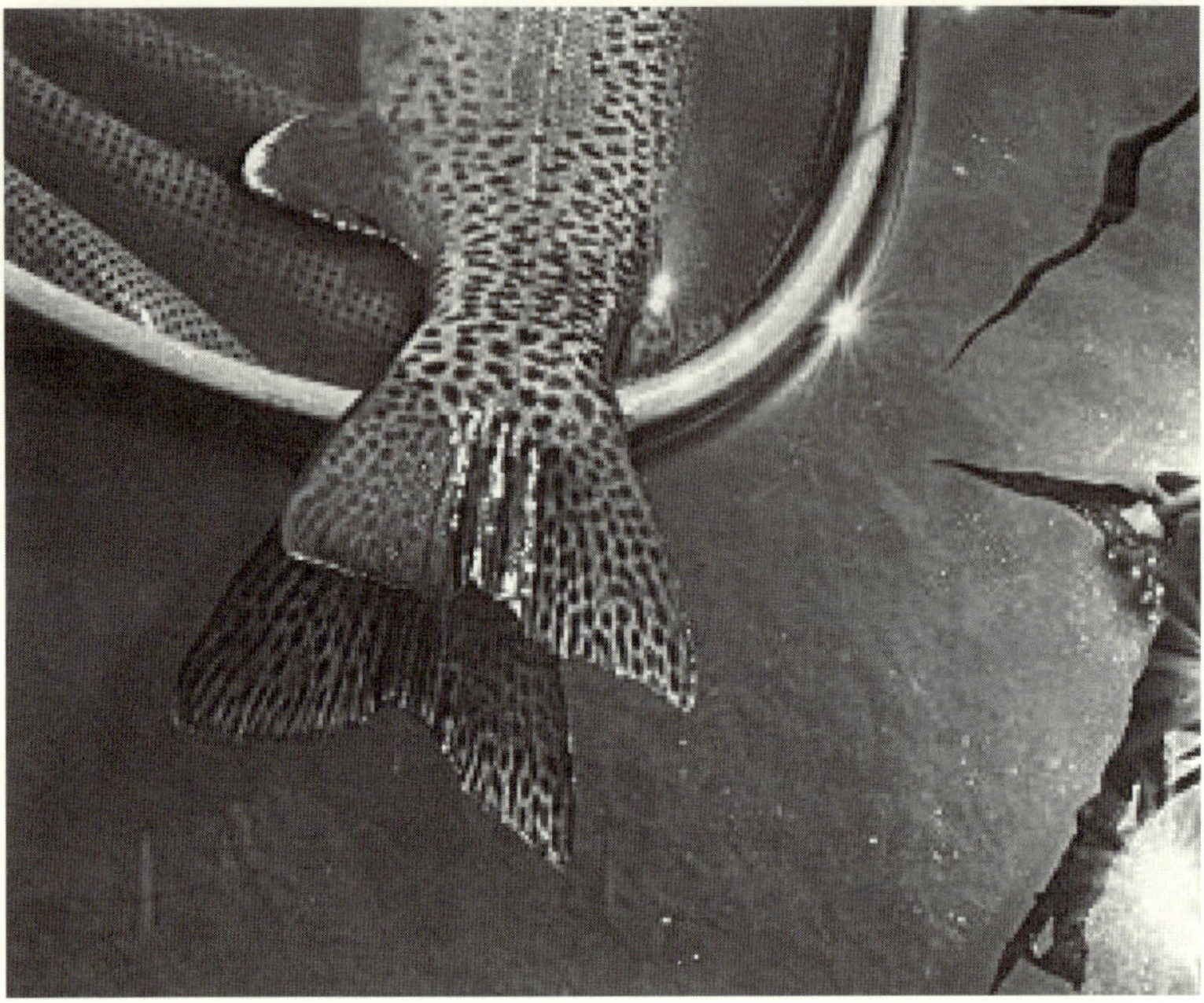

取れるなら、鱒は移動したくなどならないはずだ。鱒が動くには、なにか理由が必要なのである。
禁漁の間に、引きこもりを決め込んでしまった鱒たちを誘い出す役目を担っているのが、忍野ではオオクママダラカゲロウということになる。もちろんオオクマたちに自覚などないだろう。
もう何度も書いてきたことだが、オオクマの羽化は集中型である。ちらほら始まったかなと思う間もなく、次々にダンが水面に現れて、気がつくと流れに列をなしている。この集中的な流下が鱒を動かすようだ。
オオクマの羽化が始まる前から日々繰り返されている、コカゲロウの流下は疎らで、わざわざそれを食うために用心深い鱒がサンクチュアリを離れる理由にはならないのだろう。サンクチュアリだって、当然餌の供給ルートがあるから選ばれているはずだ。コカゲロウのダンやイマージャーがパラパラと流れていても、同程度の量の餌ならサンクチュアリに居たままでも捕食できるのではないか。長時間だが疎らな流下は、だから用心深い鱒が動く理由にはならないのだろう。

しかし、例えば瀬のような生息好適地から、オオクマが一斉に川底を離れると、その下流にはイマージャーたちが多く流れる密度の濃い部分とそうでない部分ができる。羽化がらみの流下なのだから、イマージャーは水面を目指している。水面に達したあと、フィルムを通り抜けるの時間がかかることを考慮に入れれば、垂直方向では当然水面近くの密度が高くなる。水平方向でも均一とはいかない。流芯が一本はっきりした場所はもちろんだが、瀬のような場所でも複数の流れの筋ができるから、そこを多くのイマージャーやダンが通過していくことになる。

サンクチュアリは、頭上を覆う障害物によって安全が担保されるのがふつうだ。どんな形状にせよ、水面付近の餌を捕るために鱒は姿を現さないわけにはいかない。それが岩の下の隙間なら、そこから出てきて流芯に定位するのが合理的だろう。そうではなくて、流芯のすぐ脇の枯れ葦の根の下、エグレの奥に身を潜めていた鱒だったとしても、水面ギリギリににじり寄る必要がある。

オオクマのイマージャーとダンの偏在が、鱒を動かす。ここよりもっと餌が流れてくるあそこへ、ここよりもっと餌の捕れる場所へ、鱒は動く。するとどうなるだろう。流れの中に、急に魚が増えたように見えるのだ。それまでは、チラホラ程度にしか鱒が見えていなかった場所なのに。その中の一匹が、取るに足らない大きさだけど、たま〜にライズするからという理由で、不承不承その場に張り付いていただけなのに。にわかに水中が騒がしくなる。

「ここに、こんなに魚がいたのかよ!」

思わず、そんな台詞を口にしてしまう。

そこかしこにライズリングができるのはもちろん、瀬のような場所では、水中で鱒が急旋回したときの体側の輝きが、あっちでギラギラこっちでギラギラと散見されるようになる。そのなかに、ええっと思うような一匹がいる。こんなのがどこに隠れていたんだよテメー的な大物が目の前でイマージャーを捕らえるたびに、小さく早く口を開いている。こちらももう抑えがきかない。喜びと緊張と興奮とが一気にやって来る。このドラマチックな演出。だからオオクマの当たり年には通い詰めたくて悶々と仕事をする日々を過ごさなければならない。うれしいけど苦しい、苦しいけどうれしい春は、やっぱり死ぬまでに一度でも多い方がいい。

春は毎日のように狩野川水系に通う、三島のモリムラさんが言っていた。

「年越しの大物アマゴは、解禁してすぐはそうでもないんですが、オオクマに誘われると水面近くに出てくるんですよ」

これを聞いて、やっぱりなぁ、とぼくは思ったのだった。いやべつにオオクマに限ったことじゃなくて、ヒゲナガでもいい。なにか集中的な羽化が起きて、水面に近いところや流れの筋に餌の流下が偏る状況になったとき、鱒はサンクチュアリを離れて、フライを送り込みやすい中層から表層へと姿を現すのである。

忍野では、放流されて間もない魚が餌捕りを最優先にして、いつも流れの好位置を占拠している。そこは当然、日々通り過ぎるフライフィッシャーがちょっかいを出したくなるような場所なのだ。毎日フライという人工餌が目の前を通り過ぎる状況では、鱒は高度に教育される。忍野の放流鱒をナメてはいけない。姿を確認しやすい好位置にいる鱒ほどスレ切っていて、ちょっとやそっとじゃ

フライをくわえてはくれない。
これに比べて、ふだんサンクチュアリに潜んでいる鱒は、フライに関してスレ切っているという印象は薄い。餌の流下につられて現れた、50センチくらいまでの鱒は、流下する餌にマッチさせたフライで釣るならば、ヒレの丸いスレた放流魚よりも案外あっさりとフライをくわえてしまう。え、こんな簡単に釣れちゃっていいーのかよ、と思ったことが何度もあるのだ。

ぼくらが短時間に集中するダンやイマージャーの流下に出会うことができたなら、集中的なハッチが隠れていた鱒を動かすことを実感することができるだろう。そして魚がたくさんいるように感じる時間が、どれだけ「おいしい時間」なのかも理解できるはずだ。朝イチで覗き込んだ忍野の流れに鱒がたくさん見えていたら、すぐに集中して釣りを始めなければならないのである。

6月は天国か地獄か

「ああ、釣りしてえなぁ…」

これまでに何度つぶやいただろうか。まったく釣りバカとは困ったもので、釣っても釣っても終わりがない。昨夏、1週間続けて東北の渓流を釣り続けたが、帰宅予定日になってもまだ釣りがしたかった。

それでも釣りには「日並み」と「時合」がある。いい日やいい時間帯があるからには、それに合わせてオン/オフを使い分けねばならない。ベテランほど、このスイッチの重要性を知っているはずだ。いやしかし、いい歳して「わかっちゃいるけど止められない」状態になることもあるし、昼飯を食い忘れることも実はまだある。困ったものだ。後悔するのは決まって釣りを終えたあとである。

とにかく、忍野に通っていて困るのが6月前半だ。特に上旬から中旬にかけては、夜明けから日暮れまで、オフの時間帯が見つからないのである。6月前半の忍野は、釣りバカにとって切れ目なく時合が続く極楽である。しかし煩悩を抱えた者にとってそれは、苦しみに満ちた地獄に変貌する。

夜討ち朝駆けの0泊3日でも釣り続けることができた20代までの自分ならば、それはただただ喜ぶべきことだったろう。食事に例えるなら、あの頃は旨いかどうかは別にしていつも腹一杯食うのがあたりまえだった。翻って現在、ぼくは食べ過ぎたあとの消化不良の苦しみが気になるようになった。よく年寄りが、

「美味しいものは量は少しでいいから、種類をたくさん食べたい」

などと言う。これなどは煩悩の極みだと思うが、自分もだんだんと近づいて来たということだろう。しかし、6月の忍野で供される皿を全部食べるのなら、睡眠不足は必定なのである。

仮に釣行日を6月10日としよう。準備の時間も考えると、到着時間の午前3時半は譲れない。週末なら、旧富士急ホテルの駐車場に停まったクルマの2、3台には室内灯が灯り、準備をしているフライフィッシャーが必ずいる。ま、同じくそこにいる自分も好き者なんですがね。

深夜出発の理由は、クロマダラカゲロウの早朝ハッチだ。これが調子のいいときは、朝何度かに分かれて波状に流下するのだが、第一波が夜明けに来ることがある。空が薄明るくなって、ようやく水面の様子が見えるようになると、そこにはもうたくさんのダンが乗っていて、ライズも起こっている、というようなことがこれまでに何度かあった。

もちろん夜明けに来ないこともある。なんだよ午前6時で間に合ったじゃねえか、ということもしょっちゅうあるが、そこはそれ釣りバカの欲が勝るのである。それになんてったって、夜がうっすら明けてきたらもうライズぼこぼこだったよ、という方がドラマチックでカッコイイ。釣り人なんて、半分くらいは人に自慢するために釣りしてるんだから。

睡眠不足で駆けつけて、いつもと逆に早朝のテンション上げ上げでクロマダラのハッチが終了したとする。まだ神経は高ぶったままで、眠気は感じないだろう。今日一日のどこかで休まなくちゃ、とは思っている。しかし、偏光グラスを通して、銀鱗のきらめきが見えたとしたらどうだろう。カタのいいニジマスやブラウンが何匹も、藻の脇で活発に捕食行動をしていたら、とりあえず休憩は先送りだ。

6月10日の朝に流下してるのはクロマダラ・ニンフの可能性が高い。結ぶのはヘアズイア・ニンフの16番。バーブレスフックでお願いします。調子がいい日なら、片っ端からイケちゃうのではないでしょうか。流下が少ない日でも、数匹には遊んでもらえるでしょう。フッキング&ランディングは腕次第です。

そうこうするうちに午前9時過ぎ。気がつくと、対岸にライズリングが広がっている。それも定期的に繰り返されている。さては、と上方に伸びた木々の隙間を探っていくと、日差しにキラキラする小さな輝きが集まっているところがある。クロマダラ・スピナーの♂の群れだ。ならばと川面を探してみると、一点から放射状に広がる小さな波紋が見つかる。スペント・スピナーが羽を震わせている波紋だ。動かないスピナーは、両側に伸びた翅だけが一直線になってIの字に見える。それらがライズの主についばまれていたら、今度もまた休憩は先送りして16番のスピナーを結ぶことになるだろう。

このクロマダラ・スピナー、途切れずに夕方まで流下し続けたことが過去にあるが、ふつうは昼が近づけばいったんは流れなくなる。腹も減ったし、これを機に午前の釣りを切り上げるのがこのところのパターンだが、晴れていれば、もうテレストリアルが流れているはずだよな、といつも考えてしまう。

ふつう、テレストリアルを捕食する定期的なライズは見られない。だからこの時間、この天気ならもう流れて食われているはずだ、などと考えはじめるとちょっと試してみたくてしかたがなくなる。いつも鱒がテレストリアルを待っているあそこだけでもちょっとフライを流してみようかな。いやもう一旦やめろ、という葛藤。でも、もしフライを結んでしまったらあそこだけで終わるはずがない。時間割が守れないだらしない男、って声がどこからか聞こえて来るような気がするが、もう薄笑いを浮かべて、だらしのない自分を認めることしかできない。テレストリアルの釣りの単調さに、眠気が頭をもたげてくるだろうが、暑さもあってむしろボーッと惰性でロッドを降り続けてしまうと取り返しがつかないことになる。昼寝を済ませておくべきリミットは午後3時だ。

午後3時を過ぎると、イブニングの盛り上がりへの序章が始まる。水面に、アカマダラやエラブタマダラのダンが見え始はじめたら、もう日が暮れるまでライズが途切れることはない。アカマダラの羽化のピークは午後4時から5時くらいだが、これにはエラブタもクロマダラ・スピナーもテレストリアルも複合する可能性がある。午後6時には、コオノマダラやアカマダラのスピナーもこれに加わるだろう。締めはヒメカゲロウにするかクシゲマダラにするか迷うところだが、いまだ完璧に攻略したことがなく、出現確率の高いクシゲの流下に狙いを定める。クライマックスに向けて水面は沸騰をはじめ、空に滲んだ光が消える寸前に急遽大量流下しはじめるクシゲマダラが加われば、それがクライマックスになるはずだ。

クシゲマダラの難しい釣りに手を焼いて、嗚呼、今日も最後は気持ちよく終われなかったなぁ、などと考えながらフライを切り離したリーダーをリールに巻き取るとき、今日一日釣るのをやめることができなかったツケが両肩や背中にまとわりついていることに気づくだろう。丸一日夢中になれた幸せと、睡眠不足のまま16時間釣り続けた疲労を背負って帰路につく。どこかで睡魔に襲われることはまちがいない。家族に心配をかけないために、あらかじめどこかで寝ていくと電話しておこう。

6月の極楽を享受するためには諦観しかないだろうと思った。もう早朝のハッチは釣らないだとか、テレストリアルはやらないで昼寝する、と決めることだ。しかし、どうしてもあれもこれもとあきらめきれない。諦観に勝ると思えたアイデアは、日帰りをやめることだった。昨年から1泊2日釣行を増やした私の、業はどこまでも深いようだ。

コオノマダラカゲロウの謎解き（上）

2005年6月4日。旧富士急ホテル前でイブニングライズを待ち構えていたフライフィッシャーたちの前に、ものすごい数の大型スピナーが現れた。スピナーの群れは下流から突然現れ、あまりの数の多さに雲のように見えたという。群れに囲まれた人の視界は遮られ、対岸がまったく見えなくなった。

その夕、現場に居合わせた人の回顧談はどれもほぼ共通していた。

「数は、ハンパな単位じゃなかったね」

前年からすこしずつ、夕方の劇的なライズとその大型スピナーとの関係は明らかになりはじめていた。しかしそれは、コアなファンだけに支持された駆け出しアイドル程度の認知度でしかなかった。「嘘泣き」だとか「センターのポジション」だとか、小さなきっかけでもアイドルはブレイクするが、コオノマダラカゲロウは集団で強烈なデモンストレーションを仕掛け、この日を境にその名が忍野フリークの間に一気に広まった。もう、6月に忍野・桂川が釣り場として開放されている限り、コオノマダラカゲロウの名が忘れられることはないだろう。

大群のほとんどは、金田一から下流、ホテル前にかけての速い流れに落ちて産卵したようで、一帯にライズの嵐を巻き起こした。

「川中の魚が水面に出てきたみたいだった。川が沸騰していた」

「デカい鱒が流芯に差してきて、フライが引ったくられた」

話をしてくれた誰もが、その光景を思い出して軽い興奮状態の中にいた。大型スピナー・パター

ンを持ち合わせていた彼らは、生涯最良の釣りシーンのひとつを反芻できたのだろう。
　翌週末にようやく駆けつけることができたぼくは、対岸が霞むほどのスピナーの群れに囲まれてテンパってしまったが、「6・4」を体験した釣友のサコさんは余裕で、ろくに竿も振らず、
「こんなもんじゃなかった」
　とつぶやいて、薄ら笑いを浮かべていた。

　実はこのスピナーの大群は、20世紀中に掛川在住の小川博彦さん、通称オガワちゃんによって確認されていた。先日会ったときに確かめると、本人はすでに忘れてしまったようだが、ぼくの忍野ノートにはオガワちゃんが5月末に金田一の赤い橋付近で大型スピナーの大群を目撃したというメモが残っている。残念ながらこのときは、追跡にまで手が回らず、その後うやむやになってしまったのだっ

た。

「6・4」からほどなくして、あのスピナーはどこから来るのか、というのが忍野フリークの話題に上るようになった。話が盛り上がる中、お互いに確認しあった結果、ダンを見たという者がただの一人もいなかったのである。あれだけのスピナーの大群が押し寄せるからには、同数のダンがハッチしていてもおかしくないはずだ。

1990年代後半の2シーズン、ぼくらはリバーズエッジに水槽を置かせてもらっていた。同定のために水生昆虫を飼育していたので、シーズンに何度もニンフを採集していた。たしかにトゲマダラカゲロウ属の幼虫はいた。しかし、そんなにたくさん捕れた覚えがないし、全ニンフに占める割合も多くはなかった。トゲマダラはコオノとヨシノ、フタマタは確認したが、仮に割合のほとんどをコオノが占めるとしても、あのものすごい数のスピナーをどう説明するのか。それほど、あの年のスピナー・フォールは忍野フリークに強い印象を植え付けてしまった。

それから、みんなコオノマダラのダンを気にするようになった。忍野フリークはみんな柄の長い『忍野ネット』を持っているから、大型マダラカゲロウの亜成虫を見かけたら、すかさず捕獲すればいい。そうすれば羽化する時間帯や生息場所が推測できるし、最初にダンを捕まえた者として話題の中心にもなれるだろう。

ところが、5年経過しても胃内容物にダンが見つかった例がひとつあるだけで、生きているダンを捕獲した者はいなかった。6月になると、スピナーの群れは相変わらず現れ続けていた。

もうひとつわかったことがある。スピナーはどれを捕まえてもメスだった。川沿いの蜘蛛の巣まで捜して歩いたが、オスのスピナーは見つけられなかった。

このあたりのことを根拠に、コオノマダラ下流生息説が生まれた。釣り場の最下流になる忍野堰堤から下のそれほど遠くない区間に、高密度でコオノマダラが生息しているのではないか、というのだ。そこで大量のダンが羽化し、スピナーとなって交尾を済ませ、遡上飛行してくる。だから上流域で成熟したニンフはあまりたくさん捕れないのだし、スピナーはすべてメスなのだ。

思わず「なるほど」と膝をたたいてしまいそうな説である。しかし、これには疑問点が残されていた。ともかく産卵数はものすごいはずで、孵化した大量の幼虫は下流へ移動することになるのだが、途中には忍野堰堤がある。堰堤は通常オーバー・フローすることはなく、細い水路がひとつあるだけだ。取水は常にされていて、導水管はかなり下流へと通じている。幼虫たちは、取水口へ導かれることなく、歩いて堰堤を越えるのだろうか。それとも増水でオーバー・フローしたときに一斉に泳いで下流へ向かうのだろうか。どちらにしても不自然だ。

だから、このもっともらしい説に、いまだ確証はない。なにしろ下流にあるはずのコオノマダラの高密度生息区間や、ものすごい数で上下飛行をしているはずの雄スピナーの群れを捜しに行く者など、ぼくを含めて誰もいなかったのだった。そこはそれやはり釣り人、そんな暇があったら釣りするぜ、なのである。

この下流生息説と並行して唱えられたのが夜間ハッチ説だった。ニンフの生息密度の確認はさておき、ともかくコオノマダラの羽化行動は夜間で、そのため我々の目に触れることがないのである、という説だ。これも最初に聞いたときは思わず膝をたたいた。なにしろ島崎憲司郎さんが書かれた『水生昆虫アルバム』に、夜間に水生昆虫がハッチするという件があったはずだ。

そんな曖昧な記憶を掘り起こすと、もう居ても立ってもいられないのがせっかち人間のいけないところだ。それならひとまずと受話器を取ってしまった。

「なに言ってんですかぁ、クロイシさん。ちゃんと読んでくださいよぉ…えーと、137ページ。夜でもばんばんハッチしてるんですからぁ」

　シマザキさんが指摘されたのはフタスジモンカゲロウだが、御著書を読み返してみると、シマトビケラについても夜間にハッチを確認したと記述されている。なんでもシマザキさんによると、真夏の深夜のカディスのハッチが凄まじいそうだ。

　大兄に指摘されると、夜間ハッチ説の信憑性は一段と増した。すっかりその気になって3回ばかりライトを手に、草をかき分けて川面を照らしてみたが、残念ながらまだ光の中にコオノマダラのダンを捕らえていない。しかし、午後9時前後の時間ばかりだし、回数も少ないのでは話にもならないだろう。

　言い訳をさせてもらいたい。忍野は我が家からは近い部類に入る釣り場だが、それでも夜のハッチを観察するには、よほど腰を据えなければならない。近所に住んでいるなら、風呂上がりにちょっと見に行ってみるか、なんてこともできるかもしれないが、早朝で片道一時間半の距離を、週にただ一度の休日に往復していた者にとっては、それなりの心の準備と睡眠時間を削る覚悟と暗闇用の装備が必要なのだ。

　謎は謎のままで終わるのか。いや、実はぼくがまだ一番怪しいと踏んでいた時間帯が残されていた。日没直後である。そこをじっくり調べるには、夕暮れのプライム・タイムに竿を置く覚悟が必要だった。

コオノマダラカゲロウの謎（下）

忍野村から見る夕焼けは、富士山に向かって右側に現れる。よく晴れた初夏の西空に滲んだオレンジ色が、やがて地平線付近に凝縮されていく頃、コオノマダラカゲロウのスピナーの大群がやって来る。スピナーはすでに交尾を終えていて、産卵のために水面に下りはじめる。もう一段暗さが増す頃には、大量のスペントが水面を流下する。昼間にはけして見ることができない、ライズで沸騰する水面がそれを証明するだろう。

鱒を釣るためにフライロッドを握っている者が、こんなときに冷静でいられるはずはない。誰もが、沸き立つ水面にフライを送り届けたい衝動に駆られるだろう。視線は流れに釘付けだ。視界の端の暗がりを、一匹の大型のダンが行き過ぎる。空に向かって、おぼつかない羽ばたきながら、ゆっくりと上昇していく。

夕暮れのプライム・タイムに、竿を持たずに川岸に立つフライフィッシャーはあまりいないだろう。虫の観察という目的があってもだ。それなら釣りをしながらでもできているだろう、とずっと思っていた。

2012年5月、ぼくは決心していた。冷静に考えると、やはり一番怪しい夕暮れの時間に、まともな観察をしていないことに思い至ったからである。まずはその時間帯を確認してからでないと、次に進めない。

最初の調査は5月26日。午後6時20分くらいから準備を整えて待った。コオノ・スピナーの群れが姿を見せ、今年もスピナー・フォールが始まったことを知らせていた。産卵のピークよりも羽化のピークが先に来るのが道理だから、調査時期としては悪くないはずだ。ただ、ひとつ誤算があった。友人から貸してもらった流下物採取用ネット（以下流下ネットと略）が、上方から吊り下げる必要があったためにうまく設置できなかったことだ。やはりぶっつけ本番はまずかった。

しかたがないので自ら立ち込み、浅瀬に手持ちでネットを構えた。が、結果的にこれが敗因となってしまった。午後6時50分頃に、身動きが取れず、手持ち無沙汰で上空を見上げたときに、大型のメイフライ・ダンが上昇していくのを目撃した。もちろんロック・オン。しかしこれで、水中を探るのか空中を警戒するのか、どっちつかずになった。

旧富士急ホテル前上流の瀬は木立に囲まれている。だから周囲は暗がりで、飛んでいるダンなど、手の届く範囲へ近寄って来なければ目視不可能だ。水面は、暮れかけた空の鈍い光を映し、油のように揺らめくばかり。なにも見えないに等しい。両手が塞がり、ライトも持てない。唯一ダンを確認できるのは木立の上空、残照をバックにしたシルエットだけだった。しかしこれでは、見つけたときにはほとんどが捕獲圏外である。3匹だけがわりと近くを通過した。そのときばかりは、遠ざかろうとするシルエットを追いかけて流れに突っ込んでいたネットを振り上げた。結果として3度自分で水をかぶることになった。

この日手にした証拠物件はゼロ。しかし、なんの手掛かりも得られなかったかといえばそうではない。空を目指していく大きなダンのシルエットを、ざっと40くらいは目撃できたからだ。上方の狭い範囲に限られた、しかも暗がりでの目視に不安は残るが、数からしてマイナー種の単発ハッチだとは思えなかった。

類は友を呼ぶというが、虫好きの友人が多いおかげで、翌週までにフロート付きの流下ネットを貸してもらい、無事設置することができた。おかげで両手が空き、翌週6月1日はダンの捕獲に専念することができた。

予行演習で要領を得ているせいか、二度目は十分な数のダンを捕獲できた。すべて同一種であった。流下ネットにも収穫があった。6時40分から7時10分まで設置して、数は少なかったが、イマージャー、シャック、スピナーが入っていた。これこそ羽化の証拠物件だ。持ち帰ってさっそく『川虫図鑑』（全国農村教育協会）で調べたが、どうやらコオノマダラカゲロウにまちがいなさそうだ。バンザーイと叫びたい気分だったが、これに似せたフライを巻き、鱒を釣り、ストマックポンプで胃内容物を確認しなければ「マッチング・ザ・ハッチおたく」の探求は完結しない。

翌週6月8日は、もうハッチするコオノマダラがいないのではないかと気を揉みながら忍野に向かった。間に合わなければ、翌年に宿題を持ち越さなければならない。この一年がけっこう長く感じられるのである。

午後6時半に旧富士急ホテル前に入る。すでにライズが始まっていた。いい場所に一人入っているなと思ったら、転勤先の九州から帰郷を兼ねて遠征釣行してきていたIさんだった。そのすぐ下流に入れてもらう。ものすごい数のスピナーが、すぐ上流に群れていた。しかしここは、巻いたばかりのソフトハックル系コオノ・イマージャーを結ぶ。これまでの実績から、10番のスピナーを使えばライズを釣れることはわかりきっているが、同じことを繰り返していては進歩がない。

流芯に並んでいるライズに、ウエットフライ式にラインを緩めず張らずにイマージャーを流し込んでいけばフライが引ったくられるだろう、というぼくの甘い予想は見事に裏切られた。何度かア

タリを感じたが、フッキングできない。魚もスレているのだ。自分を落ち着かせるために、目先を変えて、アシ際の緩い流れのライズを狙ってみる。フライが沈みすぎないように、一度水気を吸い取ってからフロータントを施し、時折起こるライズリングに向けて送り込んだ。ちょうどその辺りにフライが差し掛かったときにライズが起こり、アワセるとフッキングした。

取り込んだのは30センチちょっとのニジマスだった。ストマックポンプで慎重に未消化物を抜き取った。果たして、白いトレイの上には、コオノマダラのイマージャーが3体現れた。

イマージャーの偏食を見つけたと告げると、隣のIさんもティペットにイマージャーを結んで、協力してくれた。もっとも、コオノの用意はなく、使ったのはオオクマのイマージャーだったが、これでも釣れた。

ただしこのとき、イマージャーで次々にライズを仕留められたかというとそうではない。おそらく流下物の90％以上はスピナーだったはずだ。むしろイマージャー・パターンで釣れ、ストマックポンプで実物を吸い出せたことは幸運だったと言えるだろう。後半、ぼくは釣りたい気持ちを押さえきれずにDDを結んだ。このパターンがスペントウイングを持っているのでつい選んでしまったのだが、胃内容にイマージャーが混じるかもしれないという淡い期待は見事に裏切られ、DDで釣った3匹の胃から吸い出されたのは、すべてスピナーだった。

2013年5月。ウエイダーを履き、忍野堰堤を越えてさらに下流へ、桂川の流れを下った。コオノマダラの幼虫はそこにいた。どこかに密集してはいなかったが、どこでも他種に負けず劣らずの数が捕れた。おそらく、コオノマダラはずっと下流まで同様に生息していることだろう。それらの一部が遡上飛行の末に、忍野堰堤より上流で羽化したグループと合流している可能性は高い。また、メスの群れの上空にオスらしきスピナーの姿も確認している。

2シーズン4回の観察で、ようやく推測にまでは辿り着いた。明確になったことはたったひとつだけ。釣りをしているときの釣り人は、観察者として不適格である、ということだ。

タイヤー＝ミニマリスト（またの名を手抜きタイヤー）

ぼくは、子どもの頃から父や祖父に釣りに連れて行ってもらっていた。でも、釣りが自分の趣味であることを自覚したのは13歳のときで、それから道具も釣り雑誌も小遣いで買うようになった。冬の夜、ストーブの前に寝転んで、擦り切れるほど釣り雑誌を読み返した日々が懐かしい。退屈とは、使い道の決まらない時間が有り余ることなのかもしれないが、それゆえに純粋な情熱がたぎったのだと思う。

釣りを心から楽しむには時間的余裕が必要だということを、ぼくはこの十数年間に思い知らされてきた。私事で恐縮だが「一生に一度くらい、仕事に打ち込む時期があってもいい」と思い込んだのが40代になったばかりのころ。鳴かず飛ばずだった家業が上向いたのはいいが、一度潮目が変わると忙しさは増すばかりで、気がつくと時間にも心にも余裕がなくなっていた。それでも、もちろん釣りには出かけた。

どこにしわ寄せが行ったかというと、タイイングだった。仕事を終えるとくたくたで、フライを巻く気になれない。明日にしようと先延ばししていると、あっという間に週末が迫る。

それなら買えばいいじゃん、という意見はごもっともだ。しかし、例えばボディの太さや色、マテリアルの量の多寡、水面との関わり方、動く部分の有無、そういった些細な差異が釣果を左右することは、痛いほど身に染みて経験している。自ら巻き、あーだこーだと趣向を凝らすからこそ、「このパターンのタイイングのキモ、見つけちゃったぜ！」

ということが、ぼくにもごく稀に起こる。この発見の喜びはなかなかに捨てがたい。それで渋々タイングを続けてはいたが、結果として次回釣行までに必要なフライを補充するのが精一杯という状況になった。すると、増々タイイングが仕事みたいに思えてくる。楽しみを減らすまいとして苦しみが増す、パラドックスに陥っていた。

悩んだ末にというか、必要に迫られてというか、唯一工夫できそうな方向を見つけ出した。要らないところは省く。これである。まあ、早い話、どれだけ手が抜けるかを工夫するわけだ。より簡単に巻けるフライで同等に釣れるのなら、そっちで楽をしたい。ただし、手を抜いた結果、釣れなくなってしまっては意味がない。

この釣りを始めたころ、手本にしたのが洋書のパターンブックだった。疑いもなく、そこに出ているパターンを指示通りに巻いた。メイフライのニンフを模しているという説明があれば、そのまま受け入れていた。自分が本物を観察してデザインしたわけでもなく、実釣経験を通じて効果を検証したわけでもない。まさしく鵜呑みだった。

出発点からそんな調子だったから、これまでに確信を持って手抜きタイイングをした経験がない。省略しても、釣れなきゃ意味ないんだよなぁ、と初めはおっかなびっくりだったが、それを釣り場に持ち込んでみて、タイイングの工夫を実釣で試す、実験的楽しさに改めて気がついた。

手を抜いてるのに、以前と同様に釣れるパターンが見つかると痛快だった。使うパターンも、手抜きしにくいものは自然と減っていき、早く巻けるものばかりが残った。フライボックスの見栄えは悪くなったが、見えてきたものもあった。考えると当たり前だが、小型フライほど省略できる部分が多い。むしろ、大仰なドレッシングはマイナスだと言ってもいいだろう。

手前味噌だが『スレンダー・ニンフ』というパターンがある。コカゲロウ・ニンフのボディの細さに気づいたときに、スレッドだけでボディを形作ることにしたものだ。20番以下のフックにダビング材を縫りつけていたのではどうしてもボディは細くならない。それまでは、ボディはダビングするか、フロスやらクイルやらを巻きつけなければいけないものだと思い込んでいたのだ。恥ずかしい話だが、これに気づいたことは、自分としては革新的だった。それで名前までつけたのだが、まだまだ省略は続いた。

次はテイルだった。最初はもっともらしく3本つけて、真ん中を短くしたりして遊んでいた。しかしある日水中のフライを見て、やけにテイルが目立っていることに気がついた。このときはウッドダックのブレスト・フェザーを使っていたのだが、色が明るすぎるし、太すぎてどう見ても本物とは異質だった。ソフトハックルと違って、動きを演出する効果も少なそうだ。さっそく省いてみると、テイルがなくても効果は変わらなかった。ニンフで省略しやすい部分の代表がテイルだと、いまは思っている。機能的役割を見いだせない限り、テイルはつけなくなってしまった。

それならということで、ウイングケースも省くことにした。私的フライ解剖学によれば、メイフライやストーンフライのニンフには、それまでは当然ついているべきものだった。特にこのスレンダーニンフの場合、ウイングケースを無くすとユスリカ・ラーバとどこが違うのかというパターンになる。ちょっと頭の固い人に見せたなら、これはコカゲロウというよりもユスリカですよ、と断じられてしまうだろう。だけど、ぼくが相手にしているのはあくまで魚だった。

予想通り、コカゲロウ・ニンフとしての働きは変わらなかった。タイングの時間を短縮できる上に、テイルとウイングケースを省くことでユスリカ・ラーバの役割も果たせるようになった。さらに、黄色いスレッドを使うと、ミドリカワゲラ・ニンフとしても働くことを後日確認した。魚にアピールしない、自己満足的な装飾を省くことで、むしろ汎用性を獲得することもあるという例だろう。

手抜きは続いた。仲間内で「DD」と呼ぶパターンがある。「Drowned Dun」の頭文字を取った呼び名で、トラップドや一度水没したダンを模している。とはいえ、シルエットはスペントである。これも思い切って省略した。スレッドでボディを形作り、ウイングにするCDCを乗せてタスキ掛けで巻き留めるだけ。CDCの先端を、片側のウイングの長さに調整して巻き留め、反対側を同長にカットして完成。大きなフックに巻くとカットする側のCDCのストークが目立ってしまうが、18番以下ならこれで何ら問題もなく、1本巻くのに5分もかからない。

どんなに手を抜いても、肝心のツボさえ押さえておけば、魚はそのフライを本物とまちがえてく

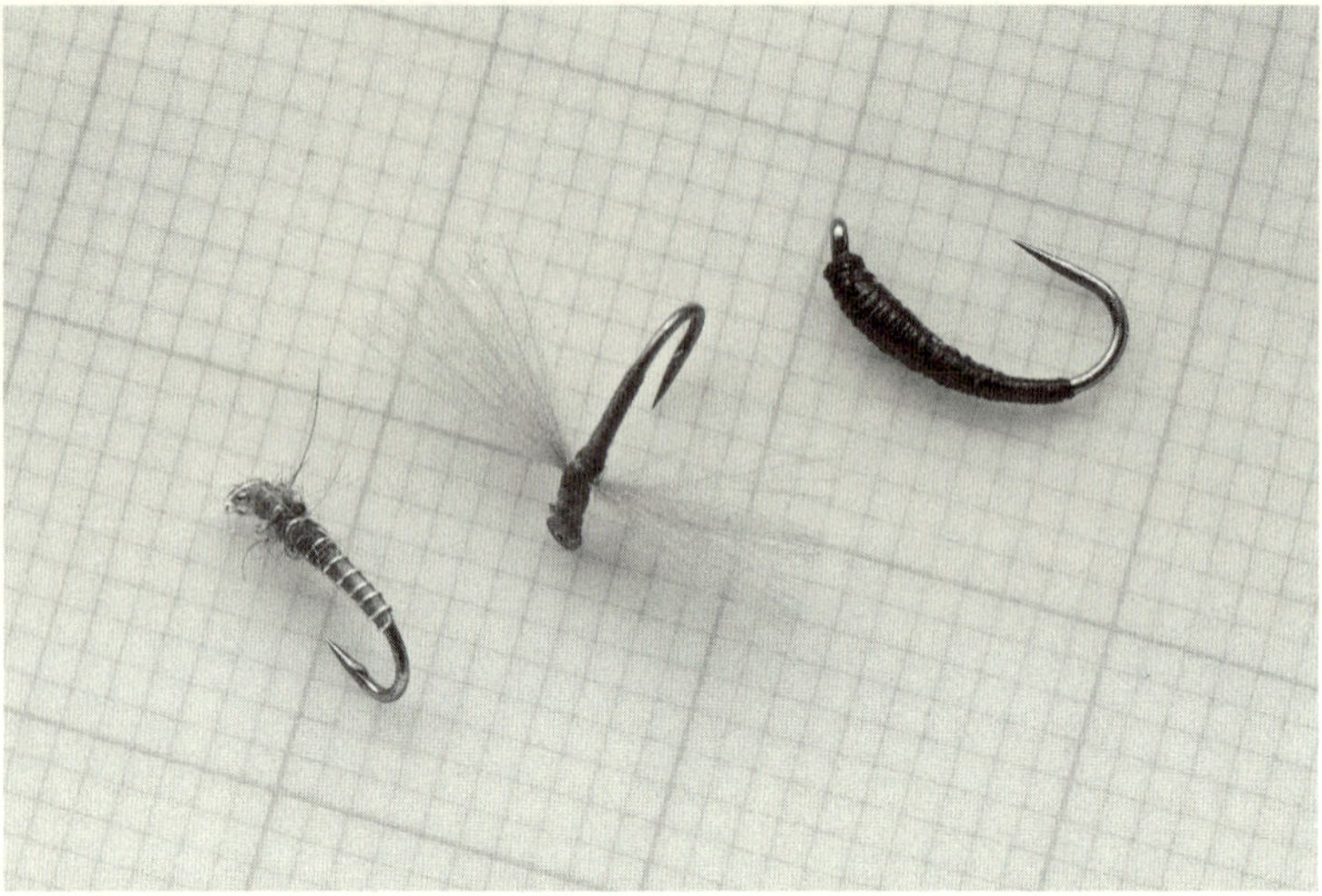

れる。それがわかってからは、むしろどれだけ手を抜いたフライで凝ったフライ以上に釣るか、人を食ったようなフライをデザインできるか、に喜びを見いだすようになった。我ながらへそ曲がりである。ただ、その調子でいい気になってやっていたら、手抜きパターンやシンプル・パターンばかりでボックスが埋まり、アイデアに行き詰まることになった。とりあえず、手抜きはしつくしたのだと思った。

ところが2012年シーズンに、とうとう究極の手抜きパターンを思いついた。クロツツトビケラのケースのイミテーションである。カーブドシャンクの14〜16番に、それらしいテーパーをつけて黒いスレッドを巻き付け、ヘッドセメントを塗るだけ。

魚にクロッツ・ケースの偏食傾向があるのを見抜けるなら、このフライは釣れる。スクールの生徒さんたちに配って、「黒石さんにもらったフライには、魚の方から寄ってきます」と言われたときには、とうとう手抜きを認めてもらえたような気がして、すごくうれしかった。

ジミー・カーターが来た頃（上）

１９８１年9月8日火曜日の朝、アメリカ合衆国第39代大統領だったジミー・カーターが忍野村、桂川の川辺にやって来た。もちろんフライフィッシングを楽しむためである。自著である『ジミー・カーターのアウトドア日記』（東急エージェンシー刊）には「予想したよりもはるかに美しく、はるかに挑戦的な場所であった」という感想が記されている。

その日が曇りだったことは、当時の資料からうかがえる。9月とはいえまだ夏の名残を引きずっていて、すこし蒸し暑い天候だったはずである。なぜそれがわかるかといえば、ぼくもその三日後に忍野まで出かけたからだ。やはり高曇りで、雲間から日が差し込むと汗ばむような陽気だった。

１９７５年までジョージア州知事だったジミー・カーターは、翌76年のアメリカ大統領選挙で民主党候補として立候補し、ピーナッツ農場主のクリーンなイメージを前面に押し出して、現職のジェラルド・フォードを破って当選した。

穏健派で、軍縮を進めたが、任期中は内外に混乱の種がくすぶり、特に１９７９年に起きたイラン・アメリカ大使館人質事件とその人質救出のための「イーグルクロー作戦」の失敗が続投を阻んだとされている。大統領退任後の積極的な外交活動はよく知られ、北朝鮮に入国する、齢を重ねた姿を映したテレビニュースを覚えている方もいるだろう。『史上最強の元大統領』として知られ、２００２年にノーベル平和賞を受賞している。

ジミー・カーターがホワイトハウスを去ったのは１９８１年1月20日だった。『…アウトドア日記』

忍野で釣りを楽しむジミー・カーターとガイド役の高田弘之さん（高田氏蔵）

によれば、回顧録などの執筆で退任後も多忙な日々を送っていたが、ジョージ・ハーヴェイからの電話でイエローストーンの釣りに興味を持つようになった。夏のスケジュールに空きがないという理由で一度は招待を断ったが、デイブ・フィットロックとチャールズ・ブルックスという名手二人からの招待状を受け取って、スケジュールの変更を試みる。なぜなら、元大統領は二人が執筆したアメリカ最高の釣りの本を読んでいたし、夫婦共々、アメリカ最高の釣り人たちといっしょに釣りをして、教えを受けるまたとないチャンスだと考えたというのだから、釣りに対する情熱のほどがうかがえる。そしてまた、この計画変更が忍野釣行へとつながることになったのだから縁とは不思議なものだ。

8月から9月にかけて中国と日本を訪問することはすでに決まっていた。8月の中旬をめどに、出版社に回顧録の原稿を早く送り届けることができれば、渡航直前のイエローストーンに滞在して釣りを楽しむことができることに気づき、さらにせっかく釣り道具を持参するのだったら、日本滞在の最終日にも釣りをする手配をしたというのである。

忍野で、ジミー・カーターのガイド役を引き受けた高田弘之さんによれば、最初に日本で釣行したい旨の打診があったのは3月だったという。最初に連絡してきたのは、当時コートランド社のバイス・プレジデントだったレオン・チャンドラーだった。ミネソタに10年間滞在した経験があり、英会話に堪能だった高田さんは、まだフライフィッシングの理解が浅かった日本で、デモンストレーションのために各地を回ったチャンドラー氏の通訳として行動を共にし、親交を深めていた。日本とのチャンネルを持っていたチャンドラー氏が第一の連絡先に選んだのも、信頼の厚さゆえだろう。

高田さんは当初、どこか近郊のマス釣り場にでも案内すればすむだろうと、軽い気持ちだったという。ところが一旦引き受けると、元大統領の個人事務所から毎日のように下準備のための連絡が入るようになった。持参する予定のウェーダーなど、細々した釣り道具の手配やスケジュール調整、釣り場の選定まで内容は多岐に渡った。頻繁なやりとりをするうちに、先方から「一度釣り場を下見したい」という申し入れがあった。このときに高田さんはピンと来たという。元大統領が相当な釣りマニアであることに気がついたのだ。これは生半可な気持ちではいけない、心して掛からねばと気を引き締めた。

日本での釣り場がどうして忍野に決まったのか、これまでぼくはずっと想像を巡らせてきた。アメリカ大使館や外務省、警察が動いて、事前にフライフィッシングに適した釣り場の情報収集がされたのだろうか。奥日光の湯川は遠すぎるし、石がゴロゴロした渓流も不適当と判断されたのではないか。比較的開けていて、警備がしやすかったのではないか等々。

釣り場選定を取り仕切った高田さんは、意外な理由を話してくれた。同行する家族の中で一人、娘さんだけが釣りをしない代わりに富士登山を望んだのだそうである。それで前日当日と箱根プリンスホテルに宿泊するスケジュールが決まったというのだ。

釣行前日、元大統領はわざわざリムジンを走らせて箱根から忍野まで、川の下見に出かけた。その結果、高田さんはジミー・カーターから、用意してもらったウエーダーを履く必要はなさそうだ、と申し渡されることになる。どうしてかと尋ねると、ああいう形状の川なら岸から釣りができるから、わざわざ水に入る必要はない、というのが返答だったそうである。なかなかの慧眼である。初めての川ならなおさら、釣り場に精通した人に意見を求めてしまいそうなものだ。4年間の任期中、常に世界を左右する決断を求められてきた人だけのことはある。

元大統領がやって来ることが忍野村や忍草漁協に伝わったのは、それほど早い時期ではなかったらしい。しかし地元は、訪問にはたいへん協力的だった。

特別放流が密かにおこなわれ、姿態の美しい大型を求めて、忍野八海に泳いでいるマスも捕獲されたそうである。放流後五日間、村内の桂川は禁漁になった。シーズン中にもかかわらずである。当時の忍野は、平日の昼間にフライフィッシャーに出会うことなどなかったから不平が漏らされることもなかったのだろう。このあたりのことを考えると、連日たくさんのフライフィッシャーが訪れる現在の忍野へのＶＩＰ訪問はかなり難しいような気がする。

忍野村と忍草漁協の協力は、結論からいうとかなり過剰なものだったらしい。それについては次回に譲ろうと思う。

ジミー・カーターが来た頃（下）

『ジミー・カーターのアウトドア日記』には、幼い頃から積み上げたアウトドアでの経験と、その礎となった大自然への理解と造詣の深さがよく著されている。こういう人物をトップに置くことのできる国には、やはり懐の深さを感じずにはいられない。もちろん、かなりの釣り好きであることも包み隠さずに語られている。そうでなければ極東の島国まで、自分のフライロッドを持参して来ることなどないだろう。

文中にはカーター夫妻が大統領任期中も密かに、アウトドアスポーツを楽しむために時間を割いていたことが記されているが、忍野ではロザリン夫人と長男、そしてペンシルバニアからの釣友も共に釣りを楽しんだ。記憶に残る「フィッシング」誌のグラビアから推察すると、一行は自衛隊橋（臼久保橋）辺りから上流へと釣ったはずである。しかし、事はスムーズに進行しなかったようだ。

自動車を降りるなり、報道陣に取り囲まれてしまったのである。機転を利かせた元大統領は彼らと交渉して、対岸の指定した場所からだけ撮影することを了承させた。フライフィッシングが長いラインを振り回す釣り方であること理解する人間は、おそらく取材陣には一人もいなかったのだろう。元大統領は、その場で放送用の映像を撮らせれば、その後は邪魔の入らない静かな時間を取り戻せることを知っていた。それでも10台のテレビカメラを向けられた状態での釣りは「快適とはいえなかった」。

ガイドをされた高田弘之さんのお話では、息子さんはストリーマーを沈めてリトリーブするよう

ジミー・カーター来日当時の自衛隊橋

な釣り方をしたが、ジミー・カーターはドライフライしか使わなかったそうである。それでも釣りの調子は上々で、47センチのブラウントラウトを、ドライフライのアダムスで釣り上げたと伝えられている。思った通りフライフィッシングをよく理解している。それが高田さんが元大統領に対して持った印象だそうである。

地元の人たちは遠巻きに見物していたようだ。高田さんからお借りした写真には、茂平橋のたもとから覗き込んでいる村人たちがたくさん写っている。海外の首脳でアメリカ大統領ほど頻繁にテレビに映る人物はほかにいない。きっとハリウッドの映画俳優でも見るような野次馬根性で集まってきたのだろう。前出の報道陣共々、マスを取り込むたびに歓声を上げ、バラしたときは落胆の声を響かせたという。釣りを楽しむことはできたのだろうが、「フライフィッシングの経験としては異常なものだった」という元大統領の記述が認められる。

高原の秋の半日、一行が静かに釣りを楽しめなかったことは、いまさらながら残念に思うが、どのような釣りをしたのか想像するのは愉快だ。9月8日の午前中から昼にかけてなら、おそらくコカゲロウが流下していたはずだ。水中のコカナダモにはオナシカワゲラのニンフがたくさんついていたことだろう。テレストリアル・フライを試していれば、これもかなり効果的だったにちがいない。『…アウトドア日記』には、帰国の途につくために、一行はその日のうちに東京国際空港まで移動しなければならなかった、という記述があるが、これは高田さんの記憶とは違っている。高田さんは、箱根にもう一泊したはずだという。どちらが正確なのかは、ぼくには判断できない。

それから3日後の9月11日。午後3時過ぎに、ぼくは忍野を訪ねている。朝から河口湖でバスを狙い、夕方のいい時間だけ忍野を釣る計画だった。恥ずかしい話だが、この日までぼくは誤解をしていた。ジミー・カーターは桂川ではなく、近くの「忍野フィッシングエリア」というマス釣り場を訪れたと勘違いしていたのだ。

到着してすぐ、自衛隊橋から見渡して、ぼくは釣り人の多さに驚いた。それでも現在の週末とは比較にならないほど少なかったのだが、そのころの忍野は、昼間に自衛隊橋から釣り人が二人も見えれば多い方だったのである。

橋から流れを見下ろして、魚影がたくさん見えることにまた驚いた。これでさすがに、ぼくも自分の思い違いに気がついた。

流れに近づいていくと、当時見かけることがなかったヤマメがたくさん泳いでいた。どれもみな尺クラスの見惚れるようなヤマメだったが、どうも尾ビレの先端の尖り方が甘い。翌月の釣り雑誌の記事を読んで、元大統領がヤマメを釣りたがっていたことを知った。ジミー・カーターは、自分たちのためにマスがたくさん放流されたことに気づいていたという。それはそうだろう。まだフライ歴7年のぼくでさえ気がついたのだから。

こんなことなら、毎年カーターさんに来てもらえないかと思いながら上流へ歩いていったぼくは、S字の辺りで今回お話を聞かせていただいた高田弘之さんを見かけた。当時からぼくは、愛読していたフィッシング誌でのご活躍を拝見していたので、目の前のご本人とすれ違うときにドキドキしたのを覚えている。カーター一行を案内した日本人釣り師が高田さんであったことは、後から知ったことだった。

川沿いの踏み跡を歩いて、雰囲気がどこかいつもと違うことにもすぐに気づいた。川辺の草がすべて刈られていたのだ。当時は現在よりもずっとゴミが目立っていたのだが、川の周辺のゴミ類も消えていた。流れの中のゴミもずいぶん少なくなっていた。これなら、マス釣り場と勘違いもするはずだった。

これらの清掃は、すべて忍野村民によって行なわれたらしい。しかし、これまたフライフィッシングに理解のある人は皆無だったようだ。地上の雑草だけならまだしも、水中の藻類も、刈り取れる場所にあるものは根こそぎなくなっていた。

よくよく目を凝らすと、水面下のヤマメだけでなく、水底付近にもマスが泳いでいるのが見えた。ぼくに限ってのことかもしれないが、その頃、昼間の水中に魚影を見つけられることはあまりなかった。解禁直後から釣り上げられたマスは持ち帰られることが多く、いつも魚の絶対数が不足した釣り場だった。

だからその日、水中に泳ぐたくさんのマスの姿を見て、ぼくは舞い上がっていた。アメリカのフライ専門誌で見かけた向こうの釣り場にいるような気がしたものだ。けれども明るいうちに釣れたのは、発泡スチロールの小さなボールを女性用ストッキングの切れ端で包み、ウイングケースの上部に取り付けた当時最新型のフローティング・ニンフでの1匹だけ。早い話がヘタクソだったわけだが、それでも明るい時間に釣れたことは自分にとって画期的な事件だった。

ぼくが、忍野がずっと、こんなに魚が見える釣り場だったらどんなに素晴らしいだろうと感じた最初だが、まさか20年後に現実になろうとは想像さえつかなかった。現在の忍野に自然再生産魚が増えたのは、1995年に忍草漁協が管理を再開してから、規則ではなく、多くのフライフィッシャーが自主的にリリースを繰り返した結果である。ジミー・カーター来訪当時を思い返すと、このことはぼくには奇跡のようにしか思えない。

水中のマッチング・ザ・ハッチ（上）

いまさらながら「マッチング・ザ・ハッチ」である。この言葉が広くフライフィッシャーに浸透したのは、Ernest G. Schwiebert 著『Matching the Hatch』が1955年に出版されてからだろうか。もちろん、捕食している虫に毛鉤を似せると鱒が誤認識しやすいということには、それ以前から多くの毛鉤釣り師が気づいていたはずだ。それをひとつのフレーズにして世に出したことが、この本をさら有名にしたのだと思う。

直訳すると「羽化に（フライを）合わせる」だが、「羽化」という単語を使ったことが適用範囲を限定したともいえる。そうでなければ、魚釣りの重要なセオリーを表す言葉になったはずだ。

例えばである。スペント・スピナーを捕食するライズを釣る場合は「マッチング・ザ・ハッチ」ではないのか？　産卵のために着水するストーンフライのアダルトの釣りは？　湖の浅瀬に群れるワカサギにフライを似せるのはどうなのか？　オフショアで、イワシにストリーマーのサイズを合わせることは？

魚の捕食物にフライを似せる、という大原則をより正確に表現するなら「マッチング・ザ・フィード」というフレーズの方がたぶんいいはずだ。しかし、デファクト・スタンダードをいまさら変えるのは困難だし、多くのフライフィッシャーは、すでに「ハッチ」に「フィード」の意味を含ませて用いているだろう。

なんで冒頭からこんな理屈をこね回したかというと、このフレーズを気持ちよくタイトルに使いたかったからで、それだけの魅力をぼくはこの一文節に感じているのである。

ほんとうのところ今回の内容は「偏食」を使えば説明できると思う。「マッチング・ザ・ハッチ」のキャッチフレーズとしての魅力もさることながら、「偏食」と「マッチング・ザ・ハッチ」には密接な関係があるということでもある。

ある日あるときある特定の餌生物の流下量が増えて、鱒が「偏食」をはじめると、それに似ていないフライには一瞥もくれてもらえない。一方で、似ているフライは「偏食」がないとき以上に注目を集め、結果としてよく釣れる。だから魚が夢中になっている餌に似せたフライを使って爆釣しちゃいなさいよ、というのが「マッチング・ザ・ハッチ」の原則なのだから、これが水面に限定されると考えるのはやはりおかしい。

水中の「偏食」に、一般渓流を釣っていて気がつくことは難しいかもしれない。ぼくも、水中の様子が見える忍野に通い込むようになってわかったことがほとんどである。鱒の行動を観察するには、スプリングクリークに圧倒的なアドバンテージがある。しかし鱒はスプリングクリークに固有の行動をしているわけではない。フリーストーンでも同じ行動原則に則っている。スプリングクリークで得た鱒の行動パターンや特徴を頭に叩き込んで一般渓流を釣るようになってから、どうして釣れるのか、どうして釣れないのか、腑に落ちることが多くなった。

水中の「偏食」でわかりやすいのは、水生昆虫の羽化行動が伴う場合だろう。例えば、水面にコカゲロウのダンがちらほら乗っているとする。時折、風に乗って目の前を横切っていくダンもいる。場所はホテル前の中程で、いったん絞られた流れが緩んで、広くて平坦なゆっくりとした流れになっていくところ。そのあたりからさらに下流の水面を眺めると、頻繁ではないがライズリン

グが広がっていることだろう。ヤマメやニジマスが、緩い流れを移動しながら、コカゲロウのダンを見つけては捕食しているのだ。
ただしコカゲロウの羽化が始まったからといって、すべての鱒が浮上して水面付近の流下物を捕食するわけではない。むしろそれらは少数派なのだ。鱒だってそれぞれに個性があり、人間同様「十人十色」なのである。
視点を転じて、今度は偏光グラスを通して水中を探ってみることにする。そこには、水面にあまり興味を示そうとしない鱒たちを何匹も見つけられるはずだ。そういう鱒は、緩い流れの藻の周辺をゆっくりと移動していて、上流に行くほどはっきりしてくる流れの筋やその両脇に定位することが多くなる。そして、時折小さく口を開いて何かを捕食している。大きな藻の塊の上に定位した水面直下の鱒は、捕食行動で波紋を作ることもあるが、ダンだけに的を絞っているとは限らない。

水面や水中で羽化するタイプのカゲロウがハッチをしているなら、当然水中にはイマージャーが流下している。どんな形態のイマージャーが捕食されているかはケースバイケースだが、基本はニンフに似ているフライを選ぶことだ。コカゲロウなら、サイズを合わせた細身のニンフをお勧めする。

秋だとすると、ニンフのサイズは20番か22番。ティペットは、沈める場合は太めでも鱒は食ってくる。魚体の大きさやフライのサイズを考えれば、6Xがバランスしそうだ。これを流れに任せて自然に、できればフライから先に鱒の鼻先に届けることができるかどうかで、すぐに答えは出るはずだ。

鱒が偏食するのは、流下物が撒き餌のような役割を果たすからだ。鱒は、雑多な流下物の中から、ちょくちょく流れてくるようになったコカゲロウ（この場合はイマージャー）を選び出そうとするようになる。もちろん流れてくるものひとつひとつを確認する手間を省くために、鱒はフィルタリングをしている。大きさ、形、色などのフィルター条件をクリアしたもののみにアクセスしようとするのだ。

もしこのケースで、例えば14番のヘアズイア・ニンフを流しても、鱒はそれを異物として見過ごしてしまうはずだ。しかしフライが偏食している餌に似ていれば、鱒の方からフライを見つけ出して近寄ってくる。天然の撒き餌が、鱒の誤認識を誘発させるという仕組みは、水面も水中も変わりがない。

とまあ、以上のような理屈は、すこしこの釣りをやり込んだ人ならわかっていることだろう。しかし、コカゲロウのダンを食っているライズが見つけられる状況で、ティペットに結ばれたドライフライを切り離して、ニンフを結ぶことができるかどうか。これが意外と、未経験者には決心のいることなのである。

ぼくはドライフライ至上主義者ではなかったし、サイト・ニンフィングの経験も積んでいたが、最初にドライフライをニンフに結び替えるときに躊躇した記憶がある。細身のニンフを持っていなかったこともあり、すぐにすっきりとした答えも出なかった。しかしチャレンジしなければ釣りの幅は広がらない。

状況にマッチするフライを見つけ出してからは、自信を持ってフライを結び替えることができるようになった。それは、浮かべるか沈めるかを、そのとき釣りたいマスの行動に合わせて決められるということだ。ドライフライの楽しさをいまさら語る必要もないと思うが、日々ハイプレッシャーがかかり続けるこのスプリング・クリークで「沈める」という一手を持つ意義は大きい。浮かべても沈めても、マッチング・ザ・ハッチの釣りから得られる満足感は同等だ。

水中の偏食について、水面上からまったく手掛かりを得られないケースについても書こうと思っていたが紙数が尽きた。トゥービーコンティニューということで、よろしくお願いします。

水中のマッチング・ザ・ハッチ（下）

対岸のカラマツ越しに太陽が顔を出し、川面がまぶしく輝きはじめた。引き締まっていた朝の空気が緩みはじめる。今日も気温は上昇するにちがいない。梅雨入り前の好天は、これで四日間続くことになるのだろう。

さきほどまで目についた、緩い風に乗っていくクロマダラカゲロウの亜成虫は姿が見えなくなった。朝マズメの時間が過ぎて流れは静まり返り、水面には思い出したようなライズリングが広がるだけだ。

流れの向こう、左岸側を一人のフライフィッシャーが釣り上がってきた。ベースボールキャップを目深にかぶり、濃い茶色の偏光グラスをかけている。薄手の長袖シャツにメッセンジャー・バッグ、ウエリントン・ブーツの出で立ちで、岸辺に忍び寄り、水中を探りながら歩いていく。流れの緩い区間では、彼はあまり立ち止まらなかったが、足を止めたときには竿を振り、数投のうちに必ず魚を掛けた。ハンティングのように、狙いをつけた獲物だけを釣っているのだ。使っているのはドライフライではない。こちら岸で、先ほどまでの延長でクロマダラのクリップルやダンを結んだままのフライフィッシャーは、ライズが止んでからは誰も魚を掛けていない。

浅い溶岩底の、緩くカーブしているあたりに差し掛かってから、彼はよく足を止めるようになった。釣った魚をリリースし、上流へ数歩歩いたかと思うと「おっ」とすこし驚いたように身構え、低い姿勢で川岸ににじり寄った。結局、彼が立ち止まって魚を掛けなかったことはなかった。金田

一橋から忍野温泉下流まで釣り上がるうちに二桁の魚を掛けた。中には40センチ以上の鱒も4匹含まれていた。

ここに登場した「彼」の名は黒石真宏という。いやあ、これってただの自慢話だな。でも、事実だからしょうがないですね。2011年6月の話です。

このとき、水中を流下していたのはクロマダラのニンフだった。クロマダラのハッチに続いてのニンフの流下なら、なにか関係があるだろう、と思う人もいるかもしれない。しかし、このときのニンフの流下と羽化行動とは直接の関係がない。だから、水面がらみでは決していい釣りができない。

前回のコカゲロウの羽化行動のように、水面上にダンというヒントがあれば、水中の鱒が置かれている状況にも想像が及ぶかもしれない。ところが、水面にはなにも手掛かりがないのに、水中では鱒がなにかを偏食しているというようなことがありえる。水面に流下物が見当たらなかったり、また流下物と無関係のものが水中で偏食されるときにものをいうのは、積み重ねた経験と知識である。忍野に限らず、シーズンに一度か二度だけ訪れる人と、通い込んでいる人の差がつくのはこんなときだ。

この例のように、通い込んでいる人は、クロマダラ・ニンフが羽化期の前半に偏食されることが多いことを知っている。成熟したニンフが水中に最も多く控えているのは羽化期直前で、その後漸減していくというのがその理由だ。一般的に水生昆虫は、羽化末期に成熟したニンフを採集するのは困難である。水面の流下と水中の流下にはズレが生じることを気に留めておくといい。

忍野で、これまでほぼ毎年出会うことができたのが、クロマダラ・ニンフの偏食だった。クロマダラのハッチは早朝に多く、午前8時を過ぎるとダンの姿はあまり見かけなくなる。ところが水中に目を転じると、活発に捕食行動を繰り返す鱒の姿が見られることがある。長引いた場合には、これが午前11時くらいまで続いたことがあった。

羽化期になると体にガスが溜まったニンフが流されやすくなる、であるとか、ニンフが活発に移動する、という話をぼくもこれまで耳にしてきた。理由はともかく羽化期前半に、羽化行動とは直接結びつかない理由で水中を流下するニンフが多数いる、というのはどうやらまちがいなさそうだ。そしてもちろん、これはクロマダラだけに限ったことではない。

まだそのあたりがよくわかっていなかった頃。三島の森村義博さんと釣っていて、今日はニンフの食いがいいね、と釣った魚をリリースしながら話し込んでしまったとき、森村さんの垂らしていたラインの先のニンフに勝手に鱒が食いついて、向こうアワセで掛かってしまったことがあった。日が高くなって、ダンなどどこにも飛んでいないのに、このとき釣り上げた鱒の胃袋は、どれもクロマダラのニンフで膨れ上がっていた。１９９７年6月初めのことだ。

　さて、忍野を訪れたことがある人ならイメージできる思うが、釣り場のほとんどの場所で、澄んだ水を通して川底の様子を見通すことができる。そこで観察していると、中層や表層に位置取りをする鱒がいる一方で、腹をこするようにして底から離れようとしない鱒がいることにも気がつくとだろう。釣ってみるとわかるが、例え同じ場所でも、表層の魚と底層の魚とでは胃内容物が異なることも多い。これは、表層を流れやすい餌と底を流れやすい餌があることを示している。

　表層は、ハッチ絡みの個体や産卵後の成虫などが流されやすい。シャックやスペントなどは、いかにもという気がする。こういうスカスカな軽いものに対して、底を流れていくのは当然、密度の詰まった重いものということになる。カディス・ケースなどはその代表だろう。

　ストマック・ポンプでは大きなものは抜けないが、小さなものはいろいろと入ってくる。小さな、同定が難しいものを除くと、クロツツトビケラやカクツツトビケラのケースはよく見かける。クロツツのケースを例にすると、ストマックポンプがこれ一色になるというような偏食はこれまでにない。しかし、底に定位した鱒を調べて、それぞれから3つ4つポンプに吸い出されて来るようなときには、これのイミテーションが明らかな効果を発揮するはずだ。

　カディス・ケースはどんな理由で流下するのだろうか。これは推測でしかないが、どんな水生物でも動きが活発になる日や時間帯というのあるようだ。積極的に移動したり、うっかり流される個体も増える、ということではないだろうか。

　これなども水面の手掛かりはほぼ皆無であるから、経験がない人が状況を見抜くのは難しいだろう。底に張りついた鱒の捕食行動だけで判断するのは不十分だ。決め手になるのは、釣り上げた鱒の胃内容物しかない。しかし確認さえできれば、なんの変哲もない黒い棒状のフライが鱒を惹きつけてしまう、一種痛快さを感じることができるにちがいない。

　ここまでぼくは、経験がものをいうなどと偉そうに書いてきたが、実際には手掛かりを得られない偏食を正確に見抜くことなどなかなかできないものだ。マルツツのケースでまちがいないと思い込んで釣っていても、ようやく釣り上げてストマックポンプで吸い上げた胃内容の多くをミドリカワゲラのニンフが占めていた、などはよくあることだ。蛇足だが、ミドリカワゲラも飛んでいる小さなアダルトを見過ごしがちで、なかなか水中に流下しているニンフと結びつかない虫である。

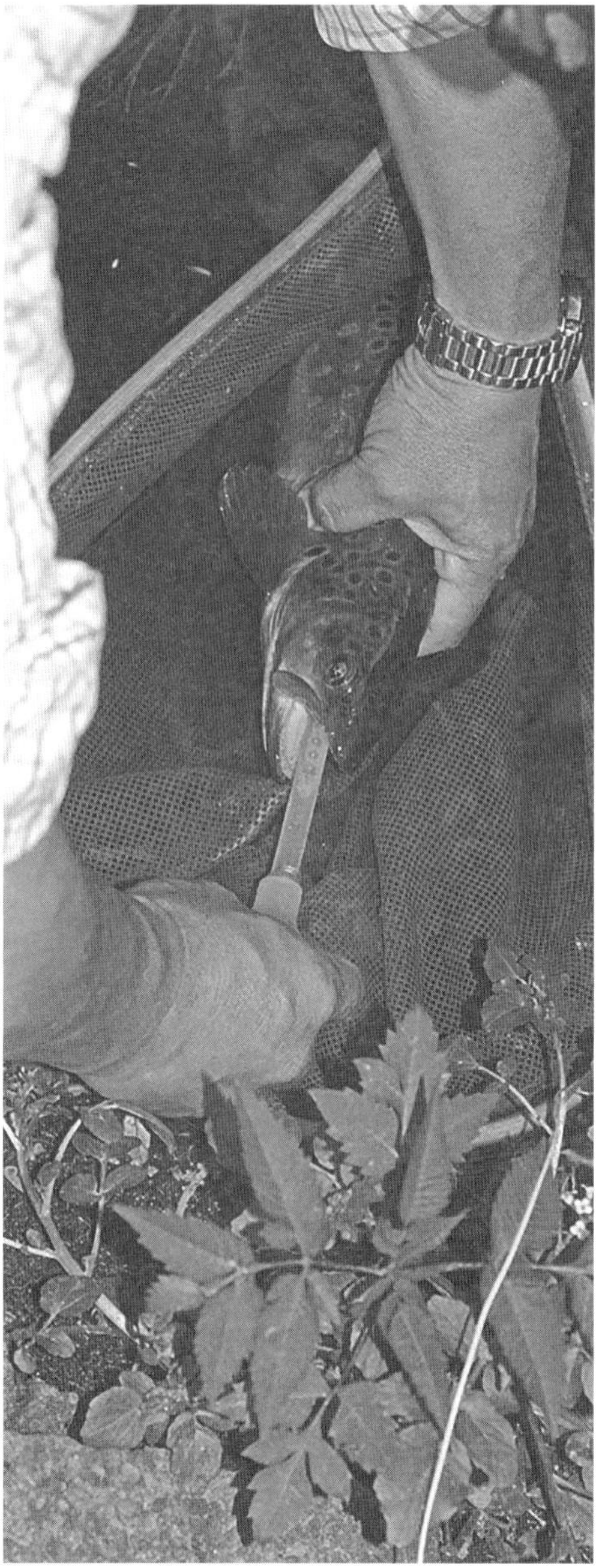

ＵＦＣ（Unidentified Feeding Creature＝未確認捕食物）

　ぼくらが飽きないで釣りを続けられるのは、ひとつに発見があるからで、フライフィッシャーの発見は多岐に渡る。技術、対象魚、餌生物、さらには自分自身についてだって、俺ってほんとうはＭなのね、なんて発見をするかもしれない。釣りは自然と深くリンクした遊びだから、発見に事欠くことはないはずだ。

　忍野の鱒と、鱒が食べる餌についての関係を解明しようと息巻いていた自分の傲慢さには、ここへ来て恥じ入るばかりだ。出現期間が長い種でさえ、毎年生息量が大きく変動するから、釣りとの関わりも大きく変化する。そこへ追い討ちをかけるように、見たこともない虫がストマックポンプで吸い出されて来ることもある。

　ぼくはこれを、ＵＦＯをもじってＵＦＣ（未確認捕食物）と呼ぶことにした。コイツらは忘れた頃に現れて、どうやら終わりがなさそうだ。鱒が捕食する虫を網羅することなどとっくにギブアップ。それならいっそ楽しんでしまおうと、開き直ることにした。単発で食べられたギョッとするような生物もいいが、マニアとしては偏食が絡んでいるとさらに喜びが深まる。近年出会ったＵＦＣをふたつ紹介しよう。

　２０１１年６月24日。午前中だったが、太陽は高かったから昼に近かったと思う。前後の経緯は省くが、ぼくはテレストリアルとクロマダラ・スピナーに注意を払いながら釣りをして、まずまずの釣果を上げていた。

朝から、水面の浮遊物が目立つ日だった。上流で草刈りをしているのだろう、刈り取られたヨシの葉が三々五々流されてくる。それに混じって、白い綿毛も目についた。川沿いのイヌコリヤナギが綿毛を飛ばす時期はずっと前に終わっているはずだ。確認はできなかったが、流域のヤナギ科の樹木が種子のついた綿毛を飛ばしているようだ。太い指くらいの白い塊も流れてくるから、大きな木なのかもしれない。

その頃はまだ、忍野温泉のちょっと下流に、流れに根元を削られた大木が倒れていて、まるで中州のように流れを二分していた。足元側の分流が緩むところで、25センチくらいのブラウンが盛んにライズしていた。ほかを見回しても、散発なライズはあっても、これだけ腰を据えた、連続したライズは見当たらなかった。当然、疑問が湧く。どうしてコイツだけがガッツイテいるのか？

脅かさないようにそっと近づいた。水面に目立った虫は見当たらない。それよりも、白い綿毛を食った。いやたしかに、また白い綿毛の欠片を食ったぞ！

鱒が植物を食べていた例は以前にもあった。釣友のストマックポンプから大量に植物の種が出てきたことがある。しかしこれはごく小さな種子で、色も形も同時に流下していたヒメシロカゲロウのイマージャーにそっくりだった。明らかな誤飲だったのである。しかし目の前では、鱒が綿毛を選んで食べている、とこの時点では信じて疑わなかった。

そんなことがあるのか、と考えていたとき、すぐ目の前を点のような綿毛が横切った。綿毛のごく小さな切れ端を目で追うと、それが風に流されていくのではなく、自らの力で飛んでいることに気がついた。次の瞬間、食われているのはコイツだと閃いて、捕まえようとしたが、捕虫網を持たないオジサンの手を簡単にすり抜けた。大騒ぎをしているぼくを見かねて、同行してくれた青年セガワさんが、別の個体を見事に手でキャッチしてくれた。老眼鏡なしでは見られない、小さな虫だった。

名前はエノキワタアブラムシという。その名のとおりアブラムシの仲間で、体長は2ミリ程度。大きさは段違いだが、後方に、イトトンボのように畳まれた模様つきの透明な翅があり、翅以外の部分はすべて白い綿毛に包まれていた。綿毛のように見えるのは、体から出たワックス成分だそうだ。エノキを好むコイツの行動と、他種樹木の綿毛に関連があるのかどうかまでは、残念ながらわからずじまいだ。

2011年7月29日。晴れて暑い日だった。朝からの釣果はあまりパッとせず、ニンフで一匹だけニジマスの顔を見ることができた。日が高くなってきたのでフライをテレストリアルに切り替えると、すぐにそこそこのブラウンが釣れた。今日はこれでいけるかな、と思ったが後が続かない。そのまま左岸を上流へ向かい、忍野温泉裏まで来ると複数のライズリングが広がっていた。

これはなにか流下しているな、というのはすぐにわかった。午前10時。盛夏のこの時間にハッチがあるとすればコカゲロウくらいだが、どこにもダンの姿はない。ユスリカかブユか、それともコカゲロウのスピナーか。ズボラな男がとった行動は、結んである10番のフォーム・ビートルをそのままキャストすることだった。

ライズリングに誘われて、惰性で竿を振ってしまった自分にちょっと失望した。けれども、着水してから10センチも流れないうちに、ビートルの乗った水面が大きく揺れた。思わずアワセてしまったが、フライが水の上を滑って来ただけで、何かに触れた感触はなかった。鱒は、フライの寸前でターンしたのだ。

けれども、ビートルに対する明確な反応があったことはまちがいない。こりゃあイケるぞと気持ちが高まった。ライズリングは広範囲に広がっている。ネズミ叩きのように、リングを追いかけてビートルを落としていく。水面が揺れる。惜しい、今度こそ！　水面が揺れる。また食わない。鱒は見に来るが、すべてUターンした。

こんなとき、いつも頭に血が上る。それがいい結果につながらないことはよく承知しているから、頭を冷やそうとする。ビートルとティペットを切り離したが、次になにを結んでいいのかわからない。どうしてみんなUターンしてしまうのか？

草の上に膝をついて、しばらく水面を観察した。不思議なことに、ライズの出現には消長があった。わらわらと全体に広がったライズが、波が引くように少なくなっていく。しばらくライズがなくなる時間が挟まることもあるが、またなにか合図でもあったかのようにライズリングが広がる。そんなことが繰り返された。このとき、ぼくはそれが風の仕業であることに気づくことができなかった。

すぐ下流に、小型のブラウンが頻繁にライズしていた。ぼくは常套手段に打って出た。すべてのフライを駆使してでもこの鱒を釣り上げ、胃の中身を拝ませてもらうのだ。いつも思い通りいくはずもないが、幸運なことに、このときは最初に結んだコカゲロウDD#20を食ってくれた。

こんなとき、ストマックポンプが何かを吸い出した感触があるとチビりそうになる。トレイに戻すときに手が震える。結果は、キャタピラーの偏食だった。フックサイズにして#16くらいの芋虫で、背中側がモスグリーン、腹がライムグリーンのツートーン。持ち帰って調べたが、チョウやガ

の幼虫ではないらしい。たぶんハバチかなにかの幼虫で、こいつがクリかナラの葉に大発生していたようだ。
慌ててボックスをかき回し、十年以上前に巻いた、ディアヘアやシェニールで作ったキャタピラーを見つけ出した。もちろん鱒はそれらを食ってきた。しかし依然としてUターンも多かった。まだ何かが足りないのだ。こんなときは翌週取って返しても時すでに遅しである。また会う日まで、フライは改良してボックスに眠らせてある。

忍野の水草（上）

２０１１年９月。台風15号の直撃がもたらした大雨によって、さしものスプリングクリーク忍野・桂川も増水し、ぼくらが「金田一橋」と呼んでいた私設の橋が流された。忍野に通いだしてから30年以上になるが、初めて見るすさまじい流れの様相だった。水源のひとつである山中湖の水位が上昇したままで、平水に戻ったのが翌春である。激しい増水が収まってニゴリが取れた流れを覗くと、水中のようすが一変していた。繁茂していた水草類はほぼ姿を消していた。支流の新名庄川から流入してきた土砂が下流域へ広がり、鐘ケ淵堰堤の下流に続くプールも砂に埋まって浅くなっていた。

20代のころ、『FLYFISHERMAN』というアメリカの雑誌を定期購読していた。そこで紹介されているスプリングクリークの写真に洗脳されて以来、ぼくは〝湧水〟の釣り場を好むようになった。特にカリフォルニアのホットクリークの写真にはやられた記憶がある。

湧き水の流れに水草が揺れるようすは、水の清冽さと豊かな湧出量を印象づける。これまでぼくが訪れた湧水の流れはどこも、たくさんの水草が流れに身を任せていた。静岡県清水町の柿田川や長野県安曇野の万水川、モンタナ・パラダイスバレーの湧水河川など、枚挙に暇がない。

スプリングクリークを覗き込んだ時には、誰もがそこに水草が揺れているのを目にすることになるはずだが、こういう風景は湧水の安定した環境によって担保されている。北海道の西別川上流、虹別のさけます孵化場のあるあたりのバイカモが流れを埋め尽くしている風景も忘れられないが、ここなどは近年一時的に水草が激減したことがあるらしい。原因は孵化場の塩排水説、野鳥の食害説などがあり特定できないようだが、これなどは水草が環境の変化に敏感であることを示すよい例である。デリケートゆえに安定した環境下にしか成立しない景色が出現するのである。

2011年秋に忍野・桂川の水草が打撃を受けた直接の原因は増水だが、広く堆積した目の細かい土砂がその後の回復を妨げたようだ。そういう推察に至ったのは、年のはじめに新名庄川合流点左岸の土砂が浚渫されたことによる。岸辺にアシ類が生えるばかりで、水中は何年も砂底だった場所に、浚渫後わずか半年で水草が生い茂ったのである。思えば忍野・桂川の水草の繁茂は2000年ごろがピークで、その後漸減してきた。それは流れの緩いプールに堆積する目の細かい土砂の量と反比例する関係にあるように思える。

大増水以前に、素人のぼくが図鑑片手に調べてみて、見つけられた沈水性植物はバイカモ、セキショウモ、ヤナギモ、ササバモ、コカナダモといったところだった。水草には日照という条件も欠かせないが、忍野・桂川にも日当りのよい場所には水草が密生していたことを記録し、かつての状態が回復することを願って、今回は水草が繁茂していたころをイメージしてこの文章を書くことにする。

緩い流れを好むコカナダモに対して、それよりも少し速めの流れに茂るのがバイカモである。両者は忍野全域でよく見かける代表的な水草で、生えている場所によって部分的な流速の違いを知ることができる。ちなみにコカナダモは北米原産の外来種である。

コカナダモは、堰堤上流部の流れが緩められた区間に広範囲に繁茂している。もちろん日当りも条件になる。また、ある程度の流速がある区間では流心を外した脇によく見られる。しかしコ

カナダモが猛烈に繁茂して水中を占拠する夏には、流れのほうが、しかたなくコカナダモの作った隙間を通っていくように見える場所もある。バイカモが、これよりも速くて浅い流れを好むのに比べると、コカナダモが繁茂する場所は平均的にやや深い。色鮮やかなバイカモに対して暗い緑色のコカナダモの群生は、横への広がりもさることながら、かなりの厚みにもなる。たとえば、「旧富士急ホテル前」のような適地に広大なウイードベッドを形成するようになると、まるで水深が浅くなったように錯覚する。

このウイードベッドは、水中に二段構造を作り出す。下段はマスにとっての格好の隠れ家となり、上段は屋上のようになって、魚にとっても釣り人にとっても、新しく作られた浅い川底のような存在になる。さすがの魚たちも、密生したコカナダモの上面から裏側の隠れ家に逃げ込むことはできなくなるからだ。

ウイードベッドの縁から下側の隙間に入ることは簡単だ。また、コカナダモの大きな株の繋がりのどこからどこまでをひとつのベッドと呼べるのかは分からないが、ところどころに段差ができたり、隙間ができたりしていて、そんな下段への通路のような部分から隠れ家へ入り込むことはできる。

しかしコカナダモの大きな株が寄り集まり、上側が大きな一つの面になっているように見えるところから下側へ侵入することはできない。たとえフックに掛かって逃げ惑う時でも、マスは密生したコカナダモの表面から中に入り込もうとはしない。

たとえば、広大なウイードベッドの中央に大きなマスが泳いでいたとする。季節は夏。強い日差しを受けて勢力を広げたコカナダモは20畳くらいの一枚の面を作っている。密生した水草は底からかなりの高さまでの水中を埋めてしまい、一番浅いところの実質的な水深はわずか50㎝ほどだろう。

泳いでいる魚の姿は、斑点のひとつまで手にとるようにわかる。オリーブがかった茶色の背中から体側にかけて黒い大きな点が散らばっている。時おり左右へ移動しながら、一瞬口を必要最小限度だけ開くと、口の内側がちらっと白く覗く。捕食に夢中になって魚体を傾けると、体側が金色に鈍く輝いた。曲がりかけた下顎。体長40㎝は楽に超えるオスのブラウンだ。

はやる心を抑えながら、フライボックスの中から気に入ってもらえそうなニンフを選び出し、その後首尾よくフッキングできたとしよう。同じコカナダモでも、疎らであればマスは迷わず近くにある隙間に突っ込んでいくだろう。しかし密生したコカナダモの表面に逃げ場がないことを彼らは知っている。無駄な抵抗は体力の浪費にしかならないから、相手は密生した藻のどこかの端に向けて突っ走っていくはずだ。釣り人側からすれば、藻の上でどれだけ体力を消耗させることができるか、藻の裏側に入り込まれずにすむかどうかが鍵になる。

マスがどちらに向かって走るのか。それをこちらが選ぶことはできない。ウィードベッドの表面に相手をとどめることができれば9割方は釣り上げることができるだろう。しかし、藻の縁に達して下側に回り込まれると厄介だ。

そうなった場合、後についてくる結果は、マスが広大なウィードベッドの外縁のどこに突っ込むかによって違う。藻の縁でリーダーが屈折する角度しだいということになる。

それが直線に近ければ、つまりベッドの手前側であれば、もう一度魚を潜り込んだ藻の下から引きずり出すことができるかもしれない。しかし、対岸に走られて藻の下側に逃げ込まれた場合、リーダーは90度以上に折り曲げられて、さらに藻がクッションになって、魚を引き出す方向に力が働かなくなる。こうなると、だいたいは藻の下でフックを外されてしまう。フライを回収できればよいほうで、そのまま根掛かり、ティペット切断ということになる。

魚のサイズが大きくなるほど手にすることは難しくなるが、幼魚ならさもないことだろう。5Xのティペットを使っていたら、その境界は40㎝くらいのサイズになるはずだ。困難の大きさは、釣り上げた時、そのまま喜びの大きさに変わるのだ。

忍野の水草（下）

清流の水草といって、フライフィッシャーがまず思い浮かべるのがバイカモではないだろうか。キンポウゲ科の水草で、名前の由来になった白梅に似た小さな花をたくさん咲かせるのは、初夏を過ぎた頃からである。ミニチュアのような水中花が流れに揺れる姿は可憐で、スプリングクリークの象徴ともいってもさしつかえないだろう。

バイカモは、前回紹介したコカナダモに比べると、忍野・桂川では群生の規模がずいぶんと小さい。日当りがよく、コカナダモよりは浅くて流れがある場所を好むのだが、忍野・桂川には繁殖好適地がそれほど多くない。深すぎたり、流れが緩すぎたり、また木に陽射しを遮られる場所が多いからだ。こういった繁殖条件が広範囲に整う場所は、人工的な環境を除けばあまり多くはない。

水草や藻類は水生昆虫の住処になっているが、ぼくの印象では、種によって住みやすい住みにくいがあるようだ。やはり形状が関係するのだろう。セキショウモなどは平たい葉の表面が滑らかで、いかにも足を滑らせそうだ。バイカモとコカナダモの構造はずいぶん違っているが、どちらも小さな葉をたくさんつけるので、水生昆虫は住みやすいようだ。ただし、住みついている水生昆虫の顔ぶれには違いが見つけられる。

これはそれぞれが生えている場所の流速の違いが主な理由と思われる。バイカモには、やや早い流れにも適応したマダラカゲロウ類をよく見かける。オオクママダラやクロマダラ、アカマダ

ラなどで、実際にはどちらにも付いているのだが、コカナダモの場合は水通しのよい場所にあるものにより多く見られる。
　コカナダモに多いのは、オナシカワゲラやヒメシロカゲロウ（ケニス）、エラブタマダラカゲロウなどで、どれも泳ぎが苦手だ。ヨコエビやミズムシといった甲殻類も見られる。
　忍野・桂川にもバイカモが優勢な場所があるが、広さや密度はコカナダモには遠く及ばない。そのせいか、鱒にバイカモの中に入り込まれて逃げられた記憶はあまりない。藻の下に潜り込まれても、なんとか引きずり出してネットに入れたことの方がずっと多い。もしかすると流れの強さにも助けられていたのかもしれない。
　バイカモに手こずるのは、サイトフィッシングでニンフを鱒の鼻先まで導くときだ。忍野・桂川のバイカモは、多い場所でも一株ずつの重なる割合が少なく、ところどころに隙間が空いていたり、全体としてかなり凸凹している。また長く伸びた房が揺れていたりする。こういったことが、流れをさらに複雑にする。

バイカモの大きな塊が水になびく、そのすぐ下流に魚影が見えるとしよう。背中が盛り上がった、筋肉質の体を誇示するようなニジマスが、バイカモの群生の中にぽっかり空いた隙間の底に定位している。大きさはそれほどでもないが、完璧な魚体だ。バイカモに囲まれた直径約1メートルの範囲で、前後左右に動いては時折口を開くが、水面付近に顔を向けることはない。狙いは、中層から底にかけてのようだ。

すぐ上流に位置するバイカモの塊と川底との段差はおよそ80センチ。さて、この場所の流速をどう表現すればいいだろう。一般的な渓流で釣りをする人は、バイカモに適した流れを「早い」とは感じないと思う。これまでは相対的に、コカナダモとバイカモの生育点を比較して表現してきたが、一般的な渓流釣りの基準からするとバイカモの生育点は、中くらいからやや緩い流れに属するだろう。

それくらいの流速でも、小さなニンフを沈めるには相当な距離を必要とする。それなのに、ニジマスのすぐ上部に位置するバイカモは水面下10センチにまで達しているのだ。簡単でないのは誰にでもわかる。それでも諦めが悪いのが釣り人だし、いいニジマスがそこに泳いでいるのを見過ごすことなどできはしない。

まずはオモリの調整だ。こういうことがあるから、ぼくは微調整が効く粘土オモリしか使わない。できるだけ重くするのだが、これは流れ方にも関係してくる。素直に流れに乗せても上流側のバイカモの塊に掛かってしまって通過できない。

バイカモの上を直撃して、10センチ下まで伸びてきた茎や葉に触れるように流してみる。伸びた房の直後に、底に向かおうとする水流はある。しかし、ニンフはニジマスの頭上を通過し、気づかれることもない。

さらにオモリを追加する。コントロールが難しくなるので少し遠くへ投げて、バイカモの上部スレスレのところまで引き寄せる。そこでリーダーをテンションから解放する。うまく水流に乗ると、上流側バイカモ通過直後からぐっとダイブし、下流側のバイカモが作るスロープに引っ掛かりそうなくらいまでの下降曲線を描くようになった。これ以上オモリを増やすことはできない。しかし、依然としてニンフはニジマスの頭上を通過してしまった。

バイカモの下を通過していく水流があって、ニジマスがそれに乗って流れてくる餌に狙いを絞っているのはまちがいなさそうだ。鱒には、上下の範囲を絞って餌を待つ傾向があり、もちろん実際に捕食してる餌と同じようにフライを送り届けるのがいいに決まっているが、いつもできるとは限らない。おまけに絞り込んだ範囲以外の餌には、鱒はなかなか注意を払ってくれない。まったく悩ましいところだ。

あきらめて移動するのも手ではある。けれど、サイト・ニンフィングで臨んでいるのなら、フライを鱒の捕食範囲まで届けられるかどうか、ギリギリまで可能性を探るべきだろう。それから動いても遅くはない。だいたい、簡単に釣れるところにいい魚がいることは少ないものである。

こんなときぼくは、まず魚の行動を観察することから始める。鱒がどのように餌を穫っているかを見極めて、どのようにフライを流すのか、あるいはあきらめるのかを判断するのだ。

ニジマスの定位置は相変わらず上流側のバイカモのすぐ下流で、左右にはよく動く。まるで落ち着きのない子供のように気まぐれだ。ただどういう訳か、5分に一度くらい、下流側のバイカモのスロープまでふらふらと下り、またゆっくりと定位置へ戻ってくる。

上下へはどうだろうか。特に上層への動きは少ないが、時折ふっと浮き上がってくる。それでも水面付近にまでは達しない。せいぜい20センチ下くらいまでだ。ただ、口を動かすので、捕食のためにそこへ浮上したのはまちがいない。頭上の餌にも、気づきさえすれば反応することがわかる。

この観察からわかることは、ニジマスが下流側のバイカモのスロープに移動したときがチャンスということだ。そのあたりならば、ニンフもニジマスの鼻先近くまで沈んでいることだろう。

水中でも水面と同じく、できればティペットやオモリよりも先にフライから魚に見せる方がいい。上流に立つと、バイカモの塊に見え隠れしてニジマスのストライクが取りにくくなるが、下流側ぎりぎりで食わせることができれば、そこは可視範囲だ。あとはニジマスの移動と流れていったニンフが交錯するタイミングを待つ根気と、チャンスを逃さない集中力が必要だ。

スプリングクリークの水草は、あるときは釣趣を増すストラクチャーとなり、フッキングした鱒の避難場所となる。また魚類を保護するシェルターであり、水生生物に餌を与えを育む大切な場所でもある。水草はスプリングクリークに欠かせない要素なのである。

鱒の学習について

忍野に週末しか出かけられなかった頃、ぼくはいつも思っていた。平日にここで釣りができたらどんなにいいだろうか、と。週末の忍野の混雑ぶりに比肩する釣り場はほかにないだろう。週末の夕方は、川岸に等間隔に人が並んで、移動さえもままならない状況になることがある。混雑とは無縁の地域に住んでいらっしゃるフライフィッシャーがこの光景を見たなら、きっとカルチャー・ショックを受けるにちがいない。

ところがだ。2012年から金曜日に釣行できるようになって喜んだのも束の間、平日でもけっこうな数の人がやって来ていることがわかった。週末限定の人には申し訳ないが、移動できないほどの混雑はなくとも、好きな場所に必ず入れるほどに空いてはいない。これはもしかして、平日の中でも金曜日は人出が多い傾向にあるのだろうか、とぼくは考え、リバーズエッジのヒロコさんに尋ねたことがある。

「そんなことないよぉ、平日の中でも、金曜日は人が一番少ないんだよ」

という答えが返ってきて愕然とした。

自分のことはさておき、みなさんそんなに仕事の都合がつくものなんでしょうかねぇ…。ともかく、平日は釣り人が少なくて、鱒ものびのび泳いでいるに違いない、というぼくの希望的観測は見事に否定された。こうなったらいっそ『忍野、ハイプレッシャー日本一宣言』でもして、腕試しの線で釣天狗にアピールする方が、釣り場としての価値が高まるんじゃないだろうか？　いや、余

計な宣伝をしてこれ以上人が増えたらやぶ蛇か…。
忍野が静かになり、鱒たちがリラックスできるのは禁漁期間だけということになる。この五カ月半という時間は、さすがに鱒たちの選択眼をちょっとマイルドにするようだ。魚の記憶力は我々の重大関心事のひとつだが、一説によると、金魚が餌やりの習慣づけのような記憶を保持できるのは三カ月だという。まあ、警戒心の強い大型の鱒に、金魚の事例が当てはまるかどうかさえ怪しいのだが。
警戒心は、いまさらだが、成長するほどに強まるようだ。春に出現する鱒の稚魚に、カメラのレンズを向けてにじり寄っていっても、稚魚は警戒を示さない。しかし、成長するに従って、ぼくらは鱒との距離を取らなければならなくなる。大型の鱒は、フライを届けるのが困難な場所に定位するようになり、さらにはぼくらの射程に入ることを極端に嫌うようになる。

いつ頃からかはわからないが、長い竿を持って太い糸を振り回す、岸辺に現れるヒトを、加害動物として記憶するようになるのだろう。

解禁に話を戻すと、5カ月半の休養のおかげでリラックスした鱒の、これまた記憶について考えさせられる行動を見ることができる。解禁当初、鱒に積極的な捕食行動を起こさせる主なハッチは、ユスリカとコカゲロウ、それからヒゲナガカワトビケラである。コカゲロウ・ダンの流下は早くても午前10時からで、遅くとも午後3時には終わる。このあと、夕暮れのヒゲナガまでが長い。日が暮れかけた頃に、ユスリカに疎らなライズが起きることがあるが、これが釣れなくて余計にイライラしたりする。

解禁直後にヒゲナガがハッチするのは、早くても午後6時以降である。しかし、その前からすでに薄暗くなっており、ライズは始まらなくとも、期待もあって雰囲気だけは十分なのだ。それで、ヒゲナガ・パターンを結んでキャストを始める人が出てくる。

「なんだよ、あの人、よくわかってないんだろうなぁ」

などと、知ったかぶりで見ていると、ガボッと音がして竿が曲がる。ええっ、と驚かされるのはこちらの方だ。なんだ、もうハッチしているのかと流れを見回しても、どこにもそれらしき気配はない。

以前は、こういうのをなにかのまちがいで済ませ、ライズが始まるまで待ったものだ。けれども思うところあって、薄暗くなってきたらヒゲナガアダルトを結んで、要所要所に流してみたらば、これにけっこう鱒が食いついてくるのである。スプラッシュ・ライズなど、まだどこにもない状況でのことだ。

それでは午後5時半の段階で同じことをしたらどうだろう。これは、ほぼ無視されることが実験済みだ。ということは、鱒たちはヒゲナガそのものや、ヒゲナガが現れる暗さを記憶しているということにならないだろうか。

上空が薄暗くなることで、一部鱒たちの関心が水面近くへ惹きつけられることは腑に落ちる。しかし、ピューパにせよアダルトにせよ、実物のヒゲナガが出現する前にイミテーションに食いついて来るのである。であるなら、水面の餌を捕らえようと定位した段階で、ヒゲナガに的を絞っていたことにならないだろうか。解禁前から、数は多くないが、ヒゲナガはハッチしている。邪魔者のいない夕暮れの水面で、鱒は連日のびのびとヒゲナガを捕らえ、学習していたのではないだろうか。

ただひとつ付け加えなければならないのは、本物が流下を始める前の段階で釣れるのは小型ばかりということだ。体長が30センチ代後半くらいから、さらに大型の鱒になるとさすがに用心深い。夜が迫り、本物のヒゲナガの活発なハッチが起こらないとフライに食いついてはくれない。流れてくるフライを避けているのではなく、水面の餌を捕らえるべき場所に出てこない。そんな印象だ。

鱒が学習しているらしき例をもうひとつ。オオクママダラカゲロウを例に上げてみよう。

オオクマがハッチを始めるのは解禁後一週間から10日くらい過ぎてからで、これまで解禁日にダンを目撃したことはない。ご存知のとおり、オオクマのハッチは集中型である。一斉に流下を始め、ドラマチックな釣りを演出する虫としてよく知られるようになったが、これにはある程度まとまった量のハッチが起こらなければならない。でも、羽化期の最初からなかなかそうはならない。

オオクマの初期の羽化は、ぱらぱらっとダンの姿が見えたと思うと、それで終わってしまう。長くても10分くらいだろうか。拍子抜けするほど呆気ない。その年の生息量が少ないと、やっと始まったハッチの量が増えず、このぱらぱらを何度か繰り返して羽化期終了、また来年お願いします、となる。しかしふつうの年なら、たくさんの鱒を水面まで浮かせるようなハッチが、二度や三度は起こるはずだ。

羽化期の初期に、オオクマがちょっとハッチしたくらいでは、鱒のダンやイマージャーへの反応は鈍い。まったく食われていないかどうかまで確認することは不可能だが、羽化期中盤の反応とは明らかに異なる。

ところが、疎らなハッチに反応を示さない何日かが過ぎてから、ちょっとまとまった流下をきっかけにして、鱒は突然ニンフ（イマージャー）やダンの捕食を始めるように見える。もしかすると、すこしずつ学習を積んでいたのだろうか。しかし印象としてはその日に突然オオクマを認識、記憶するようになり、活発な捕食をはじめるような気がするのだ。不思議なことに、これ以後疎らなハッチしか起こらなくても、その短い時間にオオクマに反応するマスが見られるようになる。こうしてぼくらは、鱒にオオクマ・スイッチが入ったことを知るのである。

この後に大量流下が起こると、大物も含めて鱒が動く。瀬や、筋のはっきりした流れへと羽化行動を起こしたオオクマは集まる。それを追いかける鱒たちも必然的にそのようなスポットへと移動し、活発な捕食を始める。このときが、オオクマの釣りの最大のチャンスになる。この後、本物と偽物を見分ける学習を連日繰り返して、鱒たちは加速度的に賢くなっていくのだ。

ドライフライの使用条件

ぼくが忍野でドライフライを水面に浮かべている時間と、ニンフやソフトハックルを沈めている時間とではどちらが長いだろうか。シーズンを通してみればほぼ同じくらい、だろうと思う。しばらく考える時間が必要だったのは、この比率が季節によってかなり変動するからである。

カゲロウの羽化量が多い4月から6月くらいまでは沈める釣りが多くなる。それは逆だろう、という方がいるかもしれない。どうしてハッチが多い時期にドライフライを使わないのか、と。以前に書いたように、カゲロウがハッチしているときには水中にも同時にイマージャーが流下していて、大きな魚ほどそちらに執着することが多い。またティペットの存在感が薄くなる水中では、一段太いものが使える。以上は大物指向の理由だが、日本一のハイプレッシャー釣り場で、他人が使っているフライとかぶりたくない、というへそ曲がりな理由もある。

浮かす：沈める＝1：1

それくらいが忍野で釣る人の平均だと思っていたぼくはしかしながら、偏差値の中心からは外れているみたいである。これまでは知らぬが仏で、ぼくは好き勝手に釣ってきた。しかし最近スクールなどで多くの忍野フリークに接するようになって、薄々自分の立ち位置を感じるようになった。

ところで、ぼくが沈め好きだとしても、フライを水面に絡めなければどうしようもない状況というのはやっぱりあるものだ。水生昆虫のハッチが減る盛夏はドライフライの出番の方が多くなる。真昼の炎天下はサボりがちだが、水面をテレストリアルが安定的に流下するのに対して、水中を流下する水生昆虫のイマージャーやニンフが少なくなるからだ。

テレストリアルとひとくくりにするのは乱暴かもしれないが、こいつらはだいたい、水面に乗ってジタバタしているか、水面に接するように、ほぼ全身没した状態で流れて来ることが多い。表面張力を破れないにしろ、ぶら下がるにしろ、忍野ではテレストリアルの多くが水面がらみである点、ここが重要だ。

水面にテレストリアルの姿はなくても、また定期的なライズが見られなくても、所定の位置でテレストリアルに狙いを付けた鱒は待っている。その場合、姿が確認できれば沈めることもできるが、見やすいドライフライを使って「らしい場所」を流す方が、下手に沈めるよりもいい釣りができるはずだ。

なによりもドライフライを使った方がいいケースならば、スピナーの流下もその典型だろう。一部水流に巻き込まれて沈んだスピナーが捕食されたり、いまだにその実態がよくわからないダイビング・スピナーはひとまず例外としよう。一般的には、産卵のために水面に降りてきたスピナーの流下には、まずは水面のフライで対応する方がうまくいく。産卵を終えたスピナーは、捕食されない限りどこまでも流されていく。それはテレストリアルについても同じことがいえる。

集中的な流下があるなら、流れの筋にいる鱒もたくさんのライズリングを作るだろう。しかし、どこか上流の離れたところで集中的にスピナーが落下する場合や、流域の複数地点で散漫なフォール起こる場合などでは、流れてくるスピナーはどこかで流芯を外れ、岸に寄せられたり、岸際の反転流に取り込まれる。これを岸際で水面に目を向けている鱒は見逃さない。イレギュラーにスピナーが捕食される場所は、テレストリアル・フライを結んだときに狙うべき場所と重複する。

もう書くまでもないだろうが、ぼくがドライフライを選択する鍵は、流下する餌が水面に集まり、水中にはあまり餌が流れていないという状況だ。それが鱒の目を上に向ける条件ともいえるだろう。低空を飛び回るスピナーを、跳躍して捕らえようとする鱒の視線は、水面どころかその上にまで届いているということになる。

太陽が高い時間帯に、散漫だが安定的に流下するテレストリアルに比べ、スピナーの流下は集中することがあり、こんなときには頻繁なライズが見られる。水面まで浮上してくる鱒にもカタのいいのが混じることがある。

ドライフライの釣りのセオリーについて、その大筋はすでに言い尽くされている。ここでぼくが付け加えるのも些末なことでしかない。それは忍野特有の付帯条件のようなものだ。

忍野でライズを釣るとき、たいがいは当の鱒の姿が見えている。そしてこれまたたいがい鱒は水面直下に定位している。であればロングドリフトは必要ない。

特にフライを落とす位置は、これが上流側に離れるほどにデメリットが多くなる。ひとつは、距離が長いほど、フライが鱒の視界に達したときにドラッグが掛かりやすくなること。もうひとつは、ドリフト中に鱒が動いてしまい、フライが狭いフィーディング・レーンから外れてしまうことだ。

理想は、フィッシュ・ウインドウのすぐ外側にフライを置くこと。それには、ティペット部を長くしないことだ。さらにリーダー全体も10フィート前後に調節して、正確なプレゼンテーションを重視したシステムにした方が使いやすい。

平坦な水面では特に、フライ先行の原則は守らなければならない。ただ、必ずダウンクロスで真上からフライを流さなければならない、というわけではない。ティペットよりも先にフライが鱒の視界に入っていけば、それがフライ先行ということになる。フィッシュ・ウインドウのこちら端をかすめるようなカタチでも、フライ先行は成立する。フライに気づいた鱒が横を向けば、結果的にフライを挟んだ反対側にティペットを置いてアプローチしたことになるからだ。

鱒がフライに接近、しかしくわえてはくれなかった、というケース。よく「見切られた」といって、こうなったらフライを替えなければ釣れないと思う人もいるようだが、忍野ではむしろ逆であることが多い。スレッカラシばかりの忍野では、チラッとでも「これは餌じゃないか」と思わなければ、鱒は一顧だにしない。平然と無視するだけである。わずかでもフライに関心を示したなら、それはむしろ脈があるということだ。

そのフライにはヒントが隠されていると考えよう。例えば、流れ方が悪く、ティペットを嫌われただけで、うまく流れれば同じフライを食ってくるかもしれない。フライ自体に違和感があったなら、それはボリューム過多なのか、サイズがズレているのか、色違いか、浮き方が違っているのか、などと考える余地がある。

ぼくの代表的な経験は、スピナーのウイングにしたCDCのボリューム過多だ。そこへさらにフロータントを施すと、水面に乗ったCDCの厚みがあり過ぎて、鱒は違和感を覚える。薄いフィルムのような実際のスピナーのウイングを考えれば当然ともいえる。そんなとき、反応があるのをいいことに同じフライを使い続けていると、流すたびに水が染みてボリュームがなくなったCDCに違和感がなくなったのか、鱒が突然自信たっぷりにフライを吸い込むということを何度か経験した。

過去に何度か、スピナーが翅を震わせる様子でも真偽を判断しているらしき鱒に出会ったことがある。あの細かなバイブレーションを水面に再現するのは不可能だ。お手上げだと思ったが、あまりに悔しいので、鱒の鼻先でフライにアクションを入れたら、反射的に食ってきたことがある。悪あがきもしてみるものだ。

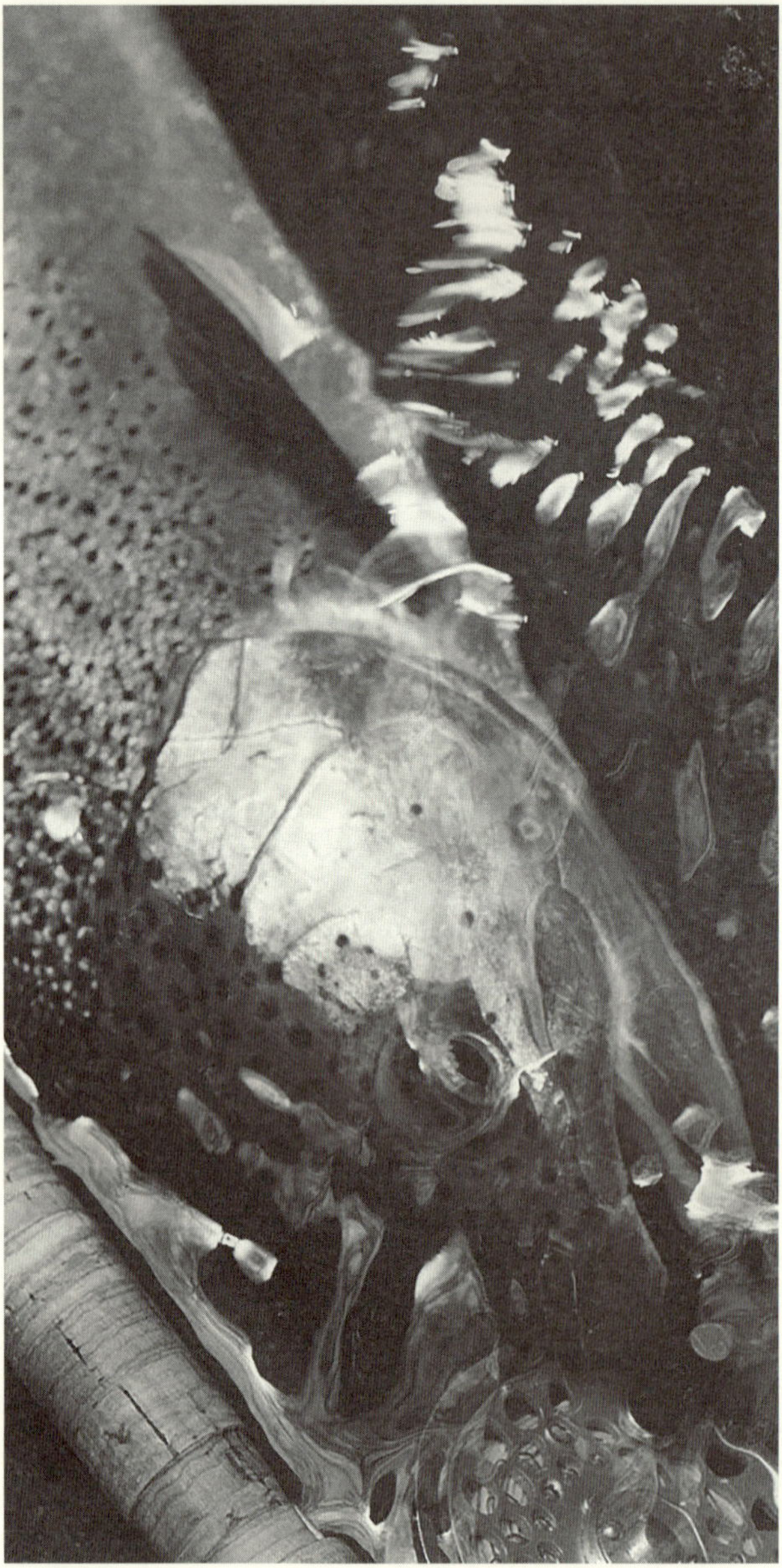

数釣り

本誌の『忍野ノート』の連載が終了して本にまとまった頃からしばらく、ちょっと自意識過剰になったことがある。柄にもなく人目が気になった。

「オレって、もう人に顔が知られちゃってるのかな?」

と友人のサコさんに尋ねると、

「いやあ、クロイシさんはもう、忍野では顔が知られてますね」

と言われた。正直なところ、この業界で飯を食っているわけではないので、顔を知られていいことはあまりない。若い頃から釣り雑誌に関わってきたけれど、これまではあまり人目を意識しないですんできた。ところが、人の視線が気になると、平常心でいられない場面が生じることに気がついた。まずいことに、週末の忍野は、どこへ行こうと人がいる。勝手に意識しているこっちが悪いのだが、人目は避けられない。

分流の細い流れに入り込んだ鱒をこっそり狙っているのを見られたり、ここで会ったが百年目という大物をバラしたり、アワセをミスって思わず声を出してしまったり、森の隅で立ちションしていたり、そういう恥ずかしい場面を見られるのはまだいい方だった。自分でまずいなと思ったのは、ついついよそ行きの釣りをしてしまうことだった。特に、釣れない時間が長引くと人目が気になってしまう。

(なんだ、実はアイツ、あんまり上手くないいんじゃねえの?)

そう思われているような気がしてくるのである。軽い被害妄想である。

セルフコントロールの範囲内だったので、そのときはひたすら自己暗示を掛けた。早い話がまあ、自分は自分なんだからしかたがないと開き直ったわけである。開き直りついでに今回のネタにさせていただいた。

たくさん釣る人が上手いのか？　人のどこを見て、釣りの上手下手を判断するのか？

長い経験の持ち主には愚問だろう。フライフィッシャーは経験の多寡によって人の釣りを見るときの視点も変わってくるように思う。初心者に近い人ほどほかの人が釣ったという結果が気になって、ひどいときはよく釣る人の周りに集まってきたりする。これなどは、腕ではなく場所の問題である、と考えていることの表れだろう。

人の釣りを見ることほど勉強になることはない。ところが、これが意外とできないことなのだ。はじめて間もない人ほど、自分が釣ることに一生懸命になってしまう。釣りを始めたばかりの頃、「魚籠持ち」の話を聞いたことがある。上達するために魚籠を持って名人についていき、名人の釣りを盗むのだという。そのときは「バカバカしい、そんな暇があったら自分の釣りを楽しんだ方がいい」と思ったが、いまできるならそれがしたい。名人はたくさんの引き出しを持っている。人の釣りを見せてもらうということは、自分の持っていない引き出しを覗かせてもらうということなのだ。

これまで、たまたま自分で発見したり、雑誌から情報を取り入れたこともあったが、やはり現場で人から学んだ割合は大きい。自分のキャリアを振り返ると、お山の大将になって、いつも決まったメンバーで釣り場に通っているときには釣りはほとんど進歩しなかった。それまで釣り場で一緒になったことがない人と出会い、その人の釣り方を見て、どうしてそういう釣り方をするかという考えに触れたとき、はじめて自分に足りないものが何かを知ることができる。かつての剣術のように、我流に凝り固まらず、他流試合で自分の剣を磨くことも大切なのだ。それには、いつも心を開いておかねばならない。今度はベテランになるほどに、プライドが邪魔をして案外これが難しい。

ぼくの見聞からすれば、腕のいいフライフィッシャーは意味のない数釣りはしない。同じことを繰り返していてもそのうち飽きるし、進歩もしないからである。現況にフィットする釣り方を模索しながら、チャレンジもしなくてはならない。なぜなら、それが自分の引き出しを増やすことにつながるからである。

一般的には、初心者だろうがベテランだろうが、最初はみな数釣りモードで釣りに入るだろう。けれどもベテランの場合、それはその日の傾向を探るサンプリングのような意味合いを持っている。どんな餌が食べられているのか、どんなフライを使ってどこをどう釣れば効果的なのかを見極めるようとする。そうして、そのときの釣り方を決めるのだ。

それはぼくだってそうだ。忍野を釣っていて、一日に何度かある時合を迎えたとき。例えばなにかの流下が増えて魚の活性が上がったとしよう。もしそれが過去に経験のある流下状況で、自信があるのなら、ぼくはあえて数釣りなどしない。その辺りで一番の大物を捜すだろう。大物を釣るチャンスは少ないから、大型が潜む場所を知っているなら急いでそこへ移動するかもしれない。貴重な時合にスレッカラシを相手にしていて、結局一匹も釣れなかったとしても後悔はない。

逆に、目の前で何匹も、頻繁にライズしているのに手がかりさえもつかめない状況では、魚の大小に関係なく、とにかく一匹を釣りあげることに血眼になる。こんなときは引き出しを増やすチャンスである。もっとも、考えすぎて迷路にはまっていただけ、ということも多々ある。増やしたいあまりに先に引き出しを準備してしまう失敗である。

　あるいは、ほかに何か楽しい釣り方があればそちらを選ぶこともある。例えばソフトハックルを引っ張るとやけに鱒たちが反応よかったりする。なかなかフライをくわえるところまでいかず、またくわえてもうまくフッキングしないのだけれども、食おうか食うまいか逡巡しながら追いかけてくる姿を見るのが楽しくてしょうがない。こんなときは、釣れなくてもずっとそれを続けてしまうだろう。

　なんで話がここに至ったかというと、たくさん釣れるときでもあえて釣らないこともありますよ、という言い訳がしたかったからである。さらに言い訳は続く。

　なにか新しいものや新しいことをテストしている時間というのもあるだろう。これがなくなったら、さしものフライフィッシングにも飽きてしまうのではないかとぼくは思うのだが、テストの時間をまとまって作るということをしなかったとしても、自分で考えた釣り方の工夫や新しいフライパターンなど試す時間を、誰しもふだんの釣りの間に滑り込ませているだろう。こんなことはたいがい隠れてこっそりやるものだ。そしてうまくいったときには一人ほくそ笑んでしまう。結果が思わしくなければ、次への宿題として持ち越しになるだろう。ただそのようなときは、端から見ていて釣れない時間が続くことになる。でもね、そこのあなた。それは下手だから釣れないんじゃないんですよ。テストなんです。今世紀最大の発見、フライフィッシング界の宝になる発見につながるかもしれないいんですから。

　でもまあ、簡単にそんな発見ができるはずもない。数釣りはしない、といった舌の根も乾かないうちになんだが、最近のぼくが心がけているのは、ガツガツしないで釣りを終えることである。も

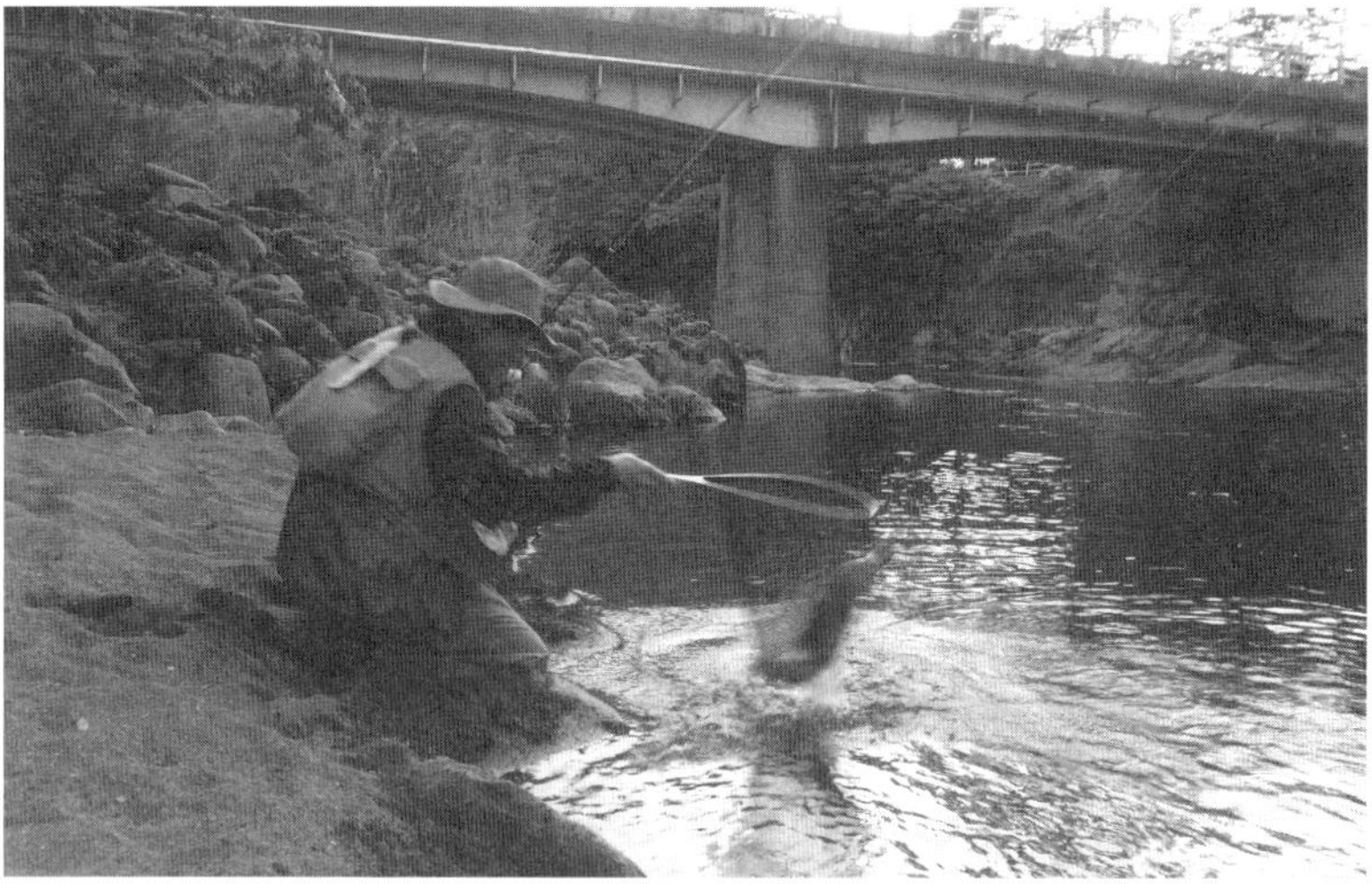

う一匹釣ったらやめよう…これをしないことである。が、これがなかなかむずかしい。例えば、昼下がりに納得のいくいい魚が釣れたら、いい気分のまま釣りをやめる、というのがある。そうするとそのいい気分が継続して、帰路のドライブも心が軽い。家に帰り着いてからも、機嫌良く家族に接することができるし、きっと夜も安眠できることだろう。

それをまた卑しく、まだ時間があるからといって結局真っ暗になるまで釣ってしまう。暗くなってからの虫の流下が中途半端で、会心の釣りとはほど遠く、モヤモヤした気分で釣りを終えるとき、もう先ほどまでの納得した気分などどこかへ吹き飛んでしまっているのである。

ぼくはいつだったか三島のモリムラさんが言った、「気分が良かったんで、釣りしないでそのまま帰りました」

という台詞を覚えている。いいベテランなんだから、いつかこういう心境になってみたいものである。

増水と濁り

あれはたしか1996年の9月のこと。週末に台風が来たことがあった。通えば通うほど忍野の釣りがおもしろくなった頃で、週末が近づくたびに、ぼくはソワソワしていたものだ。当時、ぼくとモリムラさん、オガワちゃんは毎週忍野に通うことを約束していたわけだが、今週末は誰が行くのかなどと確認をとるようなことはしなかった。いや、必要なかったと言うべきか。

週初から、天気図に現れた台風が気になっていた。最初の進路予想では、金曜日から釣行予定の土曜日にかけて台風の直撃を食らうという。しかし台風の進行はやや遅れて、日毎に予報円がずれた。結局、忍野が台風の影響を強く受けるのは土曜日の午後になりそうだった。

土曜日に、ぼくが忍野に向かったのは言うまでもない。到着は午前8時頃だった。まだ風は弱く、雨も時折パラつく程度で釣りに支障はないが、予報のせいなのだろう、ほかに誰も釣り人を見かけなかった。釣りはじめは水も澄んでいて、いつも通りに釣りができた。

鐘ケ淵堰堤のプールには馴染みの尺ヤマメが泳いでいた。理由は不明だが、忍野では、いまではあまり見かけなくなった年越しの大ヤマメの姿を、98年頃まではたくさん見ることができた。この頃はすべての釣法が共存、全域でキープも可能だった。何度かリリースはされただろうが、一年以上釣り針を避けてきた経験から、当然のごとくスレッカラシだった。ぼくも何度か向き合ったが、いつもつけ入る隙を見つけられず、悔しい転進を繰り返してきた。

午前9時を回った頃に、大粒の強い雨が降った。すぐに止んだが、ここから断続的に降るようになった。時間の経過とともに雨の止み間が短くなった。水面に雨の波紋ができると、ニンフの見釣りは極端にやりづらくなる。しかたなくライズ狙いに絞って釣りを続行するが、このころから帰りの道路事情を考えるようになった。いつ引き返すか逡巡しながらの、腰の引けた釣りである。

午前10時。雨のせいで、わずかに増水したことがわかるようになった。スプリング・クリークは増水にも渇水にも強い。フリーストーンに比べるとずいぶん包容力のある釣り場だが、上流に畑や露地がある桂川にはすこし濁りが混じりはじめた。

自衛隊橋の下流にある鐘ケ淵堰堤のプールは、年中ライズリングが広がっているような場所だが、このときもライズは見られた。しかし9月の昼間なら、むしろ静穏な晴天下のほうがライズの数は多いように感じた。それでも一人で釣るには十分すぎる数だった。コカゲロウを模した20番のDDが、ライズリングが広がるあたりにうまく漂うと、ニジマスがフライを吸い込んだ。

そのうちに強い雨がカッパを叩き、風も強くなってきた。頻繁に浮力剤を使うのは煩わしかったが、フライさえうまく流せばマスが釣れてくるので、やめるキッカケがつかめない。濁りも少し増して、水面直下のマスを見つけるのも難しくなってきた。そのとき一度だけ、風の唸りを聞いたような気がした。これが潮時と踵を返し、川沿いに上流へ戻りかけたとき、岸際にライズを見つけた。さきほどあきらめた尺ヤマメがいたあたりだった。

足音に注意して上流側に回り込んだ。再び現れた水紋を見て、ぼくは直感的にそれがあの尺ヤマメが作ったものだと確信した。それはまったく不定期な、間隔を置いたライズだった。濁りのせいで姿は見えない。こんな状態で、あのヤマメがちっぽけな20番のDDを見つけてくれるだろうか。

「ましてや、くわえるなんてことはないかもしれないな…」

そうつぶやきながらも、ぼくはフライに浮力剤を擦り込んでいた。フライを投じたのは、目の前のライズにトライしない理由も見つからなかったからだ。肩の力が抜けていたのがよかったのか、6Xに結ばれたDDはライズのあったあたりをうまく漂った。待ってましたとばかりに水面がよじれて、ぼくはロッドを立てた。伝わってくるのは紛れもないヤマメの抵抗だ。ネットに収まったのは、うっすらと色づいた完璧な姿態のオス、見慣れたあの魚体だった。が、朱点があった。ぼくが尺ヤマメだとばかり思っていた魚は、実はアマゴだった。これで帰宅する決心がついたのをよく覚えている。

その晩、モリムラさんから電話があった。

「今日、忍野に行ってきたんですよ」

えっ。いつもの場所に、モリムラさんのクルマはなかったはずだ。ぼくが混乱していると、

「鐘ケ淵堰堤のライズを狙って、たくさん釣れました」

と言うではないか。

モリムラさんは、鐘ケ淵のプールを左岸側から狙ったと言った。つまり対岸からライズを狙っていたことになるのだが、よくよく話を聞いてみると、ぼくが引上げた直後にモリムラさんは到着し、入れ違いになっていたのだった。

(この人には負けた。こりゃあ、どうしたって勝てないや…)

痛切に、そう感じたものだ。なにしろぼくは、これ以上ないタイミングで引き返したつもりだったのだ。モリムラさんは、断続的に大きな雨粒が叩きつけるのをフロントガラス越しに眺めながら忍野までやってきて、ぼくが逃げ帰ったあと、さらに風雨が強まる中で釣りをしたことになる。濁

りの中のライズは、百発百中に近かったという。

渓流釣りで、濁りはじめと澄み際が好機になることは、いまさら言うまでもないだろう。このセオリーは水面の釣りにも当てはまることがあるが、ライズがあればなお確実だ。薄濁りでなくても、わずかな増水や水面に雨粒の波紋が広がるだけでも鱒の選択眼が緩むことがある。

それからさらに水位が上がり、泥濁りに近くなると、鱒は居心地（泳ぎ心地？）のいいところへ移動する。水流の緩やかな岸際や深場、岩や藻、葦などの障害物が生む緩流へと居場所を変える。濁りに光を遮られ、可視範囲を狭められると、鱒は餌を見つけにくくなるのだろう。マスの目の前にフライを導くのは基本中の基本だと思うが、濁りがひどくなるとフライを通すべき範囲はさらに狭くなる。その上マスの位置が確認できないのだから、各水流を探り、様々な深さを探り続ける根気がなければ釣果は得られなくなる。こんなときに釣りなどしない、というのもひとつの選択肢だろう。しかし、鱒は食うのをあきらめて口を閉じているわけではない。

急な増水で濁りが入っても、数は少ないが、忍野では岸際にライズを見つけられることがある。水位が上がることで新たに水面に流れ出る餌もあるのだろう。こんなときに水面に興味を示す魚は、食い気があることを知らせてくれているようなものだ。

これに気づいたのは、ぼくの諦めの悪さ故だ。いつのことかは忘れたが、忍野に通いはじめた頃、釣りはじめてすぐに雷雨が来て、土砂降りになったことがあった。見る見る水かさが増して、濁りが入った。せっかく来たのにボウズじゃ帰れない。なんとか1匹釣れないか。流れに沿って歩いていくと、ふだんはごく緩い流れの岸際に巻き返しができ、そこにポクンと、小さな水のよじれがで

きるのを見つけた。
　この手のライズは、不規則で間隔が空くこともある。しかし一度見つけてしまえばこちらのものだ。フライもあまり選ばない。このときのぼくも、ニンフから14番のパラシュートに結び代えた。濁りのせいで、粗も見えなくなるが、フライ自体も見つけにくくなるようだ。藁にもすがる思いで何度か流すうちに、フライを吸い込んでくれた。一匹釣れたのがうれしくて、岸際のライズを探して歩いた。多くは見つからなかったが、見つけたライズは確実に釣ることができた。
　増水&濁りの流れを釣ることが楽しいかどうかは、各自の判断におまかせしたい。

忍野に通うようになるまで

ぼくには忍野の古い記憶が残っている。小学6年生のときのことだから、昭和45年（1970年）の夏になるはずだ。忍野八海に立ち寄るときに、バスの窓越しに桂川を見た。「風変わりな川」というのが第一印象だった。

忍野という地名は、このあとも釣り雑誌で定期的に目にしていたのだから、そのたびに記憶を反芻していたことになる。ブラウントラウトを狙える東京から最短の釣り場、そう認識していた。

1981年1月に、ぼくは忍野を再訪することになる。原宿駅前にあったプロショップ「ノリエ」に集まる人たちが中心になって、忍野・桂川の掃除をしようということになったのだ。厳寒の朝、ぼくは流れからもうもうと水蒸気を上げるスプリングクリークの風景を見た。ウェーダーで流れに立ちこんで、水の温かさに感動した。それまで接することがなかった、スプリングクリーク特有の雰囲気に初めて心を動かされたのはこのときだ。

これがきっかけになって、その年の解禁から釣りに出かけるようになった。当時は現在よりも魚影は薄かった。放流、再放流、自然再生産のどれもが増えた現在の魚影が濃すぎるのだと思うが、35年前は釣法に関係なく釣った魚を持ち帰る人が多かった。

減った魚を補うために放流が行われると、その放流を狙って釣り人が集まり、数日で放流前の状態に戻るという悪循環が続いていた。釣り人側の欲求も多様化してきて、それぞれの棲み分けが必要になっていた。

唯一、楽しんだ記憶があるのは日没時のヒゲナガカワトビケラの釣りだった。ヒゲナガだけは、当時からハッチとライズの関係がわかっていた。大きなフライ、ドラッグＯＫ、大物が釣れるということで、ぼくを含めてこのヒゲナガを頼りにしていた人は多かった。昼間のライズは釣れなくても、最後にヒゲナガが来る、とわかっているから足が向いたのだと思う。

１９８４年から10年間、忍草漁協は漁業権を失った。理由について、ぼくが聞き及んだ噂話はあるが、不確かなのでここでは触れない。１９９４年に復権するまでは管理者不在となったが、この間に釣り場としての桂川を維持したいと考える個人やグループが複数存在した。なにか行動せずにはいられないという忍野好きの有志たちだった。それぞれの尽力と、自然の再生産力があいまって管理者不在の10年間もなんとか釣りができる状態は保たれた。しかしそれはまた、法律上の管理者がきちんと機能することの大切さを知ることにもつながった。

ぼくも、複数の形で放流をした。各自のやり方は様々だったろう。ぼくは初め、自分は善行をしているのだと信じようとした。けれども、伝染病を持ち込む可能性は否定できず、ゲリラ放流の誹りを免れないという後ろめたさがつきまとった。

苦労して放した魚も、広大な釣り場のキャパシティを前にすると焼け石に水のように感じられたし、翌週までには居るのか居ないのかさえわからなくなった。根こそぎ、誰かに釣られてしまった可能性も打ち消せない。あとには空しさしか残らない。それに、思い入れのある個人やグループがそれぞれ勝手に管理を始めたら、釣り場がどうなっていくかもわからないし、揉め事が起こるかもしれない。

1994年に漁協が復活すると聞いたとき、ぼくはうれしかった。このスプリングクリークが、このまま顧みられないとしたら残念だ。漁協さえしっかりしてくれれば、もう以前のような釣り場に戻ることはないだろうという予感がぼくにはあった。

この10年間に、フライフィッシングを深く理解する人は確実に増えていた。キャッチ&リリースが広く実践されるようにもなっていた。あとはこのスプリングクリークの釣りの面白さが、人から人へと伝わっていくかどうかだった。それには、放流物でもいいから全域に魚影が見えるようになり、たくさんの人がフライフィッシングを楽しめるようになることだった。

ぼく自身のフライフィッシングも、この10年間でずいぶん形を変えていた。忍野に限らず、流下物の見極めが必要な、難しい釣りを求めて鬼怒川、多摩川、利根川、相模川の各水系を釣り歩いた。

忍野には1シーズンに2〜3回程度の時間しか割当てられず、シーズンを通して水生昆虫の羽化状況を知るなど程遠い状況だった。それでも幸運な日には、一日に複数回の流下のピークに出会うことができた。水生昆虫の知識はまだまだ乏しく、数種類の生物が餌として鱒と関わっているという推測が精一杯だった。

もちろん一般渓流でも似たようなことが日々繰り返されているわけだが、透明な水と平たい水面が、鱒と虫の関係の一部始終を分かりやすく目の前に展開してくれるのがスプリングクリークである。おかげで、それまで見えなかったものに少しづつ気がつけるようになっていった。

忍野に通い詰める覚悟を決めなければ、この釣り場の虫と魚の関係の全体像をつかむことなどできない。わかってはいても、ほかにも行きたい釣り場は多く、覚悟はなかなか決まらなかった。昼間の釣りに自信が持てないことも、障害のひとつだった。

ある春の日、対岸のかぶった草の下で、コカゲロウのダンを捕食する小さなライズを見つけた。うまく流れた18番のパラシュートに出てきたそいつの背中は大きく、ブラウンだというのがすぐにわかった。最初の走りでバッキング近くまでラインを引き出された。

またある年の6月、昼近くなってぶらりと訪れたときにはクロマダラカゲロウのスピナーが流下していた。ライズにつられて歩いていくと、そのまた先にライズを見つけるという具合だった。それまで魚影が少ない釣り場と思ってきたが、自分の想像よりもずっとたくさんの鱒が潜んでいることがわかった。このような数少ない、貴重な経験がぼくを勇気づけてくれた。

下流の桂川の釣りに夢中になっていて、初夏にようやく忍野を訪れた年は、誰かが放したらしいヤマメがたくさん泳いでいた。昼間のコカゲロウやユスリカの流下からイブニングのヒゲナガまで、相手になってもらった。すばらしい体躯のヤマメが昼間から何匹もライズしているのに、週末に釣り人とすれ違うこともなかった。こうした体験を通してようやく、このスプリングクリークの釣り場としての資質、生物を養う能力の素晴らしさを理解できるようになった。

漁協不在の10年間に、ぼくは忍野・桂川の隠されていた顔を垣間見ることができた。以前はヒゲナガの釣り場という印象しかなかったが、それはたくさんある顔のひとつにすぎなかったのだ。自分だけが秘密の扉を見つけて、そこからまだ誰も知らない素晴らしい風景を眺めているような気分だった。

まったくチンプンカンプンだった水生昆虫図鑑にも、馴染みのある虫の名前が増えていった。それが面白くてやめられない。先駆者の知恵を譲り受けることで、一部なら虫を見分けることのできる目を持てるようにもなった。

昼間の釣りの面白さを知ってからは、ぼくは自分がそれまで体験してきたことを、誰かに語りたくてしかたがなかった。いつまでもこの釣り場を寡占していることなどできないはずである。衝動を抑えきれず、ぼくは森村義博さんに電話した。忍野の釣りの魅力を語りたくてしかたなかったのだ。森村さんは、ぼくが一番そういう話をしたい相手だった。

二人で出かけるようになると、当たり前だが二つしかなかった観察眼が四つになる。得られる情報や釣果も増えて、楽しさは倍になった。その頃よくいっしょに釣りに行っていた小川博彦さんがこれに加わると、3人のボルテージはさらに上がった。忍野で毎週顔を合わせ、虫を追いかけ、ひたすら釣り、情報を交換しながら語り合う熱気に満ちた週末が続くようになった。

スレ鱒の行動

仲間たちと山奥へ分け入っていた若かりし頃、たまにカタのいいイワナがポイントごとに釣れてくるような日に当たると、帰路の林道は興奮醒めやらぬままに歩き、また語ってしまうので、ずいぶん短く感じたものだった。

ところがこの「入れ食い」に出会ったときの興奮の上昇曲線が、年齢とともにマイルドになってきた。もちろん最初はテンションが上がるのだが、ガツガツした釣りは長くは続かない。やがてそんな状況に出会えた幸せに満たされてしまう。もちろん、釣りバカだから釣ることをやめはしない。幸福感に浸りながら、のんびりと釣り上がるのだ。

けれども、若い頃には1匹でも余計にという切迫感があった。ぼくが人と競う気持ちを持っていたからだ。釣果が、誰かに自慢するためのものだったし、自分を大きく見せるためのものだったからである。そしてそれはむしろ幸福感を薄めるものだった。

現在は一日一匹でもいい。釣りはじめの緊張と、終えた後の余韻をこそ大切にしたい。知らない釣り場に初めて立つときの緊張感はいまでも追い求めたいことのひとつだが、よく知った釣り場なら、むしろ魚はスレていた方がおもしろいと思うようになった。

前置きが長くなってしまった。今回はそのスレ具合についてである。単純に釣りにくさを示すとすれば、ぼくは魚の年齢に比例すると思っている。警戒心が強くなるのか、学習能力が高まるのかは定かではないが、同じ環境で生まれ育ったのなら、ふつうは大きい魚の方が釣りにくいはずであ

る。

忍野の5月。臍嚢（さいのう）を吸収し、浮上して間もないブラウントラウトの稚魚に、マクロ・レンズを近づけても逃げるそぶりは見せない。人間に例えれば、恐いものを知らない嬰児と同じ発育段階なのだろう。毎年梅雨の後半には自然孵化したニジマスの当歳魚がフライに掛かるようになって困るのだが、コイツらもまだまだ学習能力は低い。流すたびにフライを見に来るし、人影もあまり恐れない。人間なら小学校低学年くらいだろう。鳥にも狙われやすいのではなかろうか。

ニジマスの場合、20センチ前後になるとかなりフライを見分けるようになる。もちろんこれは毎日釣り人が入る忍野の話だが、成長による学習能力の向上と連日の教育の相乗効果の賜物だろう。人間なら中学生だ。もう簡単には騙せない。

さて、魚種による性質の違いはあるが、平坦な水面の浅場に長時間姿をさらすのは、ニジマスならだいたい40センチくらいまでである。これ以上の大きさの魚は、水中が見通せる場所には容易に定位しようとはしない。障害物の陰や、とても見にくい位置につく。

姿をさらすことがあるといっても、忍野生まれの40センチ近い個体は相当なスレッカラシである。高プレッシャー下で2シーズン以上を過ごしているから、難関校受験レベル（？）の膨大な学習を積んでいるのである。腕に覚えのある人が挑戦しても、通常は簡単に退けられるのがオチである。ただしそこは魚であるから、どうしても避けがたく、フライを本物の餌と誤認してしまうような状況が訪れる。

それはやはり、自然に流下する餌が増えて、捕食スイッチが入ったときだ。マスが捕食に積極的になればなれほど、餌とフライを間違えやすくなる。ウッカリは人間にもあるからわかりやすいだろう。どんなに頭脳明晰な人にもウッカリはある。頭がいいからといってオッチョコチョイでないとはかぎらない。フライフィッシャーはそこにつけ入るべし。

これ以上ないほどのスレッカラシでも、捕食スイッチが入った状態のときに、魚から誤認識されるようにフライを流すことができれば、ついくわえてしまうものだ。特別なことをするわけではない。基本に忠実に釣るだけだ。魚を脅かさない。魚が本物と間違えるフライを選ぶ。魚の口先に正確にコントロール。魚にまずフライから先に見せる。

40センチまでのスレッカラシでも、餌の流下がなければそもそも姿を現さない。ある程度の流下に誘われると姿を現すが、たまに口を開いてなにか食べてるという程度ではダメだ。まずは、こちらが流すフライだけを平然と見送りながら捕食行動を繰り返す状態になる。そこからさらにもう一段テンションが上がったときにチャンスは訪れる。逆に言えば、頻繁な捕食行動を繰り返すときに魚は、完璧に流したフライを選別することができない。魚だって口にフックを掛けられるのは嫌だろうし、学習もしているのだろうが、それでもしつこい釣り人がいる限り、釣られることは宿命のように避けがたい。

忍野に通っていて、さらに好きな場所がいくつか絞られてくると、だいたいどこにどんな魚が潜んでいるのかもわかってくる。今日はアイツ出て来てないのかな、だとか今朝は全員お出ましだ、なんてことを感じるようになる。魚の身体的な特徴を覚えていれば、コイツを釣ったのは今シーズン何度目だとわかることもある。

魚たちは無心に、生き延びて次世代を残すためそこに泳いでいる。そんな姿に毎度接していると、ソイツらに受難を授けている自分が嫌になることがある。シーズン後半になると、湧いてくるのはいつも魚に対する感謝と懺悔の気持ちだ。それでも釣ることを止められない業の深さは、自分でも御しようがない。

更に一段とスプーキーになった魚は、定位することを嫌がるようになる。こういうのは40センチ代くらいに多い。とにかく落ち着かないのである。忍野で見えている魚の平均サイズは、ヤマメも含めて30センチ弱くらいだから、40センチ越えのマスがふらふら泳いでいたら目立つことこの上ない。いっちょ釣ってやろうかと思うのが釣りバカの人情だから、いつでもキャストできる体勢で待つことにする。しかし、例えば藻の前方で止まったかに見えても、竿を振ろうとするとズルズルと移動を始めるのだ。どこでキャストしようかと迷っているうちに、狙える範囲を通過してしまう。

さらに大型の50センチ代になると、なかなか姿を見せてくれなくなる。専用の隠れ家を持っているヤツもいる。朝、薄暗い時間はまだ流れに出ているのだが、こちらの気配を察するとさっと隠れてしまう。それきり暗くなるまで出てこない。

ただしこれも理由は定かではないが、稀に姿をさらすことがある。そんなとき、簡単にフライを送り込めるような場所にいたためしはない。藻の段差の下流側ギリギリに顔をくっつけんばかりにしていたりする。当然水流に乗せてニンフを流し込むわけにはいかず、最後はこれでもかとオモリをつけて落下させたが、藻と口先のあいだに隙間がないので頭を直撃。さっさと姿を隠してしまった。

これまでで最強のスプーキーは、立派なオスのブラウンだった。厳つい顔の下顎はしゃくれ、筋肉で背中が盛り上がっていた。そんなヤツが鐘ケ淵堰堤の左岸、手すりからちょうど竿1本分くらい、なんの障害物もない緩い流れの中層に定位していた。サイト・ニンフィングで釣ってくださいという場所である。まったく、こういうときの鱒の気持ちというのはわからない。

おかしいな、どうして誰も狙わないのだろうか？　チラッと頭をかすめたが、そんなことは後から考えてもいいだろうと、ぼくはすぐに準備を始めた。なにしろ生涯最高のオウサム・フィッシュが目の前にいるのだから。

どう見積もっても60センチ代後半はありそうだった。いや、いま思えば60センチちょぼちょぼだったかもしれない。なにしろすごい体高だったのだ。こういう体型は、往々にして体長の見積もりを狂わせる。いずれにしろ、魚の価値は大小だけではない。全体から醸し出される品格、これが大切なのである。

仕掛けを調節して、ここしかないという位置に落としたニンフが、いい感じに沈みながら流れて

いく。よし、っと思った瞬間、その魚が大きく一回転した。水中で右回りに直径1メートルくらいの円を描き、元の位置に戻ったのだ。当然の結果として、流れていったニンフは既に後方である。タイミングが悪かったんだと思い直して再度キャスト、数秒後にまた魚は弧を描く。近づいて来るニンフのタイミングを外す技を体得しているのだ。試しに、一度キャストしておいて、魚が転回をはじめたらすぐに投げ直す、というのをやってみた。しかしこれも、気づいた時点でまた転回をはじめた。清々しいほどにお手上げ。フライを近づけることさえ許さない、究極のスプーキーとの出会いだった。

ストレス性ゆるい釣りしたい症候群

スプリング・クリークに代表されるフラットな流れは、思った以上にドラッグがかかる。これは忍野初心者からよく聞く台詞でもある。単調に見える流れからロングドリフトのイメージが浮かぶのだろうが、思い通りにはいかない。プレゼンテーションでリーダーをきれいに伸ばすと、全体が平坦な水面に張り付いて、わずかな動きも先端のフライに伝わってしまう。微小なドラッグも釣りに影響するのが、平坦な水面のいやらしさでもある。もちろん一般的な渓流でも、緩やかな平たい流れでは同じ問題が生じる。

瀬とプールの決定的な差は、マイクロ・ドラッグの存在感とでも言えばいいだろうか。微小なドラッグは、荒れた流れほど目立たない。蛇足だが、ティペットの存在感も薄くなる。これに対して鏡のような水面ほど、わずかな動きでさえも不自然さをマスに感知されてしまう。

平坦な水面の多いスプリング・クリークの釣りでは、ドラッグ回避を意識する時間が長くなる。ドライだけでなくニンフも、自然に流すことが釣果につながる。さらに、魚の位置が特定できる場合には、上下左右への数センチ単位のコントロールを強いられる。

だから忍野に通い詰めて、朝から晩までこの「正確さ」を追求していると、いい加減うんざりしてくる。「忍野の釣りを一言で表現するなら『精度』」なんて言うとカッコイイが、解禁から3カ月もすると、コントロールとドラッグフリーという二つの呪縛から解き放たれたい、という願望を常に抱えながら釣っている自分に気がつく。

だけど、フライフィッシングで流れのマスを狙うなら、コントロールとドラッグフリーの両方から開放されるなんてことはあり得ない。それじゃああんまり簡単すぎるもの。そもそも、困難をクリアして釣ることに喜びを見い出したからこそ、この釣りを続けて来たのではなかったか。

ならばせめて、どっちかちょっとだけでも緩めてもらえないだろうか。忍野の釣り特有のストレスからだけでも逃げ出せるんじゃないか。こんな短絡をしてエスケープがはじまる。フリー・ストーンの川や湖を目指すわけだ。そこで若干の緩さに触れられることもあるが、かえって渓流や湖特有の難しさに返り討ちに遭うこともある。そしてまた、性懲りもなく舞い戻って来る。

「バカだねぇアンタ。アタシほどのいい女（川）はそういないんだからね。いいよ。気にしちゃいないわよ。いつでも戻っておいでよ」

「やっぱりオレにはオマエしかいねえんだよなぁ。ゴメン、それがよくわかったよぉ。もう浮気はしねえ（嘘です）」

反省すれども学ばず、ではいつまでたっても浮気性の男から抜け出せない。忍野でゆるい釣りは、ほんとうに成立しないのだろうか？　そう考えて、いろいろ試してみるのだが、そこは激戦区の釣り場だけあって簡単にはいかないのである。

ゆるい釣りをイメージして、まず思いつくのがテレストリアルの釣りだろう。たしかにこれは、岸際に付いているであろう鱒を特定せずに、当てずっぽうに釣ることができる。しかしこの手のフライで狙う人が増加、定着してきているというのが現状だ。２０００年代前半、忍野を訪れるフライフィッシャーが、マッチング・ザ・ハッチおたくか初心者に二極分化していた頃なら、夏に効果的な釣り方だった。最近はうまくいく日ばかりではないが、これは貴重なゆるい釣りのひとつだろ

う。
ドラッグから解放される方向ではどうだろうか。つまり、フライを動かしちゃってもOKという釣り方だ。
まずはライセンリング・リフト。20世紀前半に米国ペンシルバニアのジェームス・ライセンリングが多用したとされる誘いである。ライセンリング自身、これはサイトフィッシングか、見えなくても魚の位置が特定できる場合に用いたとしているから、昼間はけしてゆるい釣りにはならない。サイト・ニンフィング同様、ニンフかソフトハックルをマスの鼻先に正確にコントロールする必要があるからだ。
ところがイブニングライズ時には、これもちょっと緩くなる。イマージャー捕食系のライズで、本物にフライのサイズを合わせる必要があるが、だいたいライズしている辺りで、引くというよりも流下を止めるようにスライドさせると、つい捕食スイッチが入ってしまう魚がいる。本物のライセンリング・リフトはティップを持ち上げてもっと大きく誘うようだが、特にヤマメはこの止める誘いに弱いような気がする。

昼間でも、沈んでしまったDDパターンを回収しようとリトリーブしているときなどに、鱒が反応することがある。左右のCDCウイングの動きがカディス・ピューパのレッグに似ていて、これが誘いになっているようだ。忍野では小さいサイズに反応することが多く、いつだったか20番のDDで本気になって誘ったら、50センチを越えるニジマスが食いついてきたことがあった。

こんな状況に出会う機会はけして多くはないが、ほかの釣り場も含めた過去の経験に照らし合わせると、大概はトビケラの羽化と絡んでいる。そんなときは、ドラッグから開放された、積極的に動かす釣りを楽しむ数少ないチャンスと思っていいだろう。

これは以前に触れたことがあるが、目前でフライを動かして、魚の捕食スイッチを入れることができるといえば、スピナーの釣りにも共通点がある。多くのケースでは、フライを動かす必要など生じないのだが、妙にスレたマスに、最後の手段的に使うのである。

流下して来るスピナーに御執心な鱒には、実物にマッチさせたスピナー・パターンをドラッグ・フリーで目の前まで届けることができれば、9割方は反応する。スレている鱒は、ショート・ストライクでスプークするのが最悪の結果だが、反応はするけどくわえないということも多い。中には羽を震わせている状態のスピナーを優先的に捕食し、動かないスピナーは見過ごすようなツワモノもいる。

このような、関心は示すもののフライをくわえない鱒がいたなら、ダメ元で試すべきなのが動かして誘う方法なのである。もちろん、ロッド操作でスピナーの翅の震えを再現することはできない。

だから、鱒が捕食できない位置からフライを動かしても逆効果になってしまう。

　上流側に立って、流れに乗せたフライがフィッシュ・ウインドウに入ってから、鱒がふっと注意を向けた瞬間に動きを入れる。できるだけ小さな、流下を止める程度のアクションを一度か二度でおそらく十分だろう。捕食スイッチが入れば、鱒は間髪入れずにスピナー・パターンを引ったくっていくはずだ。ただしこれは乾坤一擲、タイミングに絶妙なものが要求されるし、動かしすぎるのもダメ…むしろゆるい釣りとはいえないですね。

　ゆるい釣りの最後は、夕暮れのヒゲナガである。動かす釣りの真打ちとして、どうしてもヒゲナガは外すことができない。暗闇が下りてきた水面のあちこちで、ライズの飛沫が白く浮かぶとき。白いCDCをウイングにしたヒゲナガ・アダルトを、パタパタ、ジタバタしながらも水流に運ばれて不本意ながらここまでやって来てしまいました的な演出で、ライズのあった辺りへと導いていく。実物を捕食するのと寸分違わぬ激しい水飛沫が上がると、ロッドを立てようとする初っ端からすでにフライを持っていかれる感触が伝わってくる。ゴボゴボというさらに激しい水飛沫のあとに、水流に乗った強い抵抗が一段とロッドを曲げていく。

　春の夕暮れもいいが、スローな厳しい釣りが続く盛夏を過ごしてきただけに、秋のヒゲナガには、ゆるい釣りのありがたみをずっと強く感じられる。

緩流部のサイト・ニンフィング

釣りをしていると、自分の内面に向き合う時間が長くなる。人間というのは、けっこう複雑な動物だ。よく「S」だの「M」だのと性格診断的な形容がされるが、釣りにもS的な部分とM的な部分があると思う。だいたい魚の口にフックを掛けて暴れる感触を楽しむなんてS的行為だろう。だからといって、釣り人がみんな単純にSであるとは限らない。少なくともぼくは、耐えた後の成功が好きなようだ。自分のM男部分をいつも痛烈に自覚させられてきたのが、緩流部のサイト・ニンフィングなのである。

流れの強弱で、要求される忍耐力の質は変化する。流れが緩いほど、魚にフライを見せるまでに時間が掛かる。つまり、釣り上げるにしろギブアップするにしろ、なにかと時間がかかるのである。早い流れに魚影が見えていたり、魚がライズしていれば、手返しよく打ち返して何度も「魚にフライを見せる」ことができる。しかし、止水に近いような緩い流れほど、魚の気まぐれな行動や偶然に左右されることも多く、「魚にフライを見ていただく」ような気持ちに近づく。M男の快感がむっくりと頭をもたげはじめる。

得意不得意や慣れの問題を除けば、流れの速さで釣りの難しさが変わることはない。難しさは魚のスレ具合で決まる。繰り返すが、緩いほど時間がかかるというだけのことだ。

忍野の緩い流れでは、大概はコカナダモの周辺を釣ることになる。コカナダモは、強めの流れではほかの藻と競合しているが、緩い流れでは、我が物顔で勢力を広げている。

コカナダモが緩やかにでもなびく流れがあれば、鱒は周辺部や上部に定位することもある。コカナダモの塊は様々な水生昆虫の住処になっていて、マダラカゲロウやオナシカワゲラのニンフをよく見かける。流れてきたニンフも、コカナダモには取り付きやすいようだ。それは上部に定位している鱒の動きを見ればわかる。取り付いているニンフを見つけたときに、鱒は口先で藻をついばむような行動をする。ときには藻の表面すれすれを流れてきたニンフを見つけて反転した後、口先を藻に突っ込むようにして食べることがあるのだ。

鱒がスレていなければ、食べられていそうなニンフを選んで、鼻先に届けるだけでいい。うまくコントロールできたなら、鱒の口が開くのを見逃さずにアワセるだけだ。鱒が素直にニンフをくわえてくれるなら、それはそれで気持ちがいい。Mの喜びは、とりあえず置いておこう。

しかし連日フライフィッシャーが訪れる忍野では、いつまでも鱒がこんなに素直でいるはずもない。リリースを繰り返されて学習した鱒は、まず不自然な沈下を嫌うようになる。

我々がニンフを鱒の鼻先にコントロールするとき、重めのオモリをつけてストンと沈める方が簡単だ。しかしニンフが急に目の前に現れる不自然さを、スレた鱒は嫌うのである。この沈下角度に対する注文は日に日に厳しくなり、最後はほぼ水平になる。角度や動きの不自然さだけでなく、ニンフに結ばれたティペットも鱒には見えているのだろう。藻の表面や川底ギリギリに流すことで、ティペットが背景と同化して鱒が見えなかったのでは、と感じたことは何度もある。

いずれにせよ、最終的にはぎりぎりのウエイトで、ずっと上流から、小さなニンフを鼻先へコントロールすることが要求される。この段階で、我々にできる努力はフライ先行状態を作ること（これもきわめて難しい）と、ニンフを取っ替え引っ替えすることだけになる。すぐに結果が出るニン

フを結ぶには、鱒の捕食物をよく知ることだ。
　鱒が定位しているのが、釣る側をどれだけ利する状態か、流れのごく緩い場所を釣ってみるとよくわかる。川岸近くの緩い流れをコカナダモの塊がさらに緩めている岸際や、堰堤の溜まりのような水がゆっくりとしか動かない場所では、鱒は定位することはない。泳ぎ回りながら餌を捜すのである。多少でも流れがあれば、鱒の回遊ルートはだいたい決まっていて、距離も短い。鱒の動きを予想し、先回りすることはできる。
　スレた鱒に、不自然に沈んでいくフライを拒絶されるところは変わらない。食わせるためには、鱒の鼻先にフライが漂う状態を作らなければならない。オモリの量と、沈みを抑制するためにリーダーを引くことで深度を調整する。特定のレンジにフライを漂わせるにはオモリを少なくする方がいいが、過ぎると沈むのに時間がかかりすぎるし、深度調整も難しくなる。

ちょうどいい深さにニンフを漂わせるのに成功しても、鱒の動きは気まぐれだ。想定したルートの手前で、本物の餌を見つけた鱒がコースを迂回するのはよくあることだ。

待って待って、何度も打ち返した末に、ようやくニンフを見つけて鱒が近づいて来るときのドキドキ感。口を開く寸前でかわされたときの失望。これが落胆を通り過ぎて快感に変わるようでなければ、それ以上続けられないだろう。ぼくは続けますけどね。

これが、ごくゆっくりとしか水が動かない場所になると、鱒は自由自在に動き回り、回遊範囲も大きくなるので、さらにフライを見せる難しさが増す。自分が川で釣っているのか池で釣っているのかがわからなくなってくる。最下流の忍野堰堤の溜まりなど、その典型例になるだろう。

こういう場所での唯一の救いは、捕食物のバラエティが少ない点だろう。食べているのはユスリカであることが多い。ただ、甲殻類が動き回る時間帯があり、こんなときは胃内容物がヨコエビ一色だったり、小さなトビケラが羽化していると、胃内容物にピューパが混じることがある。こんなときは、それを見抜くことができればむしろチャンスになる。

しかし特別なことがなにもなく、繁茂したコカナダモの隙間を、のらりくらりと餌を捜しているブラウンを狙おうなんてときには、Mの忍耐が欠かせない。

ぼくの場合もう、こういう鱒を追いかけるようなことはしない。待ち伏せ専門である。行く先にニンフを漂わせるやり方が通用しないようなら、コカナダモの上にニンフを置いて待つ。そして鱒が近づいたときに、小さく動かして誘うのである。藻の表面にいた水生昆虫や甲殻類がなにかの拍子に泳ぎ上がったり、近づいて来た鱒に驚いて逃げようとする様子をイメージするといい。

粘土オモリを少量、細長くつけて、コカナダモの上にティペットを這わせておけば、フライが藻

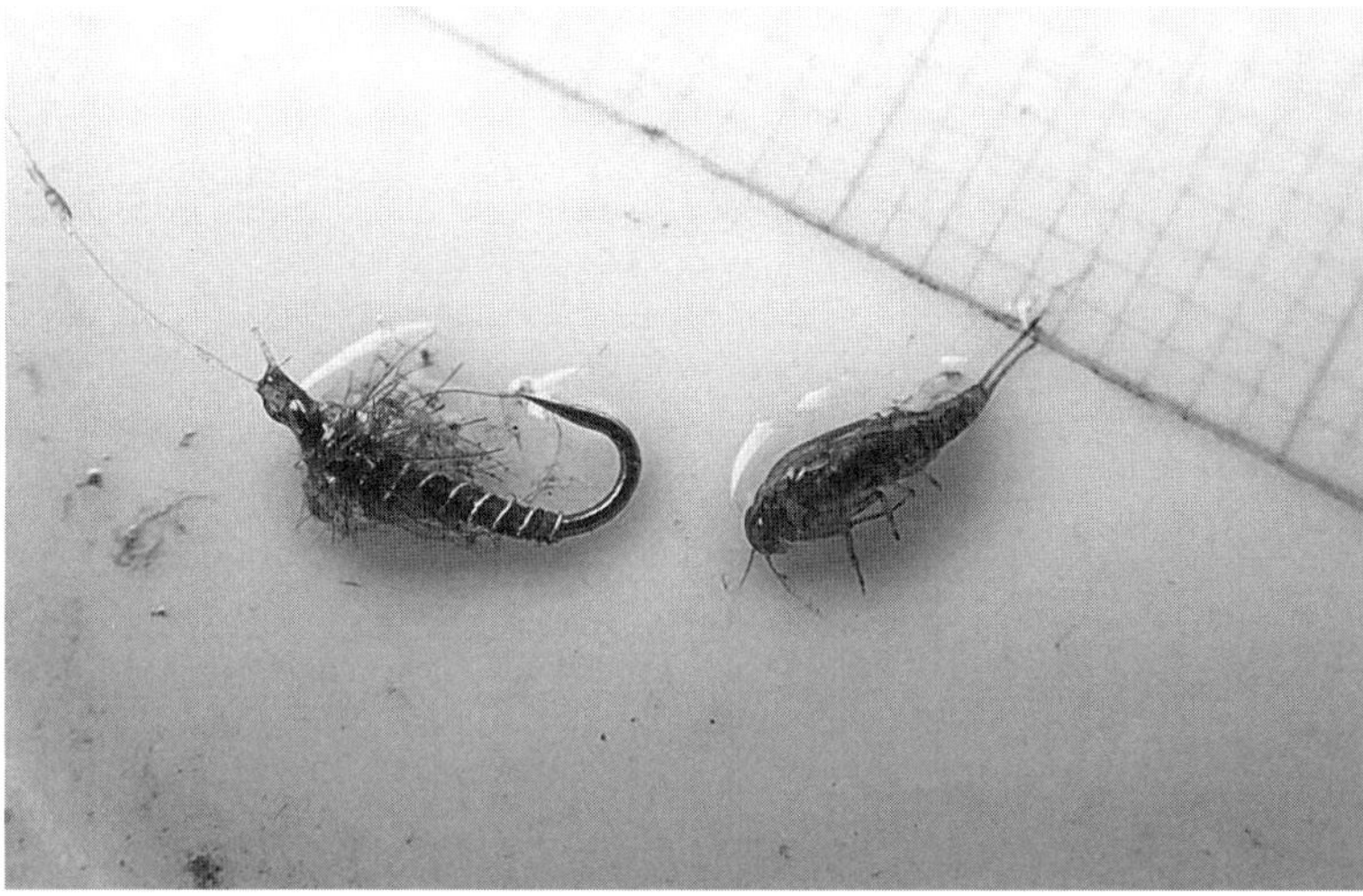

に引っ掛かることは滅多にない。ごく緩い流れが、この場合は幸いする。自分が見やすく、狙いの鱒が何度か回ってきた辺りにポイントを定め、あとは幸運を待つことだ。
　藻の上に置かれたニンフの場所は正確に覚えておかなければならない。鱒がそこにどれくらい近づいたかで、ラインを引くタイミングが決まるからだ。ベストは30センチと言いたいところだが、50センチなら十分な距離で、80センチ離れていても突進して来たことは何度もある。どこでニンフをジャンプさせるのか、その決断が難しい。
　鱒の向いている方向との相対角度だが、これもニンフが前方にあるのがいいにちがいない。だが、まず思い通りには行かない。鱒がニンフの方を向いてるときにはままだ距離があり、いまだと思う直前で横を向くことはままあることだ。とにかく、ぼくは最接近したタイミングでニンフを動かしてみることにしている。タイミングを外して斜め後方でニンフを動かしたときでも、鱒が反転してニンフを捕らえた経験は何度もしている。

通い込んだ先にあるもの

このところ面と向かって言われることはなくなったが、以前は何度か「よくも毎週毎週、忍野にばかりに通えるな」と言われたことがあった。でもまあ、我ながら同感である。

「いやぁ、いくら通っても飽きないんですよねぇ」

とでも言いたいところだが、とっくの昔に飽きたことがある。正確にいうと、二度ばかり、忍野に出かけるのが嫌になった時期があった。

一度目は、忍野をテーマにビデオ作品を作ろうとしているときだった。自分に義務を課したときから、好きな釣りは仕事になってしまった。3シーズン撮影に費やして、必要なシーンは残りわずか一つだった。簡単に撮れそうなアカマダラカゲロウの流下シーンを残したまま、梅雨が明けてしまいそうだった。虫相手の不確実さに嫌気がさしていた。まだ幼かった子供の顔が無性に見たくなり、何もかも放り出して籠坂峠まで戻ったことがある。

もちろん葛藤していた。坂を下ったらもう戻れないと思い、クルマを止めた。車内に『ソング・オブ・ザ・リバティベル』が流れていた。ヨーヨー・マのチェロのおかげで、ぼくは正気を取り戻した。その日の夕方、待望のアカマダラカゲロウがハッチしてくれた。

二度目は、それほど時間が経っていない。今度は仕事が忙しくなりすぎたのが原因だった。釣りを心底楽しむには、時間的な余裕が必要なのだと痛切に感じる日々だった。このままではイケナイと気がついて、余暇を削るのではなく、仕事のやり方を変えることにした。時を同じくしてこの連載の話をいただき、それが励みになって、また「忍野通い」が加速した。もう目新しさなどないと思っていたこのスプリング・クリークで、それからこれまでにまたいくつもの発見をした。

長年連れ添った夫婦みたいに、二度も倦怠期を通過していると、忍野・桂川はもうそこにあって当然のような存在になってくる。だから、先に欠点が見えてしまうこともあるが、ほかの釣り場に出かけたあとや禁漁期間が過ぎたあと、季節の折々に、その存在価値の大きさを実感させられることも多々ある。

自宅の近くに好きな釣り場を持つ、というのが釣り人にとって最高の幸せだという。我が家から高速道路利用で約100分、引っ越しは当面不可能な状況を考えれば、こんなに楽しめる日帰り圏の釣り場はほかに見つけられない。

長年通ってきたせいで、自分以外の、人が熱くなってから醒めるまでの様子もたくさん見てきた。ずっと通い続ける人は特別天然記念物級に少ないのだ。平均的なところで、熱くなった人でも5シーズンくらい通いこむと釣行回数が減りはじめ、時間の経過とともに姿を見せなくなる。

世の中うまくできているもので、誰かが飽きる頃にはまた誰かが熱くなる。そうやって忍野にやって来る常連フライフィッシャーたちは、5年で半分くらいが入れ替わる。だからいつまでもたっても釣り場が空くことはないが、釣り友だちは増えていくという寸法だ。ほとんどは忍野でしか顔を合わせない人たちだが、釣りの合間の食事や休憩時間には、ぼくの貴重な話し相手になってくれる。

若い頃はずっと釣りに集中していたから、友達と連れ立って出かけても、行き帰りと食事時間以外はろくに話もしなかったものである。けれども、いつまでも一日中しゃかりきになって釣ることなどできなくなる。体力的にもそうだが、それがあまり利口なやり方でないことがわかってくるからだ。

よくいわれるように、釣りには「時合」というものがある。通っていると、何月何日だと、時合が来るのは何回で、それぞれいつ頃、というのがだいたいわかってくる。それを外さなければ、間の時間は休憩や食事に当てて、次の時合への集中力を養っておいた方がいい。そこで、知った顔を見つけて話をする時間を大切にするようになった。これがいい気分転換にもなるのだ。

本末転倒かもしれないが、最近では、天候に不安がある日や夏枯れの時期にも、釣りがダメでも無駄話ができてうまいものでも食えれば、さらに時間が余るなら温泉にでも入って帰ってくればいい、と思えるようになった。なんとしてもいい釣りをしよう、などと構えることはもうない。ちょっと遠いけど、釣り仲間の集まりに参加するような気持ちである。

力の入れどころ抜きどころのメリハリをつけられるようになるには、やはり積み重ねた経験がものをいうのではないかと思う。ガツガツしなくなったのは、勢いがなくなってきた証拠なのかもしれないが、それだけ余裕が出てきたということに、ここはしておきたい。

若い頃は、とにかく冒険ができなかった。今日は一匹も釣れないんじゃないだろうか、という不安が先行し、一匹釣れても、釣果をもう一匹増やせるかどうかが大問題だった。経験が浅いから、状況に対応するために「あの手この手」を出してくるヒキダシがとにかく少ないのだ。ヒキダシを増やすには実験的な試みが必要なのだが、せめて人並みに釣りたいという気持ちが、余計に釣り方を保守的にした。結果として、過去に釣れた釣り方にこだわり、人からの釣り情報にしがみついた。放っておけば人は、過去に成功したやり方に固執するものだ。いつも同じ場所、同じフ

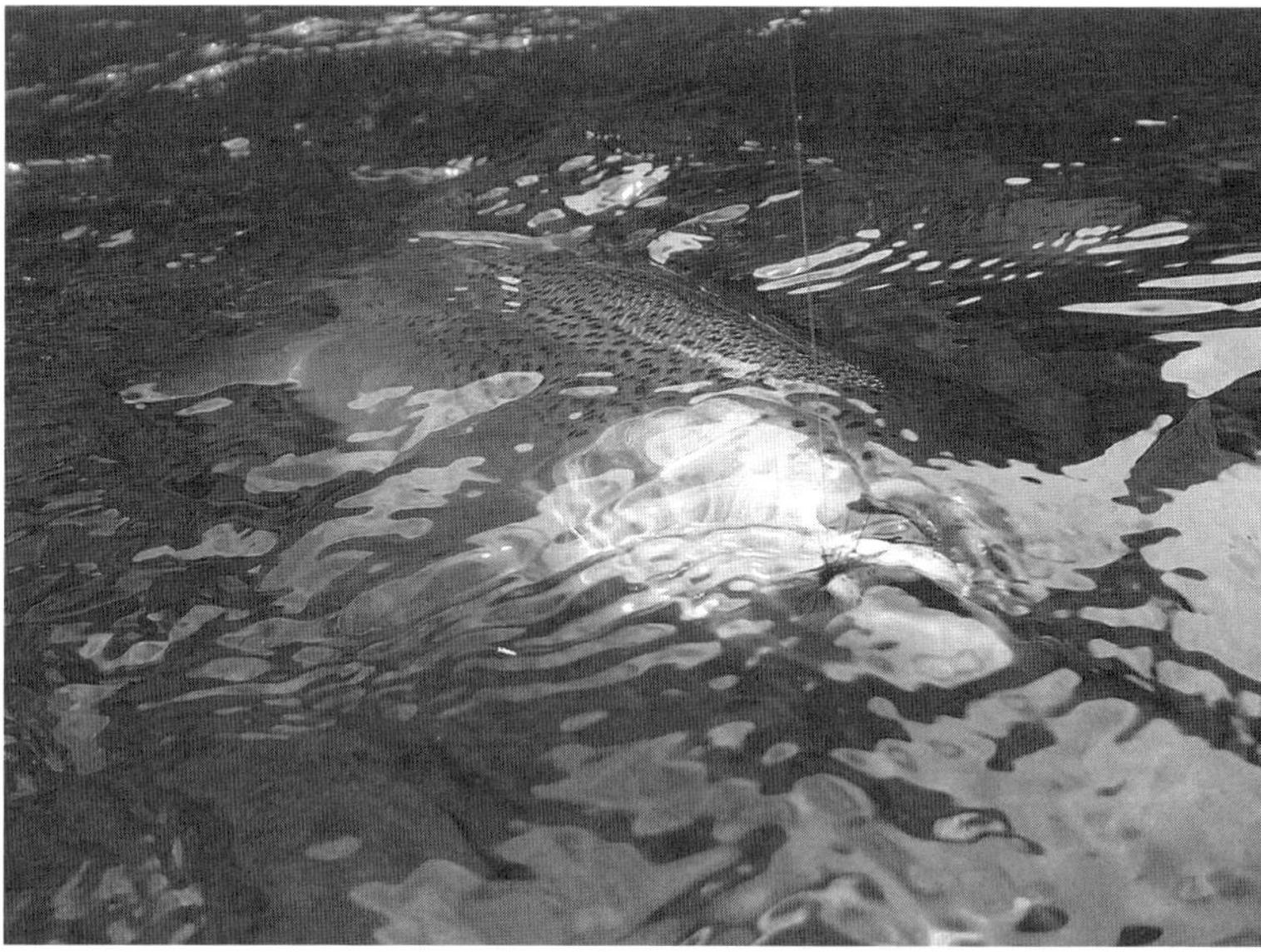

ライ、同じ釣り方を選択しがちだ。

例えば、オオクママダラカゲロウのイマージャーを鱒が捕食しているとする。流れの速い瀬の、ざわめく水面にダンが乗り、その下ではイマージャーを捕食したときにターンする鱒の、体側のきらめきがいくつも見える。このギラギラに向けて水面下に送り込むフライを選ぶのに、ボックスの上で迷いながらも、ぼくはいつも結局ヘアズイア・ニンフ#14に指を伸ばしていた。ずっとそれで釣果を上げてきたからである。

けれども、迷うには一応の理由があった。ダビングボディをワイヤーでリビングしただけのシンプルなニンフと、同様のボディにパートリッジを加えたソフトハックル、グラウスのクイルウイングとスロートハックルを付け加えたウエットフライも、機会があれば試すつもりで巻いて並べておいたのだ。毎度次回は絶対に試してやろうと心に誓うのに、いざギラギラを前にするとこれまでの実績にすがりたくなってしまう。結局、すべてを試し、同様の効果を得られると確信できるまでに5シーズンも要してしまった。こういうのはダメの見本である。

自分の殻を破るには、人の力を借りるのも有効だ。竿を持っているときの釣り人は他人を観察しないものだが、できれば上手な人の釣りを観察させてもらうといい。きっと多くのヒントをもらえるだろう。いつも同じメンバーで釣りに行っているのなら、別のグループに参加させてもらうのもひとつの手だ。

ぼくの友人の、フォーム・ビートルをオオクマのフローティング・ニンフとして使うようになった経緯などその典型だ。キッカケは気の早い知り合いが4月からビートル・パターンを使っていたことからだった。たまたま近くにいたときオオクマのハッチが始まり、突如フォーム・ビートル#14への反応がよくなった。友人はこれを、鱒がビートルをオオクマのフローティング・ニンフを認識しているからだと見抜き、さっそく試して確信を得たのだという。

忍野で、30センチ程度までの鱒は、もう数えきれないほど釣ってきた。そういう鱒をこれまで通りの釣り方で一尾多く釣ったところで、誰にも耳を傾けてもらえそうな話はできない。それならば、新しいフライや新しい釣り方を試してみることの方にずっと意味を感じられる。それで失敗したとしても、今日はこんな釣り方をしてみたのだけどダメだったと、人に話すことができる。もし釣れたのなら、これはまたキャリアという書類の束に、貴重な1枚を積み重ねることができる。ティペットの材質を変えてみるというような、些細なことにも大きな発見がある。これまでと同じ体験を100回繰り返すよりも、99回失敗したあとにひとつの発見をする方がいい。

著者近影

「黒石さん、黒石さん」

黒石さんとは、三十年程の付き合いでしょうか。その間一緒に釣りをしたのは、三回しかありません。十年に一度程の釣行ですが、「只者ではない」ことは十分わかっています。

初めてお会いしたのは、鬼怒川でした。フライの雑誌の創刊号に黒石さん寄稿の「鬼怒川の夕暮れ」というエッセイが掲載された直後でした。鬼怒川が地元の僕は、それを読んで刺激されたというか嫉妬だったのか、作者本人に会えた事が嬉しかったのを憶えています。初対面以前にノリエさんや、FFJの方々に「黒石伝説」を色々と聞かされていたので、ある程度イメージは出来ていましたが、だいたい想像どおりの真面目な人だと思いました。どんな釣りをしていたのかは、覚えていません。

二度目は、福島の里川にスレ岩魚を釣りに行きました。魚はスレにスレていて面白い釣りでした。このときは立ち位置含め、自分とは違う視点で釣りをしているのが、とても興味深かったです。

三度目は数年前の箒川釣行。デカ鱒を続けざまに釣り上げて、周りの人々が呆気にとられていました。その謎解きは本書に記載されていますが、実際にそれを現場で目の辺りした僕等は、黒石さんのカッコ良さにシビれっぱしでした。いや、お世辞じゃないですよ。

僕にはいくつか座右の銘があるのですが、その中の一つに「カッコつけるって、なんてカッコ悪いんだろう」というのがあります。本人はどう思っているか知りませんが、黒石さんがカッコつけてる印象はありません。本書でも等身大の親バカ、釣りバカ、忍野バカっぷりが発揮されていますが、それがとてもカッコいいです。カッコいいけど、褒めてるわけじゃありません。

2015 年箒川　続けざまに大鱒を釣り上げ、周りを唖然とさせる、ビショ濡れの黒石氏

十年に一度の釣行程度のお付き合いですが、それ以外では自宅でお手製カレーや、自慢のハムを御馳走になったこともあるし、二人っきりで酒を飲んだこともあります。何しろ同学年でフライフィッシングを始めた頃が同じという希有な関係で、話が同調する事も多いのです。ン十年もこの釣りをやっていると、無性に昔話をしたいことがあり、そういう話に付き合ってもらえて感謝してます。

本書内で、釣りをしないで気分良く満足した先達に憧れ、いつかその域に近づきたい、みたいな事が書かれていますが、黒石さん、貴方はもう十分その域だと思います。

最後に、黒石さんの本の製作に関われたことを、光栄に思っています。いつまでも「バカ」でいて下さい。僕も「バカ」仲間に加えて頂ければ嬉しいです。

大木孝威

あとがきに代えて

風の名はユーリー
ウスリー川の源頭に生まれ
旅立つとき高原の夏に咲き乱れていた花の名残を揺らした
それからたくさんの
無数の生死を撫でて
ここまでやって来た

君の側を吹き抜けていく風が
生まれたばかりなのか
それとも長い旅をして来たのか知っている？
幼い風は柔らかくじゃれついて君を包むだろう
けれども旅を終えようとしている風もやさしいんだ
いまにも止まりそうで
風でいることだけでせいいっぱい
旅の終わりの風に吹かれると
ちょっと悲しくなるんだよ

オールド ワークス
フライフィッシング雑文集

発行日 ―――― 2019年7月1日 初版第一刷発行

著 者 ―――― 黒石真宏

発行所 ―――― 黒石商店 東京都目黒区五本木 1-25-7
kuroishisyouten@gmail.com

装 丁 ―――― 大木孝威

印刷・製本 ―― 株式会社藤プリント
TEL 0154-22-9311